CHAPITRE I

HOTU MATU'A

C'était avant l'apparition de l'homme sur la terre, bien avant qu'il n'y fît seulement ses premiers pas, c'était il y a quelque deux millions et demi d'années... Alors que l'océan recouvrait seul toute la surface du globe, les plaques tectoniques les plus profondément enfouies se mirent à gronder et frémirent pour se briser enfin, cédant le passage à une gigantesque éruption.

La mer tonnait en une ébullition immense. Elle explosait en vagues monumentales qui projetaient dans les airs à plus de quinze cents mètres des bouillonnements de vapeur et d'écume. Le vacarme était assourdissant bien que nul être vivant ne pût encore l'entendre et en rester assourdi. Le grondement s'était fait rugissement, il devint un hurlement cosmique ; et soudain, une masse de lave incandescente pointa fièrement sa tête hors des eaux. Avec une puissance magistrale, elle pénétrait l'atmosphère en une montagne colossale pour culminer à plus de mille mètres au-dessus des flots : un volcan était né.

Durant plusieurs milliers d'années, le bouleversement persista. Le volcan toussait, crachant toujours le feu écarlate de sa lave en fusion. Cime d'une montagne enfouie sous les eaux, on aurait dit un géant entravé, prisonnier d'une nasse d'où seuls eussent émergé, hauts de mille mètres, la tête et le cou, le reste du corps se dissimulant sous le vaste Océan Pacifique.

Puis, l'écoulement de la lave ralentit et finit par tarir. Les éruptions décrurent en amplitude et se raréfièrent jusqu'à n'être plus espacées que par des intervalles d'un millier d'années. Le sommet de la montagne se mit à refroidir. Elle diminua de taille et se solidifia. Il fallut encore plus d'un million d'années pour que la lave en fusion se transforme en poussière volcanique et un autre million d'années pour que celle-ci durcisse et devienne rocher, basalte ou obsidienne, ou encore roche plus tendre, calcaire volcanique.

Les traces du flot de lave serpentaient sur le flanc de la montagne en longues coulées de roc creuses à l'intérieur, car la lave refroidie avait durci à l'extérieur, alors qu'au-dedans elle avait continué de couler, modelant de la sorte des grottes longues et profondes. Les cratères dus aux explosions de moindre intensité avaient, au fil des temps, retenu l'eau de pluie et des lacs s'étaient formés.

Très éloignée de ses plus proches voisines, cette tête de montagne était en train de devenir une petite île de l'Océan Pacifique, balayée par les vents et totalement dénudée. D'une superficie estimée à une centaine de kilomètres carrés, elle se présentait comme un triangle rectangle, l'hypothénuse étant orientée au sud. Plus au sud, à près d'un kilomètre et demi de distance, de minuscules lambeaux de terre émergeaient de la mer, constituant trois îlots satellites.

L'océan était froid autour de l'île nouvelle, plus froid que les eaux tropicales qui baignaient ailleurs d'autres îles du Pacifique, nées, elles aussi, de l'activité volcanique. Le corail n'y poussant pas, aucun récif ne s'était érigé en protection contre l'assaut farouche de la mer et les vagues, ne trouvant pas de roc contre lesquels se briser pour ensuite rouler doucement jusqu'au rivage, battaient l'île sans relâche et par leur violence creusaient de hautes falaises dans la pierre. Les plages elles-mêmes étaient de roc et non pas sablonneuses. Et le vent qui soufflait sans discontinuer contribuait à taillader le relief de cette île petite et désolée.

Cependant, la vie était apparue et elle persistait, car aucune force ne saurait s'opposer à la volonté de survivre, ni le feu, ni le vent, ni les vagues, et le paysage le plus inhospitalier manifeste toujours un signe d'élan vital. Aussi bon qu'il savait se montrer cruel, le vent venait déposer sur la côte sud de l'île, celle la mieux protégée, de la poussière ramassée à des milliers de kilomètres. Ainsi, des strates se formaient, le sol s'épaississait, devenait de la terre qui s'étendait et gagnait les autres parties de l'île, de la terre qui renfermait des graines de fougères, apportées elles aussi par les vents. Ces graines prirent racine, les fougères grandirent et leurs filigranes finirent par constituer une épaisse frondaison qui protégeait le sol.

Plus tard, bien plus tard, bien après que l'Âge des Reptiles se fut achevé, bien après que la lave eut cessé de couler et que l'île se fut enfin rafraîchie, apparurent les oiseaux migrateurs. Ils avaient survolé l'Océan Pacifique, en quête d'un lieu où nicher et pondre leurs œufs à l'abri des prédateurs. Franchissant des distances infinies, arrivèrent les sternes aux longues ailes puissantes, suivis des fous, des pétrels et enfin des frégates. Vinrent ensuite les albatros aux ailes larges comme des voiles, et les alcyons qui effleuraient à peine la blanche écume de l'océan. Des foules immenses s'agglutinèrent pour faire leur nid au creux des falaises. Bientôt, l'île entière fut couverte d'oiseaux et résonna de leurs longs cris aigus. Et rocs et falaises blanchirent sous l'abondance des fientes.

Les oiseaux étaient en si grand nombre que certaines espèces préférèrent nicher sur les îlots voisins, y transportant, collées à leurs pattes ou contenues dans leur fiente, ces graines précieuses qui renfermaient la vie.

De petites pousses se mirent à germer sur le sol qui devinrent la végétation du Pacifique, herbes et arbustes, roseaux de *totora*, fleurs et buissons, hauts palmiers, cannes à sucre même et mûriers à papier, arbre précieux dont plus tard l'homme broierait l'écorce pour fabriquer ses tissus de *tapa*. Le plus important était les palmiers, aux feuilles larges à la cime. Ils poussaient en épaisses futaies verdoyantes, couvrant d'une vaste forêt les flancs de l'ancien volcan de cette île jadis désolée.

A quelques millénaires près, deux millions et demi d'années ont passé. Nous sommes parvenus maintenant à l'ère de l'Homme. Car l'homme finit toujours par arriver. Inéluctablement, il imprime de son sceau la planète, avide de satisfaire sa curiosité insatiable, qu'elle ait pour objet ce qui est à portée de sa main ou ce qui se cache de l'autre côté des mers.

VERS L'AN 450 APRÈS J.-C.

Se guidant d'après les étoiles, de puissantes pirogues à large voilure, une cinquantaine au total, naviguaient vers l'orient, à la rencontre du soleil. Elles contenaient chacune une douzaine de Polynésiens, originaires de îles Marquises, à la recherche d'une nouvelle résidence. Eussent-ils su que leur voyage les entraînerait à plus de quatre mille kilomètres de leur lieu d'origine, que la majeure partie d'entre eux périrait en route, sombrant sous les flots dans les hurlements des enfants et les couinements des animaux domestiques et les piaillements de volailles qu'ils ne se seraient certainement jamais résolus à prendre la mer.

A quelle distance de leur point de départ allaient-ils établir leurs nouveaux foyers, combien de courants traîtres et inconnus auraient-ils à combattre sur cet océan infesté de requins, ils n'avaient aucun moyen de le savoir à l'avance. Ils passèrent ainsi trois mois en pirogue, trois mois avant que d'abruptes falaises couvertes d'une forêt verte n'annoncent une terre.

Ils avaient compté découvrir un rivage bien plus tôt, et leurs longues pirogues, bien que stables et solides, n'étaient pas destinées à effectuer un voyage aussi long en temps et en distance. Souvent, les voiles s'inversaient, rabattues par les vent d'ouest, faisant faire demi-tour à leurs embarcations. Ils perdaient de la distance et ils perdaient du temps. Ce qu'ils ignoraient, ces hommes, c'est qu'aucun de ceux qui, avant eux, avaient pris cette route n'était jamais parvenu à destination. Courants et requins avaient été leur destin, le fond de l'océan leur ultime foyer.

La traversée prit fin. Seules deux doubles pirogues avaient survécu au voyage. Après que les Polynésiens eurent par deux fois fait le tour de l'île triangulaire, leur chef, Hotu Matu'a, prit la décision de débarquer. Les pirogues furent tirées sur l'unique plage de sable, au nord-est, seul lieu que les vents incessants semblaient battre avec moins de violence. C'était aussi l'endroit le plus accessible. Partout ailleurs, les falaises étaient trop élevées, les vents trop forts, les côtes trop escarpées pour assurer un débarquement sans péril.

L'homme s'attache à donner un nom aux choses, car le nom leur confère un aspect familier qui estompe sa peur de l'inconnu. Les hommes sont ainsi. Ils cherchent sans relâche à percer l'inconnu et l'étrange, pour tenter aussitôt de les rendre familiers. La poignée de survivants appela l'archipel Akena et la grande île Te-pito-o-Henua, ce qui signifiait : « le Nombril du Monde ».

Ce que les nouveaux colons découvrirent sur l'île isolée de Te-pito-o-te-Hunua fut un pays de forêts épaisses, des palmeraies aux arbres innombrables et, à l'intérieur des cratères, de vastes lacs semblables à des yeux immenses, profondément enfoncés dans l'orbite. L'endroit désert ne révélait la trace d'aucune présence humaine. Les troncs d'arbres ne portaient pas d'entailles qui eussent rappelé la hache ; il n'y avait nulle part la marque d'un couteau d'obsidienne ou d'un bâton à creuser, ni l'empreinte d'un instrument quelconque. Nulle part, non plus, de résidu culinaire ; il n'y avait d'ailleurs pas trace de la moindre cuisson, ni four de terre, ni foyer rempli de charbon de bois. Aucune pierre ne se dressait, gravée de signes magiques ; il n'y avait pas une seule vasque de pierre pour contenir l'eau de pluie, ni le signe quelconque d'une pénétration dans les bois, il n'y avait aucun vestige de latrines creusées dans la terre. Et ils se dirent qu'ils étaient les premiers hommes à poser le pied en ces lieux.

De tous côtés et jusqu'à l'horizon ne les entourait que le Grand Océan. Ils pourraient vivre ici, ils le savaient. A la glu qui s'incrustait en couches épaisses dans la roche des falaises, ils déduisirent qu'au printemps il y avait des oiseaux ; ils auraient donc des œufs en abondance. Il y avait un peu de poisson dans la mer, ainsi que des crabes et autres crustacés, et le sol paraissait propice à la culture des précieux germes de patates douces qu'ils avaient pris soin d'emporter avec eux. Ils pourraient aussi cueillir des noix de palme. En broyant l'écorce des mûriers, ils pourraient fabriquer leur tissu de *tapa*. Oui, la vie serait possible, ici, même si le vent ne cessait de mugir à leurs oreilles, même si cet endroit désolé était le bout du monde. De toute façon, les rigueurs de la traversée les avaient épuisés et ils n'avaient nulle part ailleurs où se rendre.

Ainsi donc, ils tirèrent leurs pirogues sur la plage et entreprirent de dresser des plans. Ils n'étaient qu'une poignée.

On commencerait par construire des huttes basses sur le sable, ici même, à Anakena ; les palmiers serviraient de matériau de construction, on les effeuillerait et on tresserait leurs palmes bien serré pour faire des cordages. A l'endroit où on aurait abattu les arbres, on labourerait de petits champs à l'aide d'outils de pierre et on y planterait des *kumaras*, ignames de patates douces, base de leur alimentation. Certains creuseraient les pierres tendres pour en faire des vasques et récolter l'eau de pluie. D'autres façonneraient des hameçons en os pour attraper poissons et coquillages. D'autres encore, les artistes, graveraient les symboles de la tribu et ceux de leur *mana*, et ces hiéroglyphes, inscrits dans la pierre, préserveraient le clan des dangers inconnus.

Oui, ils pourraient faire de l'endroit leur patrie. Une chose, cependant, les laissait mal à l'aise, leur incapacité à s'expliquer pourquoi leur nouvelle île était à ce point éloignée du reste du monde ! S'ils voulaient la quitter, ils devraient construire de nouvelles pirogues et reprendre la mer. Mais dans quelle direction naviguer cette fois ? Ils étaient venus de l'ouest, y retourner était impossible. Non, se dirent-ils, ceci est le bout du monde, loin de tout, c'est un morceau de terre perdu au milieu d'une mer infinie. A l'est, au-delà de cette minuscule terre volcanique, ne s'étendaient rien d'autre que l'eau et le néant. Mieux valait ne pas songer à partir.

Autrefois, leur chef Hotu Matu'a avait fait un rêve. Il avait vu une île, très loin à l'est, une île avec des plages nombreuses, une île plantée de palmiers élancés et couverte de volcans. Son rêve lui avait paru une prophétie et c'est ainsi qu'avec ses partisans, il avait pris la mer en provenance de l'ouest... Hotu Matu'a était un sage, mais il était aussi très âgé. Et il savait qu'aussi grande que fût sa *mana*, son pouvoir spirituel, elle ne saurait le garder en vie éternellement. Ce long voyage l'avait épuisé. Que ferait le peuple lorsqu'il ne serait plus ? Qui parmi les siens était doué d'une *mana* susceptible de les protéger tous ? Qui prendrait la tête ? La tribu était si réduite à présent, elle comptait à peine deux douzaines d'adultes, et quelques enfants, car un grand nombre d'hommes parmi les plus braves et les meilleurs n'avait pas survécu à l'errance ; les dieux de la mer avaient moissonné leurs esprits et leurs corps gisaient maintenant au fond de l'océan, servant de pâture aux requins à l'affût. Les survivants devraient-ils rester ici, sur ce rocher solitaire, ou choisir de partir, au nord ou bien au sud, à la découverte d'une terre plus favorable ? Combien survivraient à un second voyage ? Personne, peut-être.

La nuit où mourut Hotu Matu'a, les vents cessèrent de gronder un moment. C'était le crépuscule ; à l'ouest le ciel se teintait d'une couleur orange, à l'est la lune venait de se lever. Emplis de révérence, ils enveloppèrent le corps du mourant dans un linceul de *tapa* et le portèrent jusqu'au rivage. Là, ils l'étendirent sur le sable de façon que ses yeux puissent contempler le ciel et qu'ainsi il fût à même de se préparer au moment où son esprit allait quitter son corps.

Les Polynésiens, moins d'une trentaine de personnes, s'assirent autour d'un feu, serrés les uns contre les autres, le dos tourné au ressac solitaire et furieux, les yeux fixés sur leur chef moribond, quêtant le réconfort d'une dernière parole. De l'obscurité grandissante s'éleva une voix sourde : « Hotu Matu'a, toi qui nous as guidés jusqu'ici, dis-nous ce que nous devrons faire, quand tu ne seras plus. Devrons-nous quitter cet endroit ? »

Le peuple tout entier laissa échapper un même gémissement. Et lorsque le vieil homme finit par répondre, il le fit d'une voix tellement faible qu'elle sembla un murmure :

« Non... Nous avons erré cent jours entiers sur l'océan avant d'atteindre cet ultime bout de terre, ce nombril du monde. Il est impossible de revenir en arrière... »

Un silence atterré s'instaura, empli de doute et d'hésitation. La déception se lisait sur chacun des visages tendus vers le vieux chef.

« Alors qu'il est possible de vivre ici, reprit Hotu Matu'a dans un murmure. Nous le savons. Nous avons ici de l'eau, du bois, de la terre pour les semailles et du poisson dans la mer. »

Un homme désigna une petite figurine placée à portée de main du mourant et qui le représentait. Bien que grossièrement sculptée dans la pierre, il émanait de cette statuette un pouvoir si évident qu'il en était presque tangible. L'homme, qui était l'un des plus dubitatifs, supplia :

« Hotu Matu'a, laisse-nous au moins ta *mana*, s'il te plaît, ton pouvoir spirituel. » Un murmure d'acquiescement général accueillit ses paroles. « Nous sommes si peu nombreux et nous nous sentons si seuls... »

Sensible à leur angoisse, le vieux chef tendit sa faible main. Il effleura la statue de ses doigts tremblants, mais un sourire rassurant éclairait son visage :

« Là où je vais, vous ne pouvez me suivre. Mais, aussi sûrement que les oiseaux de paradis viennent nicher chaque printemps au creux de nos falaises, nous serons à nouveau réunis, un jour, au Royaume des Esprits.

— Viendras-tu nous chercher ? » implora quelqu'un d'autre, terrifié à l'idée de ne plus avoir à l'avenir le vieux sage pour guide.

Fixés sur la lune montante, les yeux d'Hotu Matu'a perdaient de leur éclat. Sa voix s'était affaiblie jusqu'à n'être plus qu'un frôlement de plume ; son esprit l'avait déjà quitté et, voguant encore à quelque distance de son corps, la voile solidement arrimée et les rames bien en main, il s'apprêtait à s'élancer vers l'éternité. Le chef n'était plus sur la terre au milieu de son peuple.

« Aussi sûrement que les oiseaux... une pirogue blanche ? »

Hotu Matu'a distinguait maintenant des choses inconnues, images fortes et fantomatiques cachées au reste de son peuple. Tous se tendirent vers lui, conscients que sa fin était proche et que ses paroles étaient emplies d'une puissante *mana*.

« Que devrons-nous faire jusque-là ? »

Parvenu au seuil même de l'immortalité, le chef scrutait les étoiles qui commençaient à poindre dans le ciel assombri.

« Souvenez-vous de moi », répondit Hotu Matu'a. Et ses yeux se fermèrent à tout jamais.

A peine eurent-ils compris que leur chef n'était plus, qu'une lamentation terrible s'éleva de toutes les poitrines. Se balançant d'avant en arrière, chacun laissait exploser sa peine à grand renfort de manifestations. Plusieurs arrachèrent les boucles qui distendaient leurs oreilles pour les jeter au feu, en signe de désespoir. Seul, le plus grand des membres de la tribu, le plus brave aussi, restait immobile ; il conserva aussi ses précieux disques de corail, bien incrustés à l'intérieur de ses lobes dont la longueur surpassait de plusieurs centimètres celle de tous les autres hommes. Devant les regards réprobateurs que lui jetait l'assemblée, il prononça, d'une voix emplie de tristesse :

« Vos larmes ne le ramèneront pas à la vie. Il est mort maintenant, et nos traditions avec lui. Il faut que nous songions à nous. »

Il se pencha et saisit la statuette représentant la *mana* de Hotu Matu'a. Il resta un long moment à en scruter le corail des yeux morts puis, d'un geste plein de défi, il la fourra dans sa poche de derrière. La *mana* était sienne à présent. C'était lui leur chef dorénavant : on resterait à Te-pito-o-te-Henua. Ils se multiplieraient, ils deviendraient prospères, ici sur ce fragment de terre situé au bout du monde. Jusqu'à ce qu'un jour Hotu Matu'a revienne dans sa Pirogue Blanche, pour les mener au Royaume des Esprits.

Plus de mille ans passèrent et, en 1722, un navigateur hollandais découvrit l'île à son tour. Cela se passait le jour de Pâques et c'est pourquoi il la baptisa île de Pâques. De tout le globe, c'était la plus reculée des îles habitées. Située à quatre mille trois cent kilomètres des côtes du Chili et à deux mille huit cents de l'Ile de Pitcairn, elle se présentait comme une petite terre désolée et sans arbre, peuplée uniquement de sauvages cannibales et d'immenses statues de pierre, vestiges d'une civilisation jadis florissante.

Ces moaïs, *nom que les indigènes donnaient à ces pierres gigantesques, allaient s'avérer l'une des énigmes les plus impénétrables de l'Histoire. Mais pour ces Hollandais, les premiers hommes blancs à les voir, ces têtes massives avec leurs yeux enfoncés et leurs mentons saillants apparurent comme des représentations païennes douées d'un pouvoir indubitable. Et ces intrépides patrouilleurs des mers, bons chrétiens tous tant qu'ils étaient, furent saisis de terreur. Qui avait bien pu construire des têtes si monstrueuses ? Comment les indigènes avaient-ils réussi à sculpter des statues de taille aussi monumentale et pour quelle raison ? Et, chose encore plus mystérieuse, par quel moyen étaient-ils parvenus à transporter des poids si colossaux de la carrière au lieu où ils les découvraient maintenant ? Pourquoi aussi un si grand nombre de ces* moaïs *gisaient, face contre terre ou renversés sur le dos, leurs yeux dardés vers le ciel dans un regard qui voyait tout ou rien, comme s'ils avaient été mis au rebut ? Et surtout, et ceci était le plus grand des mystères, qu'était-il advenu du peuple qui les avait bâtis ?*

Les indigènes n'étaient pas en mesure de leur apprendre grand-chose. Ils savaient seulement que leur île s'appelait Rapa Nui. Quant aux autres questions, ils en ignoraient les réponses. Des siècles de complet isolement les avaient convaincus que le reste du monde avait sombré sous l'océan et qu'ils étaient le seul peuple à vivre sur la terre. Les statues étaient là, c'était tout, considérées depuis des siècles comme un fait allant de soi. Peut-être étaient-ce les dieux qui les avaient déposées là.

De nos jours encore, personne ne peut affirmer en toute certitude ce qui s'est passé avant l'arrivée des navigateurs hollandais.

CHAPITRE II

NORO

EN L'AN 1692 APRÈS J.-C.

Kanu courait rapidement au sommet des falaises dans la lumière grise et froide, particulière à l'aube, quand le soleil n'a pas encore émergé de derrière l'horizon. Des cals épais protégeaient la plante de ses pieds et il courait sans douleur sur les angles pointus des rochers. Il tenait à la main un bâton orné de plumes, signe qu'il était un messager, porteur d'une mission urgente.

Une couronne de plumes ceignait ses longs cheveux, retenus en chignon au sommet de son crâne, et il avait aux poignets et aux chevilles des bracelets de fibres tressées piquées de coquillages. Hormis ces parures, auxquelles il fallait ajouter un collier de simples coquilles et les tatouages de son clan, Kanu allait nu, à l'exception d'un morceau de tissu qui masquait ses parties génitales. Les lobes de ses oreilles, incrustés de pierres polies, s'allongeaient fièrement d'une dizaine de centimètres, lui arrivant à hauteur du menton : Kanu appartenait à la tribu des Longues Oreilles.

Il contourna le cratère Rano Raraku. Tout à sa mission, il ne prêtait pas attention aux collines nues et sans arbres sur lesquelles gisaient çà et là, à demi enfouies, des statues monstrueuses. Qu'ils se dressent sur les plates-formes sacrées, les *ahu*, ou qu'ils soient renversés, face contre terre, sur les pentes rocheuses, ces *moaïs* lui étaient familiers. De même que les rochers, les falaises, les cratères, de même que le vent incessant et les brisants aux couronnes d'écume, ils étaient inséparables du paysage de Rapa Nui.

Kanu les dépassa en courant dans les herbes et dévala la pente jusqu'aux rochers qui surplombaient la plage. Bien en dessous de lui s'étendait une déclivité dénudée, couverte de blocs de pierre, sur laquelle, bizarrement, se déplaçait une statue colossale. Projetant dans les airs une nuée de poussière, elle se dirigeait vers la côte. Elle semblait avancer par elle-même, comme si par quelque intervention surnaturelle, elle s'était vu prodiguer le don de se mouvoir. Il n'en était rien. En réalité, des centaines de fourmis se massaient autour d'elle et conjuguaient leurs efforts pour bouger le traîneau fait d'un assemblage de rondins sur lequel elle était arrimée.

C'était un buste gigantesque. Haut de plus de quinze mètres, c'était assurément le plus grand *moaï* de toute l'île et ces insectes qui s'affairaient autour n'étaient autres que les silhouettes de minces Polynésiens. Vêtus de simples pagnes, les cheveux relevés sur la tête, ils dégoulinaient de sueur. Des tatouages compliqués, distinctifs de leur clan, leur couvraient le visage et le corps, leur tenant lieu de parure, et nul pendentif ne venait étirer le lobe de leurs oreilles : c'étaient des Oreilles Courtes.

A l'aide de cordes et de rondins de palmier, ils déplaçaient le monstre privé de regard et celui-ci avançait, toujours plus loin, parmi des statues de taille plus réduite qu'il dépassait et laissait derrière lui éparpillées, comme des objets mis au rancart. Frissonnant sous la morsure glacée de l'aube, une équipe de travailleurs, haletants et trempés, dégageaient la voie des larges blocs de lave qui l'encombraient. D'autres grouillaient comme une nuée de mouches autour du *moaï*, polissant l'arrière, ou taillant et limant par endroits. D'autres encore arrangeaient les multiples cordes qui le maintenaient solidement, de manière à donner plus de mou à ceux qui tiraient. La travée sur laquelle il glissait était tapissée de rondins qu'une escadre d'hommes s'empressaient de retirer à l'arrière pour les placer à l'avant à mesure qu'il progressait, de manière qu'il pût continuer de rouler.

L'île avait été tellement déboisée que le bois nécessaire au chauffage ou à la cuisson des aliments avait presque entièrement disparu. De même, les rondins nécessaires au transport des statues étaient devenus eux aussi une denrée rare et précieuse, de sorte qu'on les réutilisait sans cesse, jusqu'à ce qu'ils fussent réduits à l'état de copeaux. Tout était sacrifié à la construction des *moaïs*. Ils étaient d'une importance capitale. En revanche, les hommes, et particulièrement les Oreilles Courtes, ne jouaient qu'un rôle mineur dans le schéma éternel des choses.

Sous ce poids de plusieurs centaines de tonnes, les rondins se redressaient avec force grincements et la travée par laquelle on acheminait les *moaïs* était parsemée de débris sur toute sa longueur. Sur la terre alentour, les souches de palmiers saillaient par milliers, témoins silencieux des endroits où les arbres avaient été abattus et de la quantité qu'il avait fallu en couper pour transporter les statues. La face du géant demeurait sereine et impénétrable, indifférente à la douleur de ceux qui travaillaient. Comme tous les autres *moaïs*, celui-ci était l'écho venu du fond des âges de la petite statuette qui représentait la *mana* de Hotu Matu'a.

Au cours des douze siècles écoulés depuis que des pirogues avaient abordé pour la première fois son rivage rocheux, l'île de Te-pito-o-te-Henua avait changé de nom pour s'appeler Rapa Nui et la figurine qui symbolisait la *mana* de Hotu Matu'a s'était modifiée elle aussi, jusqu'à devenir monumentale. Au cours des siècles donc, des centaines de statues avaient été taillées dans la roche volcanique des carrières et avaient été érigées pour veiller sur les villages et les protéger des démons. Les *moaïs* avaient ainsi transformé la face de l'île. Leurs visages aux grands yeux fixes se retrouvaient partout. Mais d'autres choses aussi avaient changé sur Rapa Nui et notamment, il ne restait rien de la forêt si dense des origines.

A force d'abattre des palmiers pour les transformer en rondins nécessaires au transport des *moaïs*, l'île avait fini par être totalement déboisée. Or, les palmiers étaient une ressource primordiale. Non seulement ils procuraient de l'ombre, mais ils produisaient en abondance des fruits très nourrissants ; les pignons donnaient de l'huile et les branches et les troncs constituaient un matériau de construction excellent. Les palmiers disparus, il ne restait plus de bois pour l'usage domestique : on ne pouvait plus tailler de nouvelles pirogues, ni remplacer les huttes délabrées, ni fabriquer cordes et tissus à partir des feuilles, grandes comme des voiles. Et le manque de ces deux matériaux très précieux se faisait cruellement sentir.

A présent, les vêtements et manteaux en tissu de *tapa* étaient pratiquement réservés à l'usage des Longues Oreilles, tribu prospère dont les membres s'abritaient du soleil sous des ombrelles de palme afin de préserver leur teint clair. Les Oreilles Courtes, moins fortunés, portaient des vêtements usés jusqu'à la trame, quand ils n'allaient pas nus, et leurs corps noueux étaient presque noirs à force d'être exposés aux durs rayons du soleil.

Durant tous ces siècles, le peuple de Rapa Nui n'avait jamais eu l'idée de planter des palmiers ou de reboiser l'île. D'ailleurs, à de rares exceptions, la plantation était un concept qui ne leur traversait pas l'esprit. Les tribus avaient toujours vécu d'une abondance offerte par la nature et qui se recréait d'elle-même. Les arbres à pain avaient toujours redonné des fruits. Les *yams*, ces grandes patates douces, et les racines de *taro* étaient les seuls légumes que les Polynésiens de Rapa Nui savaient planter. Les graines étaient faciles à semer et leur culture ne requérait pas l'utilisation d'instrument plus compliqué qu'un simple bâton pointu. De plus, sous ce climat, la récolte se faisait tout au long de l'année. La canne à sucre repoussait tous les ans presque partout, comme de la mauvaise herbe, sans qu'il y eût à s'en préoccuper. Elle croissait en joncs épais et sucrés qui se transformaient rapidement en tiges. Quant à l'océan, si la froideur de ses eaux avait empêché alentour la formation de récifs de corail, source étonnante de vie marine et de richesses, il continuait à procurer toutes sortes de poissons et de fruits de mer, crabes ou crevettes, ainsi que de grandes palourdes.

Les habitants de Rapa Nui pensaient être les seuls humains à vivre sur la terre. Aucun autre pays, selon eux, n'existait plus en dehors de leur île, tous avaient sombré au fond de l'océan. Et si Rapa Nui existait toujours, c'est que les dieux l'aimaient et l'avaient prise sous leur protection, et cela, grâce à l'intercession des *moaïs*. Pendant des siècles l'île volcanique avait été un paradis. Pourquoi donc les enfants favoris des dieux auraient-ils dû songer à développer des moyens de survie, comme l'agriculture, par exemple ?

Les palmiers étaient une autre affaire. Ressource essentielle pour les insulaires, ils étaient aussi à la base de bien des choses nécessaires à la vie. L'une après l'autre, chaque génération abattait des arbres en nombre toujours croissant, sans se préoccuper du surcroît de destruction qu'elle laissait derrière elle et celle qui lui succédait se ralliait à la même conviction : à savoir que les arbres dureraient forcément aussi longtemps qu'elle-même.

Jusqu'à ce que, finalement, ce ne fût plus le cas.

Dévalant la colline, le jeune messager dépassa les *moaïs* sans accorder le moindre regard aux hommes qui suaient sang et eau pour le faire avancer, ni prêter d'attention aux jurons dont ils accompagnaient leurs efforts. De taille plus petite que Kanu et de peau plus sombre, ces travailleurs, après tout, n'étaient que des Oreilles Courtes : il était donc naturel qu'un Longue

Oreille comme lui les méprise. Il ne s'intéressa pas davantage à un grand *moaï* dont la silhouette se découpait sur le rebord du cratère Rano Raraku. Au loin, sur la ligne d'horizon de l'océan infini, le soleil du matin se décidait à pénétrer la nuit et, dans une lumière aveuglante, il émergeait des flots.

L'herbe avait cédé la place à des blocs de lave déchiquetée et Kanu fut forcé de ralentir sa course pour en faire l'escalade et descendre jusqu'au rivage où les vagues venaient se fracasser. Au bord de l'eau, un couple d'Oreilles Courtes était occupé à pêcher du poisson. L'homme et la femme, tous deux âgés et voûtés, avaient fait une prise, mais à peine eurent-ils aperçu le messager Longue Oreille qu'ils s'empressèrent de prendre la poudre d'escampette avec un air coupable. Kanu eut un rire de mépris. Que lui importait que des Oreilles Courtes vivent ou meurent, qu'ils se nourrissent à leur faim ou périssent d'inanition !

Au loin sur l'eau, il distinguait un groupe de jeunes gens en train de dévaler les vagues, debout sur de petits flotteurs faits de joncs de *totora* finement tressés. L'un d'eux, plus rapide et puissant que les autres, semblait plus habile, plus intrépide aussi, et tandis que les radeaux de ses compagnons se retournaient sous la violence des vagues, éjectant leurs occupants par-dessus bord, lui-même parvenait en riant à diriger le sien d'une main sûre au milieu des brisants. Allongé maintenant sur son radeau, il revenait vers la plage. Il nageait merveilleusement, se servant aussi bien de ses pieds que de ses bras.

« Noro ! lui cria le messager. Noro ! »

Il l'appela encore une fois d'une voix pressante, agitant son bâton garni de plumes pour attirer son attention.

L'ayant remarqué, Noroinia pagaya des bras jusqu'au rivage. Une fois son flotteur tiré hors de l'eau, il fit des signes à Kanu et se hâta vers lui. Noro ne devait pas avoir plus de dix-neuf ans, moins peut-être. Son visage carré présentait de beaux traits, un menton fort, un nez droit, des cheveux noirs noués sur le haut de la tête, d'épais sourcils bruns qui se rejoignaient au-dessus de son nez et des yeux noirs et bien écartés au regard perçant. A l'instar de Kanu, Noro ne portait qu'un morceau de tissu autour des reins et des bracelets de fibres aux poignets et aux chevilles. Lui aussi avait les oreilles percées de boucles et il portait le signe de son clan tatoué à l'épaule, juste sous la clavicule.

« Salut ! » répondit Noro et son sourire découvrit des dents blanches et parfaites.

Il s'ébroua à la manière d'un chien. Les gouttelettes restées sur ses épaules de bronze continuèrent de glisser et d'autres brillèrent sur sa poitrine musclée.

« L'*Ariki-mau* voudrait te voir », annonça le messager, haletant après sa longue course.

Les épais sourcils de Noro se levèrent puis se froncèrent en une mimique qui exprimait toute sa surprise et sa perplexité. Que pouvait donc lui vouloir son grand-père, le chef de la tribu ? Il ne se souvenait pas avoir commis de faute récemment, et pourtant, voilà qu'il était sommé de se rendre auprès de lui. Personne n'eût osé enfreindre un ordre émanant de l'*Ariki*. La *mana* du grand-père était sacrée et très puissante. Il n'était pas seulement le chef du clan Miru et du village des Longues Oreilles, il était également celui de la population entière de Rapa Nui. Il était l'Homme-Oiseau, sa parole avait force de loi.

Son radeau sur le dos, Noro escalada les blocs de lave à la suite de Kanu. Les deux jeunes gens s'élancèrent vers le village des Longues Oreilles, refaisant en sens inverse la route parcourue par le messager. Escaladant les rocs de lave, ils atteignirent la pente herbeuse. Là, une fois qu'ils auraient dépassé la travée des *moaïs*, il ne leur resterait plus qu'à longer le bord escarpé des falaises de la côte sud de l'île pour rejoindre leur village.

Sans ralentir leur allure, les deux jeunes gens doublèrent les Oreilles Courtes qui semblaient exténués. Ils avaient en effet réussi à faire avancer le géant d'une bonne demi-douzaine de mètres. Kanu les ignora à nouveau, prenant des airs de haute importance, mais Noro leur lança des bonjours.

Au loin, derrière les équipes affectées au transport du *moaï*, près du volcan de Rano Raraku, se profilait une carrière où l'on discernait encore de nombreuses statues. La vision n'avait rien d'insolite. N'avait rien d'étrange non plus le bruit que faisaient la centaine d'Oreilles Courtes qui s'activaient autour de ces *moaïs*. Pourtant ce continuel raclement de leurs instruments de pierre sur le calcaire volcanique était bien le seul son d'origine industrielle à être entendu sur tout Rapa Nui.

Quelques minutes plus tard, Kanu et Noro avaient atteint le village Longue Oreille. De là, on apercevait le vieux volcan Orongo qui s'élevait à l'ouest, et l'on voyait, à l'est, des plaines désolées qui s'étendaient jusqu'aux contreforts de la péninsule de Poike. Ce paysage avait été verdoyant autrefois, en raison de l'auvent que formait l'épaisse frondaison des arbres ; mais ceux-ci, aujourd'hui, n'étaient plus que des arbustes dépouillés de leurs feuilles qui poussaient sur une herbe piquante. Et la couleur générale du paysage était plus proche du brun et du jaune que du vert de jadis.

Le village côtier consistait en une quarantaine de huttes construites en forme de bateau. Elles s'ouvraient en demi-lune sur une place centrale pavée de galets. Au-delà de celle-ci, juste au-dessus de l'eau, s'étendait une magnifique plate-forme de cérémonie : c'était l'*ahu* des Longues Oreilles. Fait de gros blocs de pierre volcanique, il mesurait une centaine de mètres de longueur et supportait dix-huit *moaïs* sculptés, chacun haut de quinze mètres environ et pesant bien vingt tonnes.

Avec leurs arcades sourcilières proéminentes et leurs yeux enfoncés, ils offraient des visages sombres et pleins de mystère. Leurs nez, longs et forts, présentaient de larges narines, leurs lèvres minces surmontaient des mentons puissants qui avançaient en saillie. Les corps étaient sculptés jusqu'à la taille et là se terminaient brutalement. Nombre des *moaïs* portaient des ornements religieux gravés sur la poitrine et le dos.

Tournant le dos à la mer, ils semblaient surveiller le village de leurs yeux de corail larges et irradiants, car telle était en effet leur fonction première. Ils dominaient le paysage comme les images des dieux toutpuissants qu'ils appelaient à protéger du mal les êtres humains. L'*ahu* était suffisamment grand pour accueillir encore des *moaïs*. Il resterait toujours de la place quelque part pour en ériger d'autres. Et d'ailleurs, tout au long de cette morne côte, aussi loin que portait le regard, des *moaïs* rêveurs se dressaient, montés sur les *ahus*.

Des centaines et des centaines de personnes vivaient sur l'île. Elles étaient divisées en Longues Oreilles et en Oreilles Courtes et ces deux groupes se subdivisaient à leur tour en clans qui avaient chacun leur chef. Les Longues Oreilles, plus prospères que les Oreilles Courtes, étaient mieux vêtus et nourris. Ils étaient également de taille plus élevée ; leur démarche était fière et ils arboraient des coquillages ou des pierres polies aux lobes de leurs oreilles. Ils habitaient des *hare paengas*, maisons basses aux solides murs de soubassement en pierre de basalte dans lesquels étaient fichés de longs mâts de tente incurvés, destinés à soutenir la structure du toit. A l'inverse, les Oreilles Courtes, qui travaillaient dans les carrières ou étaient affectés au transport des *moaïs*, vivaient, quant à eux, dans des huttes délabrées, construites à même le sol, mal protégées du vent et de la pluie.

Arrivé au village des Longues Oreilles, Noro abandonna son radeau de *totora* et s'inclina par acquit de conscience devant les *moaïs* sacrés. Il entendit des pleurs et des lamentations et remarqua alors, au pied de l'*ahu*, un groupe de femmes qui sanglotaient au-dessus d'un corps enveloppé dans des roseaux et recouvert d'un tissu de *tapa*. Des tambours battaient, d'odorantes fumées rituelles s'élevaient d'un feu allumé à la tête du cadavre. Noro se demanda qui venait de mourir. Mais il n'avait pas le temps de chercher à savoir. L'appel de son grand-père ne souffrait pas de délai.

Il courut jusqu'à une maison circulaire. Celle-ci ne tenait pas seulement lieu de salle du trône, de temple et de salle d'assemblée pour les membres du village, elle servait aussi de résidence à l'*Ariki-paka*, l'Homme-Oiseau, chef de toutes les tribus et en particulier chef du clan des Miru, par ailleurs, grand-père de Noro.

L'unique entrée était une petite ouverture pratiquée sur le côté le moins exposé aux vents incessants. Passant devant un guerrier qui y montait la garde, Noro se faufila sous l'étroit passage. A l'intérieur, il trouva son grand-père en compagnie de prêtres, comme à l'accoutumée. Ces derniers temps, en effet, l'*Ariki* semblait consacrer tous ses instants à des palabres religieuses ou à tenter de découvrir des signes auxquels les dieux prêteraient l'oreille.

Agé d'une soixantaine d'années, l'Homme-Oiseau trônait, entouré de sa cour, sur une basse estrade de joncs dressée à proximité d'un foyer de pierres où fumait un feu sans flamme. La peau pâle de son corps était couverte de tatouages compliqués et ses oreilles lui arrivaient aux épaules. Les ongles de ses doigts, très longs, rappelaient les serres d'un immense oiseau. A la différence des autres habitants de l'île, il avait les cheveux et les sourcils rasés. Sa tête était ceinte de plusieurs couronnes de plumes hautes et impressionnantes et sa poitrine ridée s'ornait d'une multitude de colliers de coquillages rares et précieux.

En son temps, l'*Ariki-paka* avait été un guerrier grand par sa taille comme par sa vaillance, craint et respecté de tous ; il était l'époux de plusieurs femmes et le père de nombreux garçons. Il était reconnu comme un grand chef de clan et aussi comme un chef spirituel important, car il était *tangata-manu*, c'est-à-dire « Homme-Oiseau », incarnation du dieu Make-Make. Ses longues années de vie ne s'étaient pas écoulées sans laisser de traces, tout comme les vagues puissantes qui battent les falaises finissent par les éroder jusqu'à ce que seuls quelques rochers subsistent.

Si l'*Ariki* avait été fort dans le temps, à présent sa faiblesse se révélait chaque jour davantage. Le respect religieux qui l'animait jadis avait tourné à la superstition. Alors qu'autrefois il ne craignait rien, voilà que maintenant il avait peur de tout. D'ici un an ou deux, il serait atteint de gâtisme, il montrait déjà les premiers signes de sénilité. Pourtant, il était encore l'Homme-Oiseau et sa parole avait force de loi. Il était l'*Ariki-mau*, c'est-à-dire le chef de toute l'île, le descendant direct de Hotu Matu'a.

Les regards de l'*Ariki-mau* étaient concentrés sur les osselets que Tupa, grand prêtre du clan Miru, faisait rouler sur une natte étendue devant lui à même le sol de terre battue, afin de tirer présage des signes qu'ils formaient et déchiffrer les messages que les dieux envoyaient par leur intermédiaire. De son ongle recourbé comme une serre, Tupa examinait les osselets d'un air impénétrable. Les tambours continuaient de battre sourdement dans un rythme hypnotique.

« Alors ? demanda le vieux chef d'une voix anxieuse.

— C'est difficile de donner une réponse », rétorqua le grand prêtre.

Il était fluet, avec un nez crochu, une barbichette de chèvre et des yeux globuleux. C'était un vieux démon rusé, manipulateur, intrigant. Assoiffé de pouvoir, il était humilié de ne pas être lui-même l'Homme-Oiseau. Sentant les forces de l'*Ariki-mau* décliner, il attendait son heure. Silencieux comme un serpent, il gardait ses pensées pour lui, tout en échafaudant des plans.

D'autres prêtres étaient assis dans l'obscurité de la grande salle. Aussi silencieux que les *moaïs*, ils tenaient à la main des pagaies dont toutes les faces plates étaient gravées de figures identiques.

L'*Ariki* observait anxieusement le grand prêtre. Celui-ci était toujours occupé à scruter les dés, en quête d'une signification spirituelle et d'indications concernant l'avenir.

« Tupa, dis-moi la vérité, croassa le vieil homme sur un ton exigeant.

— Je le ferais volontiers si seulement je le pouvais, répondit le grand prêtre d'une voix douce. Les signes ne sont ni bons ni mauvais. Il faut recommencer plus tard, peut-être.

— C'est maintenant que je dois savoir », fit le grand-père de Noro d'une voix qui masquait mal sa déception. Et désignant du doigt les osselets récalcitrants, il ajouta : « Essaie une autre méthode. La fumée, encore une fois. Je pense qu'elle parle, elle. »

Tupa eut un sourire pour lui-même et ramassa ses osselets rituels.

« Oui, *Ariki* », acquiesça-t-il.

C'est à ce moment de la séance de divination qu'un léger remue-ménage s'était fait entendre au-dehors et que Noro avait fait son entrée dans la salle en se faufilant pour passer par l'étroite ouverture.

Il vint poser un baiser automatique sur le bas du vêtement de l'*Ariki-paka* et alla s'asseoir sur le sol. Les jambes croisées, enserrant ses chevilles dans ses mains, il attendait, toute son attention fixée sur son grand-père.

« Matu'a Tane », fit-il, s'adressant respectueusement au vieux chef en lui donnant l'un de ses nombreux titres.

Avec solennité, l'*Ariki* laissa échapper un soupir qui exprimait tout son dépit et prononça d'une voix sourde, rêche comme l'herbe d'hiver :

« Epe, ton cousin par mon épouse Auareipua a fait une chute mortelle, alors qu'il s'entraînait pour le tournoi de l'Homme-Oiseau. C'est son corps qui est étendu sur l'*ahu.* »

Le vieux chef fit une pause et reprit, dévisageant Noro d'un regard plein de dureté :

« C'est toi qui le remplaceras.

— Moi ? » s'exclama Noro, les yeux arrondis par la stupeur.

Son grand-père acquiesça :

« Telle est l'exigence des oracles dont Tupa nous a livré interprétation. »

Noro jeta un regard effrayé en direction du grand-prêtre, lequel lui rendit un salut poli et réservé, cachant sous ses paupières ses yeux de prédateur.

Le garçon éprouva soudain la sensation d'être pris dans une nasse, de se débattre, d'étouffer, comme un thon à l'agonie qui bondit dans les mailles.

« Mais... je n'en suis pas digne. Je ne suis pas prêt..., voulut-il protester.

— Je le sais, lui répondit son grand-père tristement. Mais tu es le seul qui reste. Tous les autres sont morts ou partis. »

Il redressa ses épaules desséchées et voûtées sous le poids des ans et sa voix prit un ton solennel :

« Ainsi, Noro, les prêtres du clan Miru t'invitent à participer à la course pour... pour... »

La mémoire lui échappait et Tupa se pencha vers lui pour lui souffler d'une voix sourde :

« Le premier œuf.

— Ah oui, se rappela le vieux chef, en hochant la tête. La course pour rapporter le premier œuf pondu à Moto Nui au printemps, quand Hotu Matu'a y aura envoyé ses oiseaux. Noroinia, acceptes-tu de prendre part à ce tournoi, de combattre pour moi, l'*Ariki-mau* qui règne actuellement, tenant du titre de l'Homme-Oiseau ? »

L'ahurissement empêchait Noro de répondre. La compétition, qui consistait à rapporter un œuf de *manotara*, ou sterne des mers, réunissait des adversaires très puissants et agiles. Il s'agissait, dans le temps le plus court, de descendre un flanc de falaise sur trois cents mètres, puis, à plat ventre sur un frêle radeau de *totora*, faire un kilomètre et demi à la nage jusqu'à Moto Nui, rocher qui, avec Moto Iti et Motu Kau Kau, formait l'atoll au sud-est de Rapa Nui. Car c'était là, à Moto

Nui, que les oiseaux des mers venaient pondre leurs œufs parmi les pierres et les rochers tout blancs de leur fiente. Pour gagner la course, il ne suffisait pas de faire simplement l'aller. Il fallait aussi effectuer le retour en rapportant intact un œuf moucheté de brun, pondu sur l'îlot lors de la ponte de printemps, un œuf de *manotara*. Autrement dit, il fallait traverser par deux fois des eaux infestées de requins et agitées de traîtres courants. Enfin, il fallait escalader en sens inverse la falaise d'Orongo, c'est-à-dire en grimpant cette fois, et remettre à l'Homme-Oiseau ce premier œuf des premiers oiseaux de printemps. Accepter d'accomplir cette tâche signifiait souscrire à une obligation sacrée. C'était la preuve que l'on était un homme, fou peut-être, mais un homme néanmoins.

Réussir cet exploit présageait qu'un jour Hotu Matu'a reviendrait du Royaume des Esprits dans sa Pirogue Blanche : l'antique prophétie aurait fini par se réaliser. Quant au vainqueur de la course, il devenait le chef et se voyait décerner le titre d'Homme-Oiseau. Titre que depuis des années personne n'avait réussi à ravir au grand-père de Noro.

Tous les ans, chacun des clans de la tribu des Longues Oreilles déléguait un champion entraîné sans relâche depuis de longues années. La prochaine course devait avoir lieu dans six mois. Cela revenait à dire que Noro n'aurait que six petits mois pour être au mieux de sa forme et décrocher le titre face à des adversaires dans la force de leur jeunesse et parfaitement préparés. Or, ces concurrents avaient beau avoir consacré la moitié de leur vie à s'exercer en vue de cette compétition, ils parvenaient rarement à l'effectuer jusqu'au bout. L'exploit était considéré comme impossible à accomplir. La mort d'Epe, son malheureux cousin, en était bien la meilleure des preuves ! Aussi périlleux sur mer que sur terre, ce tournoi exigeait toutes sortes de talents. Être un nageur ou un plongeur émérite était loin de suffire. Il fallait se montrer non seulement le meilleur à la course et le meilleur à l'escalade, il fallait également prouver toute sa finesse tactique. La course était féroce. Chaque année, un concurrent au moins y laissait la vie. Et l'on avait connu des années où presque tous avaient péri.

Il ne pouvait y avoir qu'un seul vainqueur par course. Le reste des participants, malgré leurs efforts héroïques, étaient considérés comme perdants tous sans exception et, comme tels, faisaient dorénavant l'objet de l'opprobre général. Ils étaient eux-mêmes les premiers à se mépriser et la tradition voulait qu'en signe de repentir, ils s'infligent des scarifications et se tailladent le corps avec les lames acérées de leurs *mataas*, leurs couteaux d'obsidienne.

N'ayant pas été choisi pour participer à la course, Noro n'avait, à l'évidence, reçu aucun entraînement. S'il était bon nageur et intrépide, il était loin d'atteindre le niveau des autres concurrents. Qu'il remporte la course de l'Homme-Oiseau était simplement impensable. Il avait plutôt toutes les chances d'y laisser sa peau. Noro ouvrait la bouche pour protester quand l'œil de son grand-père se posa sur lui. Le pouvoir sacré de l'Homme-Oiseau le saisit alors avec une violence telle qu'il fut parcouru d'un frisson. L'assistance tout entière attendait sa réponse, l'*Ariki-mau*, les prêtres et Tupa. Il réalisa brutalement toute l'étendue de son impuissance. Il n'avait pas le choix. La décision ne lui revenait pas. Sa seule issue était de capituler.

« Soit ! » marmonna-t-il d'une voix effrayée.

A ce mot, Tupa eut un sourire. Il frappa le sol de sa pagaie, faisant tinter les coquillages dont elle était ornée. L'imitant sans grande conviction, les prêtres de moindre rang se mirent à tambouriner sur leurs pagaies du bout de leurs ongles pointus. Tous savaient que Noro n'avait aucune chance de remporter la victoire, il n'était qu'une lueur dans une situation désespérément obscure. Seul l'*Ariki-mau* ne s'en rendait pas compte ; l'acquiescement forcé de son petit-fils avait ravivé sa confiance.

« Faites savoir à tous les Longues Oreilles qu'il est

inutile pour eux de perdre davantage de temps à entraîner un nageur, car Noro saura faire de moi l'Homme-Oiseau pour la vingtième année. »

Et, le regard devenu fixe tandis qu'il contemplait le passé, il poursuivit, la voix teintée d'amertume :

« Il effacera la honte de son père, mon fils, qui prit part à la course, voilà dix-neuf printemps. »

A la mention inattendue du nom banni de son père, Noro se mit à rougir. Il baissa les yeux à terre, courbant la tête sous le poids du déshonneur. Ce qui s'était passé entre son père et son grand-père, il y avait dix-neuf ans, restait un mystère dont on ne parlait pas. Tout ce que Noro en savait, c'était que son père avait fait une chose terrible et interdite et qu'il avait disparu à tout jamais.

Tupa ravala un sourire de triomphe. Les choses se déroulaient selon ses plans. Si c'était Noro, amateur sans le moindre entraînement, qui prenait part à la course pour défendre le titre de son grand-père, ce titre lui tomberait bientôt entre les mains.

« Hotu Matu'a, notre ancêtre, nous rendra sa considération et il finira par nous envoyer sa Pirogue Blanche », conclut l'*Ariki*, en soulevant le menton de Noro dans sa griffe ; et le sourire d'approbation qu'il adressa à son petit-fils découvrit une bouche presque entièrement édentée.

« J'en suis convaincu. »

Un léger brouhaha se manifesta à l'entrée de la salle et un Oreille Courte crasseux et en sueur pénétra en rampant à l'intérieur, un garde sur les talons. C'était Heke, le maître sculpteur des *moaïs*. Reprenant son souffle, il s'inclina profondément aux pieds de l'*Ariki-mau*.

« Le *moaï* est terminé, *Ariki-mau*. Voulez-vous donner votre accord ? » pria-t-il d'une voix tremblante d'anxiété.

Le visage du vieux chef s'éclaira. Il acquiesça d'un signe de tête. Comme il entreprenait maladroitement de se mettre debout, deux gardes s'avancèrent pour lui prêter leur aide. Puis, escorté de sa garde particulière, les *Matatoas*, il trottina d'une démarche pleine de grandeur jusqu'à une haute litière de rotin finement tressé. Tupa et l'ensemble des prêtres sortirent à sa suite. Noro et Heke fermèrent la marche. L'*Ariki* s'installa et six puissants porteurs soulevèrent la litière sur leurs épaules pour le conduire à la travée des *moaïs*, à l'orée du village des Longues Oreilles.

Tout en bas de la travée, la statue était toujours sur le traîneau, maintenue par des cordes. La face tournée vers le ciel, elle semblait perdue dans une attente silencieuse. L'expression sibylline du visage, la longueur des oreilles, les mains croisées sur le ventre, tout dans cette œuvre gigantesque avait été effectué avec un souci laborieux du détail, à l'exception des yeux qui n'avaient pas encore été creusés et offraient de ce fait un regard absent, comme s'ils étaient fermés sur le monde.

Une centaine d'Oreilles Courtes étaient affalés sur le sol ou gisaient, à bout de force, au pied de la statue. On remarquait parmi eux un jeune homme de dix-huit ans, Make. A sa façon irritée de souffler sur ses mains brûlées par les cordes, on comprenait que l'épuisement n'était pas la seule cause de ses souffrances et que la dure vie des Oreilles Courtes n'avait pas encore émoussé ses qualités latentes de chef.

Un bruit animé se fit entendre, le cortège de l'*Ariki-mau* approchait. Le peuple se remit tant bien que mal sur ses pieds.

Ayant été porté tout au long du chemin, l'*Ariki* arrivait, escorté de ses *matatoas* armés de massues, des prêtres et d'autres personnages encore. Les porteurs déposèrent la litière sur le sol. L'*Ariki* s'en extirpa, les yeux braqués sur le colosse et alla en faire le tour pour examiner scrupuleusement chaque détail.

Tout le monde se taisait. Les Oreilles Courtes retenaient leur souffle. Ils avaient peiné sur cet ouvrage plus longuement et plus durement que sur aucun autre. C'était assurément le *moaï* le plus grand et le plus impressionnant de toute l'île. Rien que pour le tailler dans la roche volcanique, il avait fallu près d'une demi-année d'un labeur douloureux. Et des efforts incroyables avaient dû être déployés pour le transporter de la carrière du Rano Raraku jusqu'ici sur la côte, près du village des Longues Oreilles. Cette œuvre était le résultat de milliers d'heures d'un travail fourni par tout le monde, mais surtout par Heke. Et le maître sculpteur, dévoré d'angoisse, sentait la bile lui envahir la bouche, en attendant le verdict du chef.

L'Homme-Oiseau étudia la statue sous tous les angles avant de porter sur la mer un regard chargé d'espérance. Mais l'océan était vide. Nulle Pirogue Blanche ne se profilait à l'horizon. Il n'y avait rien. Ainsi, Hotu Matu'a n'était pas revenu du Royaume des Esprits. Et l'*Ariki* poussa un profond soupir.

« Qu'on en construise un autre. »

On aurait pu entendre le cœur des Oreilles Courtes cesser de battre. Même les Longues Oreilles furent ébahis de cette décision. Car ce *moaï* était véritablement magnifique, père et mère à la fois de tous les autres *moaïs* de l'île. Seul Tupa se réjouit en son for intérieur.

Quant à Heke, de toutes les émotions qui se peignirent tour à tour sur ses traits exténués, aucune n'exprimait le bonheur. L'*Ariki* lui tapota l'épaule et s'en retourna à sa litière.

« Tu devrais prendre un peu de repos, Heke », lui conseilla-t-il gentiment.

Hébété, le vieux maître sculpteur se jeta à terre en une supplique ardente et désigna la statue.

« Ariki, puis-je savoir... »

Des Oreilles Courtes laissaient enfin s'exprimer leur stupeur, impudence que le grand prêtre Tupa fustigea sur le champ d'un regard courroucé. Cependant, Heke insistait :

« En quoi ce *moaï* déplaît-il aux dieux ? »

L'*Ariki* hésita. En vérité, il était bien en peine de donner une explication. Il ne savait qu'une chose, que

Hotu Matu'a n'était pas revenu du Royaume des Esprits. Tandis que sa litière était remontée sur les épaules des porteurs, il soupira après un dernier regard au géant :

« Il est trop petit. »

Et dans le bruit de coquillages de ses nombreux colliers, l'Homme-Oiseau retourna dans son village, emportant avec lui le peu de courage qui restait aux ouvriers de la carrière.

Heke demeurait prostré sur le sol, dévasté, un goût de cendres dans la bouche ; quant aux Oreilles Courtes crasseux, ils regardaient de leurs yeux caves l'*Arikimau* disparaître. Un murmure se propageait dans la foule, une grogne à peine audible que l'ouïe fine de Tupa ne manqua pas de saisir. Il foudroya du regard les rebelles et ceux-ci baissèrent les yeux, matés et se mordant les lèvres : le grand prêtre n'était pas fort de son seul pouvoir spirituel, la présence des guerriers renforçait son autorité. Le jeune Make se durcit, le cœur bouillant de colère contenue.

Tupa désigna la statue et fit claquer ses doigts. A contrecœur, Make et les autres entreprirent de cisailler les cordages qui maintenaient ensemble les rondins du traîneau. Sous leurs gestes précis, les rondins s'écartèrent. Puis, les muscles bandés, tous se mirent à tirer sur les cordes qui entouraient la tête du mastodonte.

Les hommes tiraient et poussaient, conjuguant leurs forces. La puissante statue oscilla d'avant en arrière à plusieurs reprises avant de dépasser son point de gravité. Le *moaï* de quinze mètres bascula lentement et, dans un bruit sourd, il alla s'encastrer, face contre terre, faisant trembler le sol. Un nuage de poussière s'éleva aussitôt, obscurcissant le soleil. Tupa se protégea le visage du pan de son manteau de *tapa* et reprit le chemin du village en toute satisfaction.

Incrédules, anéantis, les Oreilles Courtes restaient à contempler l'œuvre bafouée et vilipendée qu'ils avaient bâtie de leurs mains. Ce n'est qu'au bout d'un moment qu'ils firent lentement demi-tour. Ils suivirent le sillon creusé par les *moaïs* pour remonter à la carrière. Deux hommes se penchèrent vers le malheureux Heke et le tirèrent loin de la poussière. Un seul resta, Make, qui suivit la silhouette de Tupa d'un regard sombre, les entrailles déchirées par une fureur rebelle. Il haïssait le grand prêtre et savait que l'autre le méprisait tout autant.

Tupa avait disparu, englouti dans le nuage que le *moaï* avait soulevé dans sa chute. Le silence se fit. Et brusquement, Noro émergea du rideau de poussière. Une pompeuse solennité modifiait sa démarche, un mépris hautain enlaidissait son visage. La rigidité impassible de ses traits, son nez dressé en l'air tournaient en dérision Tupa et ses guerriers. Se moquant par son imitation burlesque des signes de leur autorité, il vint se planter devant Make, les poings sur les hanches. Il dissimulait manifestement quelque chose sous son vêtement.

« On peut savoir qui tu es censé imiter ? interrogea Make, les coins de sa bouche tiraillés par un rire qu'il avait peine à maîtriser.

— Es-tu aveugle, Oreille Courte ? rétorqua Noro en prenant un ton de fierté menaçante. C'est à l'Homme-Oiseau que tu t'adresses. »

Accompagnant sa réplique d'un hurlement de joie à donner le vertige, il fit jaillir un couple de poulets qu'il brandit sous le nez de Make avant d'entamer autour de lui une ronde effrénée. Il bondissait dans les airs en poussant toutes sortes de piaillements aussi perçants que ceux de ses volailles. Il faisait mille pitreries destinées à faire deviner à son ami qu'il était l'Homme-Oiseau, mais Make ne réagissait que par de petits reniflements dégoûtés.

Que Make refuse de prendre part à son jeu ne faisait qu'accroître sa détermination à l'y faire entrer coûte que coûte. Avoir été désigné pour la compétition le remplissait maintenant d'enthousiasme. La course de l'Homme-Oiseau était un événement majeur et voilà que lui, Noro, allait y tenir un rôle important, pour ne pas dire vital. Il débordait d'excitation et ne cessait de taquiner son ami avec les poulets. Ses agaceries finirent par lui valoir le résultat escompté. Avec un grognement ennuyé, Make se jeta à sa poursuite. Courant tout autour du *moaï* renversé ou grimpant dessus, voilà qu'un Oreille Courte pourchassait un Longue Oreille, lequel ne cessait de pousser des ululements de délire. L'humeur de Noro était contagieuse et Make sourit malgré lui.

« Toi, un Homme-Oiseau ? Un homme-rat, tu veux dire ! »

A bout de souffle, les garçons s'éloignèrent dans les chaumes en s'amusant à se renvoyer du pied l'un des deux poulets qui piaillait à tue-tête, comme si c'était un ballon. Ils finirent par l'abandonner mort en chemin. Voyant cela, des Oreilles Courtes redescendirent de la colline en courant et vinrent se jeter, jusqu'à se battre, sur les restes de la malheureuse volaille. Le poulet, en effet, était un régal pour ces gens affamés dont la nourriture consistait principalement, pour ne pas dire uniquement, en patates douces.

Noro et Make se dirigeaient vers la Pente aux Bananes. C'était là, au sommet d'un cratère, que les jeunes Longues Oreilles pratiquaient l'un des divertissements les plus prisés sur cette île qui en comptait fort peu. Il s'agissait de se lancer dans le cône du cratère, à plat dos sur une luge faite de deux branches de bananier solidement assemblées. La pente était fort escarpée, la glissade longue et périlleuse. Elle était rude aussi, car l'herbe qui poussait dru sur cette piste de roche cendrée vous faisait atteindre une vitesse qui vous coupait le souffle. C'était très amusant, surtout quand vous étiez éjecté de la luge. Vous étiez alors projeté violemment dans les airs et culbutiez jusqu'en bas. Ce jeu, qui était aussi une épreuve d'adresse et de courage, se terminait souvent par des blessures, entorses ou fractures. Il y avait même eu des crânes enfoncés. Mais qu'importe ! Il fallait accepter plaies et bosses sans pleurer et rire aux éclats à celles que se faisaient les autres.

C'était le sport de prédilection des Longues Oreilles. Quant aux Oreilles Courtes, s'ils n'étaient pas expressément interdits de glissades, ils n'avaient pas de temps à y consacrer. A l'inverse des Longues Oreilles, ils n'avaient pas de loisirs. Ils travaillaient sans relâche, que ce soit à déblayer les travées des *moaïs* des blocs de pierre qui les encombraient, ou à tailler la roche de la carrière.

Certains jeunes de l'assistance accueillirent l'arrivée de Make avec des regards hostiles, mais aucun d'eux ne s'avisa de prononcer à haute voix des mots déplaisants à son encontre. On se contenta de les marmonner, car Make était l'ami de Noro.

Les dieux seuls pouvaient expliquer une amitié semblable de la part d'un petit-fils d'Homme-Oiseau. Cependant, personne ne s'était encore permis d'en faire la remarque à Noro. Sauf peut-être Ngaara qui se montra à son habitude désagréable et mesquin. Il faut dire qu'il détestait Noro depuis son plus jeune âge, il le jalousait d'être aimé de tous et d'être qui plus est le petit-fils de l'Homme-Oiseau.

Un groupe de jeunes gens attendait son tour au bord du cratère. Ils étaient l'élite de Rapa Nui ; c'étaient eux qui plus tard deviendraient chefs de clan. Pour le moment, ils dirigeaient le déroulement des glissades et empêchaient les garçons d'extraction inférieure à la leur d'y participer.

Make et Noro étaient en train de remonter de la bananeraie qui poussait tout au fond du cratère où ils étaient descendus chercher de souples branches de bananier et des fibres pour fabriquer leurs luges. Un jeune Longue Oreille venait de frôler la mort. Le suivant, déjà installé sur sa luge, était sur le point de recevoir la poussée d'envoi. Il prit un départ sans anicroches. Très vite, sa fragile embarcation ne fut plus qu'un point confus qui dévalait la pente. Elle finit par heurter une pierre et se renversa, éjectant son conducteur, avant d'exploser en une myriade de fibres.

Le garçon se remit sur pied, encore vacillant sous le choc. Couvert de bleus et d'éraflures, son chignon noir tout défait, il leva les bras en l'air dans un geste de triomphe : pour l'essentiel, il était sain et sauf.

Le prochain à descendre n'alla pas loin. Il se retrouva très vite à racler le sol de la tête sur une bonne cinquantaine de mètres et les garçons au sommet, ravis, laissèrent éclater leur gaieté en se donnant les uns les autres de joyeuses bourrades. Les glissades ratées étaient bien plus drôles à regarder.

Make et Noro étaient impatients d'entrer dans le jeu. En un tournemain, ils eurent fabriqué des luges suffisamment solides pour supporter la descente. Et leur permettre d'y survivre.

« Vas-y en premier ! s'exclama joyeusement Noro, comme s'il lançait un défi à son ami.

— Vas-y toi-même, Oisillon ! » rétorqua celui-ci.

Les lèvres pincées, Ngaara les observait avec hauteur, le cœur débordant de jalousie haineuse.

« Allez, vas-y, emmène ton sale Oreille Courte et dégage », grogna-t-il dans leur dos.

Le petit-fils de l'*Ariki* se retourna pour lui faire une pichenette avant d'enfourcher sa luge. Puis, il installa le poulet survivant entre ses jambes sans s'arrêter aux piaillements terrorisés qu'il poussait.

« Faisons la descente en même temps, alors », lança-t-il à Make.

Ce dernier acquiesça. Ignorant les méchants ricanements de Ngaara dans son dos, il ravala la boule de fureur qui lui oppressait la poitrine et grimpa sur sa luge.

« En avant ! » s'écria-t-il.

Laissant Make se débrouiller tout seul, les Longues Oreilles donnèrent la poussée de départ à Noro et il se mit à dévaler la pente glissante à toute allure sous les yeux de son ami resté au sommet.

Cheveux au vent, poussant des ululements de joie, Noro parvint à mener sa luge sans verser presque jusqu'en bas. Là, il fit plusieurs mètres en roulé-boulé sur lui-même et se releva hors d'haleine. Il se secoua comme un chien en riant aux éclats.

« J'ai été choisi ! Choisi ! » se mit-il à hurler d'une voix triomphante, les bras levés au-dessus de la tête, les poings serrés dirigés vers le ciel. Il sourit à Make toujours au sommet du cratère.

« T'as de la chance que les Oreilles Courtes ne puissent pas participer », lui hurla celui-ci en retour, tout en se préparant au départ.

Il s'élança en courant pour prendre de l'élan et sauta à bord de sa luge. Elle se mit à glisser, à voler presque, sur les faibles feuilles de bananier qui lui servaient de fond. La vitesse vertigineuse enivrait Make, le vivifiait, lui arrachait des rires, et il oubliait ses tracas. Il était libre. Durant ce court moment de glissade, il avait cessé d'être un Oreille Courte, il n'était plus une fourmi digne seulement d'être exploitée. Il était un être doué de pouvoir et de force.

Allongé sur le dos, il sut faire durer la descente plus loin qu'aucun autre garçon avant lui. Sa luge finit par heurter une pierre et Make continua de glisser sur les fesses, dépassant de quelques centimètres l'endroit où Noro avait capoté.

« C'est moi qui ai gagné, maugréa Noro, le corps couvert d'égratignures.

— Non, c'est lui ! » s'esclaffa Make en désignant le poulet qui caquetait un peu plus loin devant eux.

Il se remit sur ses pieds. Noro tenta aussi de se relever, mais il retomba par terre en riant. Il était tout endolori.

« Garde-le, va. C'est le deuxième prix.

— Et le premier, c'est quoi ? » interrogea Make.

Noro ne répondit pas. Le premier prix... Il regarda vivement le ciel ; le soleil était déjà bas à l'horizon. S'il ne partait pas tout de suite, il allait être en retard. Il devait aller retrouver la jeune fille de son cœur, lui annoncer la grande nouvelle ; il devait lui apprendre que l'Homme-Oiseau en personne l'avait choisi pour le représenter à la compétition. Ce détail allait sûrement l'impressionner.

« Quoique, en fait, elle soit déjà pas mal épatée comme ça », se dit-il, assez satisfait de lui-même.

Il ne pouvait plus attendre, il était trop impatient de la voir, de se retrouver auprès d'elle. Sa vue, son odeur lui manquaient, et la caresse de ses cheveux longs et soyeux sur sa poitrine quand ils faisaient l'amour.

« Faut que j'y aille. »

Il se remit debout en vacillant et il quitta Make sur un vague salut de la main.

Le poulet dans les bras, Make suivait Noro des yeux. Sa joie avait fondu d'un coup. Brusquement, la réalité s'était imposée à nouveau, lui rappelant amèrement qui il était et quelle était sa place. Le contraste flagrant entre Noro et lui, entre leurs deux destins, le transperça comme la lame acérée d'un couteau d'obsidienne. Il baissa les yeux sur son corps couvert de cicatrices, contempla ses mains crasseuses aux ongles tout cassés et les cals épais qui lui couvraient les paumes. Oui, la réalité parlait par la voix de sa chair. Make eut une grimace, tentant de se rappeler les pensées qui tout à l'heure lui avaient mis tant de joie au cœur.

« *Je suis trop vieux pour ces jeux*, se dit-il. *C'est bon pour Noro de passer son temps à rigoler, il n'a rien de mieux à faire. Mais moi, je ne suis qu'un Oreille Courte. Je n'ai même pas le droit de prendre part à la course.* »

Le soleil s'immergea dans la mer, faisant éclater d'or et de pourpre le ciel rouge. Il se faisait tard. La courte journée d'automne touchait à sa fin. Bientôt il ferait nuit.

CHAPITRE III

RAMANA

Le village principal des Oreilles Courtes avait tout d'un campement. En fait, la vie de ces gens se déroulait sur les lieux mêmes de leur travail et c'était là, à la carrière de Rano Raraku, sur le flanc du volcan, qu'ils prenaient nourriture et repos, sous l'œil silencieux des puissantes statues. Droits ou renversés, les *moaïs* étaient présents partout comme s'ils étaient les maîtres incontestés de ce village, ses habitants en titre et que le peuple n'était rien. Ici, ils avaient l'air de sentinelles postées moins dans le but de protéger les hommes, qu'en vue de les empêcher de fuir, de gardes-chiourmes qui auraient eu pour consigne de les maintenir prisonniers du cratère, esclaves de la carrière, soumis à l'ordre unique de les délivrer de leur étau de pierre.

Outre les statues, la carrière présentait de profondes excavations là où les *moaïs* avaient été creusés, niches immenses laissées dans le calcaire volcanique, témoignage angoissant et fantomatique de leurs formes. Ces niches criaient l'absence plus que la présence, elles n'en étaient pas moins impressionnantes pour autant.

Censés, l'on s'en doute, représenter les Longues Oreilles, les têtes monumentales des *moaïs* s'agrémentaient d'oreilles aux lobes allongés où parfois étaient gravées les parures utilisées pour les distendre. Les nez aussi étaient longs, relevés à l'extrémité, les narines larges et évasées au-dessus des bouches aux lèvres minces ; et les mentons pointaient en de féroces saillies. Par toute leur expression, ces statues manifestaient le plus parfait mépris à l'égard des humbles foyers alentour.

Les ouvriers Oreilles Courtes n'avaient pas pour demeures des maisons spacieuses et faites de jonc tressé comme celles des Longues Oreilles, avec leurs poulaillers en pierre et leurs potagers clos de murs, en pierre aussi, où poussaient le *taro* et les yams et même des variétés de fougères comestibles et des baies. Non, leurs huttes de branchages, bâclées à la va-vite, faisaient davantage songer à des appentis. Bâties au ras du sol, à l'inverse des maisons des Longues Oreilles édifiées, elles, sur de solides fondations, elles s'envolaient aux premières pluies violentes et maintenant que les palmiers avaient presque totalement disparu, les réparer était devenu impossible. Jusqu'aux roseaux de *totora* qui avaient diminué de façon ostensible, ces dix dernières années, alors qu'autrefois ils poussaient en telle abondance dans les lacs des cratères qu'ils en cachaient la surface et qu'on distinguait à peine l'eau. Le lac était visible sur tout son pourtour à présent.

Le campement des Oreilles Courtes n'était pas doté de fosse d'aisances, comme le village des Longues Oreilles. Leurs latrines consistaient en de petites tranchées creusées dans le roc, de sorte qu'une odeur puissante d'excréments traversait le village selon la direction des vents.

Chaque habitation possédait son four de terre, petite fosse grattée dans le sol et tapissée de pierre. Il était recouvert sur les côtés et le sommet d'un amalgame de branches et de terre. La hutte avait été assemblée juste derrière le four et l'étroite ouverture qui tenait lieu de porte se trouvait tout à côté. Lorsque tous les feux du camp étaient allumés en même temps et que l'on y faisait griller les *kumaras*, ces patates douces, principale nourriture des Oreilles Courtes, outre de rares bananes ou des pieds de canne à sucre, une lumière étrange planait et l'ombre des *moaïs* se mouvait sur toutes choses en une danse fantastique.

A proximité du campement, s'étendait une parcelle de terre rocailleuse, ouverte à l'usage de tous, mais réservée à la culture. C'était là que les Oreilles Courtes faisaient pousser leurs germes de *kumara*. Quant aux poulaillers, il n'y en avait pas. Les poulets représentaient une valeur trop importante pour que des Oreilles Courtes pussent jamais en posséder. Ils servaient en fait à mesurer la richesse sur Rapa Nui, on les utilisait en guise de monnaie d'échange.

Parfois, lorsque la chance leur souriait, les Oreilles Courtes arrivaient à attraper un rat dodu qu'ils mangeaient volontiers, mais ces derniers temps, les rats aussi étaient devenus rares.

Un air de désespoir fait de famine et d'épuisement écrasait ce morne lieu. Pourtant, à peine éveillé, le camp retentissait de bruits assourdissants, de cris surtout, ceux que poussaient les centaines d'enfants de ces centaines de parents qui galopaient, tout nus, dans tous les sens en criant. Les bouches à nourrir étaient déjà bien trop nombreuses et cependant, chaque mois voyait arriver un surcroît de nourrissons brailleurs. Ils étaient le seul bien dont les Oreilles Courtes disposaient en abondance, outre leur désespoir.

Nul ne se rappelait quand ni comment les Longues Oreilles étaient parvenus à instaurer leur domination sur leurs voisins les Oreilles Courtes, de taille plus petite certes, mais en nombre tellement supérieur. Cela devait remonter à fort loin, car cela faisait plusieurs centaines d'années déjà que les Longues Oreilles, les *Hanau Eepe*, vivaient la vie confortable des gens privilégiés alors que les Oreilles Courtes, les *Hanau Momoto*, devaient se contenter de ramasser les rares miettes qu'ils laissaient tomber.

Les Longues Oreilles avaient une garde composée de guerriers, les *matatoas*, armés de longs javelots ; les Oreilles Courtes n'avaient personne pour les défendre ou simplement les protéger. Les Longues Oreilles demeuraient dans des maisons confortables, construites de façon à résister aux intempéries ; les Oreilles Courtes vivaient dans des masures prêtes à s'écrouler dès qu'on les regardait de travers. Les Longues Oreilles n'accomplissaient pour ainsi dire aucune tâche, alors que les Oreilles Courtes peinaient comme des bourricots, qu'il tombe des pluies diluviennes ou que brille un soleil de plomb. Véritables esclaves, ils sculptaient des *moaïs* dans les strates de la carrière et transportaient les tonnes de pierre volcanique que pesaient ces statues jusqu'au village des Longues Oreilles où elles étaient érigées, ou mises à bas aussi bien, selon que s'exprimait le bon plaisir de ces mêmes Longues Oreilles.

En échange de leurs peines, les Oreilles Courtes se voyaient attribuer de moins en moins de nourriture et de moins en moins de bois pour leurs feux, alors qu'ils surpassaient largement en nombre les Longues Oreilles. Traités de plus en plus brutalement, ils avaient fini par devenir des esclaves et leur durée de vie était considérablement réduite comparée à celle des Longues Oreilles.

Quant au chef tribal, l'*Ariki-mau*, l'Homme-Oiseau, il tombait dans une sénilité plus grande chaque jour et se montrait de plus en plus exigeant. Il n'écoutait plus que Tupa le grand prêtre et les voix intérieures qui l'incitaient à ordonner des *moaïs* toujours plus colossaux, aptes, selon lui, à séduire Hotu Matu'a et à le faire revenir du Royaume des Esprits. Le retour de l'ancêtre dans sa Pirogue Blanche était devenu une obsession pour lui et les *moaïs* n'étaient rien d'autre que l'instrument par lequel son obsession s'exprimait.

Jour et nuit, l'*Ariki-paka* ne pensait qu'aux *moaïs* et comme il se doit, c'était aux Oreilles Courtes d'en subir les conséquences. Plus dur se faisait leur travail et moins ils recevaient à manger. L'oppression durerait-elle éternellement ?

La femme d'Heke saisit un bâton et piqua les patates

douces enveloppées de feuilles qu'elle avait mises à griller sur les pierres rougies de son four. Elle préparait leur maigre dîner, tandis que son époux contemplait d'un œil fixe les braises de leur feu sans flammes. Il n'avait pas prononcé une parole depuis qu'il était rentré au campement.

Le maître sculpteur avait beau se torturer l'esprit, il ne parvenait pas à comprendre les événements qui avaient marqué ce jour d'amertume. Six mois durant, il s'était éreinté à sculpter un *moaï* tel que l'*Ariki-mau* lui avait commandé. Il avait taillé le *moaï* le plus grand de toute l'île de Rapa Nui. Tout s'était déroulé de la meilleure façon, cela personne ne pouvait le nier. Ce *moaï* ne présentait pas le plus petit éclat ni la moindre brisure. Il correspondait en tout point aux indications données par l'*Ariki* : il avait le poids et la taille exigés. Et pourtant, une fois qu'il avait été terminé et transporté de Rano Raraku jusqu'au village Longue Oreille, ce *moaï* avait été mis au rebut de la façon la plus ignominieuse. Il avait été projeté tête la première dans la poussière, condamnation réservée aux *moaïs* ratés.

Mais celui-là n'était pas un *moaï* raté. C'était un *moaï* parfaitement réussi. Qu'avait bien pu lui trouver d'imparfait l'*Ariki* ? Heke ne parvenait pas à s'en faire une idée et pourtant, ce n'était pas faute de se donner du mal. Six mois de sa vie passés à se casser les reins avaient été expédiés aux oubliettes sur un simple tremblement de tête du vieil *Ariki*. Cela avait de quoi vous rendre malade. Et de fait, Heke se sentait mal, mal au point qu'il se serait volontiers étendu sur les pierres du sol, là où il était, pour fondre en sanglots.

Cependant, malgré leur vie déplorable et leur pauvreté, malgré leur faim constante et leur labeur incessant dans des conditions excessivement pénibles, les Oreilles Courtes n'étaient pas sans connaître de menus plaisirs. C'était la musique et l'amour, tout ce qui était synonyme d'un état de liberté. Ils faisaient beaucoup de musique et ils faisaient beaucoup l'amour. Il suffisait, pour s'en convaincre, de voir les hordes d'enfants nus cavaler partout ou d'écouter les chants et les roulements insistants des percussions qui rythmaient les danses. Celles-ci s'organisaient au centre du camp, autour d'un feu de touffes d'herbe et d'éclats de bois récupérés des rondins brisés sous les *moaïs*.

Ce soir encore, il en allait ainsi, alors même que quelques heures plus tôt l'*Ariki* avait rejeté la statue. Certes, les chants se dévidaient en une complainte cadencée qui était loin d'être joyeuse, mais ils soulageaient le cœur. La danse aussi aidait à surmonter la tristesse ; et le spectacle des jeunes filles aux seins nus et aux chevelures ondoyantes qui balançaient les hanches au rythme sensuel des tambours donnait à chacun le sentiment de revivre.

Une jeune fille dansait. Agée de dix-sept ans, elle était reconnue par tous comme la plus belle fille Oreille Courte. Elle s'appelait Ramana. Sa peau lustrée avait la couleur douce et sombre du sable humide de la plage ; de longs cils frémissants bordaient ses grands yeux d'un noir profond et ses sourcils semblaient une plume longue et noire, tombée de l'aile d'un oiseau. Son beau visage reflétait toujours les sentiments qui l'agitaient, car son regard droit et ses lèvres vulnérables ne savaient point dissimuler. Ses cheveux flottaient librement sur ses épaules en longues vagues douces qui descendaient jusqu'à sa taille ; ses mains délicieusement formées ondulaient comme des palmes selon les mouvements de la danse et ses hanches, fines mais rondes, roulaient au battement des tambours.

Son corps ferme et souple débordait de jeunesse ; sa peau resplendissait de santé radieuse et sa taille était si fine qu'un homme pouvait l'enserrer des deux mains. Pour tout vêtement, elle portait une courte jupe de fibre qui soulignait ses hanches et révélait la longueur et la finesse de ses jambes. Pour tout bijou, Ramana n'avait qu'un collier de coquillages, sa beauté lui tenait lieu de parure. Elle eût d'ailleurs suffi à quiconque. Et quand elles venaient à la croiser, les jeunes filles Longues

Oreilles, fières de leur teint si clair, parées de bijoux de valeur et vêtues d'atours de *tapa*, relevaient le nez pour dissimuler leur dépit, mais leurs lèvres pincées et leurs regards envieux trahissaient leur jalousie.

Malgré sa jeunesse et sa rare beauté, Ramana semblait toujours la proie d'une étrange tristesse ; un chagrin profond se lisait dans le fond de ses yeux. Il en allait de même maintenant. Le sentiment que quelque chose avait été brisé, perdu à tout jamais transparaissait dans les douces ondulations de son corps, une lassitude abattue que l'espoir même effrayait. Cependant, elle dansait. Elle dansait au son des tambours et des chants. Ses pieds nus tapaient le sol, ses hanches ondoyaient avec la musique, car l'amour de la danse coulait dans ses veines comme il coule dans celles de tous les peuples de Polynésie.

A l'orée du campement, une silhouette se faufilait d'une statue à l'autre, se détachant dans l'obscurité. Sur le qui-vive dans l'attente d'une venue, Ramana fut la première à l'apercevoir par-delà le cercle de lumière, dans les interstices mouvants des hanches des danseuses, derrière les têtes qui chantaient. D'un pas tranquille, elle quitta la danse, elle se glissa hors de la lumière du feu et se fondit dans la nuit. Notant sa disparition, des Oreilles Courtes échangèrent des regards entendus et leurs sourcils froncés montrèrent leur désapprobation. Ils savaient qui était l'amant de Ramana et ils n'appréciaient pas son choix.

Ramana se glissait entre les *moaïs* géants, ses yeux fouillaient l'obscurité ; le sang battait dans ses veines, son cœur débordait de joie et d'anxiété à la fois : elle était comme toutes les jeunes filles amoureuses. Soudain jaillie de l'ombre, une main saisit son bras. C'était Noro. Son jeune corps tressaillit de bonheur, Noro fut parcouru d'un frisson identique. Ils se tinrent enlacés, serrés l'un contre l'autre, s'embrassant et s'embrassant encore. La flamme que tous deux éprouvaient s'embrasait, torturant leur chair, attisant leurs caresses. Leurs corps étaient en feu, leurs langues se mêlaient avec passion et ils se soudaient l'un à l'autre. Puis, Noro entraîna Ramana consentante vers le lieu secret de leurs amours, au sommet de la montagne.

Quelques minutes plus tard, Make arriva au campement. Il avait des crampes après sa glissade sur la Pente aux Bananes, mais il n'y pensait pas. Il avait l'esprit tout entier occupé par une femme. Il marchait drôlement, dissimulant sous ses guenilles son poulet si précieux. Ses yeux perçaient l'obscurité en quête de sa belle.

Il commença par la chercher au milieu des danseurs, car elle aimait danser et dansait bien souvent. Elle ne s'y trouvait pas. Les filles le suivirent des yeux, l'invitant à les rejoindre par de subtils mouvements de la tête et des hanches, mais les autres filles ne l'intéressaient pas. Une seule attisait ses désirs, lui inspirait l'amour. Il passa de foyer en foyer, posant à tous la même question :

« Vous avez vu Ramana, vous ne savez pas où elle est ? »

Tous le savaient assurément, mais personne ne voulait le lui dire. Personne au village ne voulait être celui qui prononcerait tout haut : « Ramana est avec Noro, les dieux seuls savent où, à faire l'amour avec un Longue Oreille. » Les yeux se détournaient. Les femmes que Make interrogeait secouaient toutes la tête en gardant le silence et retournaient à leur cuisine. Make finit par découvrir une fille autrefois proche amie de Ramana, mais qui ne l'était plus depuis que son aventure avec Noro avait été connue.

« Koreto, tu sais où est Ramana ? Regarde ce que je lui apporte. »

Make extirpa triomphalement le poulet de dessous ses loques ; c'était un cadeau rare et précieux au camp des Oreilles Courtes. Koreto n'était pas femme à mâcher ses paroles, aussi répondit-elle d'une voix aigre :

« Tu sais très bien où elle est. »

Il fallut un moment à Make pour que ces paroles fassent leur chemin dans sa tête ; mais lorsqu'il eut compris, un désir de vengeance l'envahit tout entier. Ramana s'était enfuie pour être avec Noro. Comme elle le décevait, comme ils le décevaient tous les deux. Ah, il aurait dû s'en douter. Le village tout entier devait se rire de lui, se moquer dans son dos. Et lui, qui était là, à pleurnicher après sa Ramana comme un bébé qui fait des jérémiades pour avoir le sein de sa mère. Ils étaient amis et voilà que Noro et Ramana avaient violé l'amitié qui les unissait tous les trois. Ils l'en avaient exclu. Il ne venait pas à l'esprit de Make que Noro pût éprouver de l'amour pour Ramana, au même titre que lui. Non, Noro ne pouvait qu'utiliser le corps de la jeune fille, comme le Longue Oreille plein de morgue qu'il était.

Se sentant ridicule et trompé, Make jeta à Koreto un regard venimeux comme s'il la tenait responsable de la trahison de Ramana. Puis, il lança violemment le poulet par-dessus son épaule. Il s'en fichait, maintenant, de ce cadeau précieux. Les autres pouvaient en faire ce qu'ils voulaient. Il s'enfuit d'un pas brusque au milieu des plumes et des mains qui se tendaient pour attraper l'animal. Le poulet poussa un dernier cri. Make ne se retourna pas.

Ramana et Noro étaient allés sur les hauteurs du Mont Terevaka. Là, sous la grande lune d'argent du Pacifique, ils avaient fait l'amour pendant toute la nuit, serrés dans les bras l'un de l'autre comme deux jeunes amants emportés dans le flot inlassable de leur première passion. Captifs de leur émerveillement, ils n'avaient pas dormi. Maintenant, l'aurore pointait et le disque doré du soleil à l'horizon jetait un arc-en-ciel de couleurs sur l'océan, teintant la mer de rouge et de pourpre doré.

La vue s'ouvrait sur le Pacifique dans une splendeur à couper le souffle, mais Ramana et Noro en contemplaient les merveilles chaque jour et ne s'en étonnaient plus. Du reste, comment auraient-ils pu accorder quelque attention au décor, alors que leur propre amour les occupait tout entiers ? Dominant de très haut le paysage nu et désolé, les deux amants étaient étendus, si proches l'un de l'autre que leurs corps semblaient n'en former plus qu'un seul. Ils reposaient sur un matelas d'herbe sous l'un des rares palmiers de l'île qu'ils considéraient comme le leur. Le murmure de leurs voix trouait à peine le silence tandis qu'ils devisaient.

Ils parlaient surtout de leur amour l'un pour l'autre, ponctuant leurs phrases de caresses et de baisers passionnés. Puis Noro posa sa tête sur les genoux de Ramana. Peu à peu, leur conversation prit un tour moins intime ; leurs pensées s'élancèrent, roulèrent, vagabondes, et s'arrêtèrent au souvenir de leurs ancêtres.

Ils étaient arrivés à Rapa Nui il y avait des siècles de cela, venant on ne sait d'où. Et justement, d'où étaient-ils venus ? Comment avaient-ils fait pour découvrir cette île, dans leurs petites coquilles de noix ? En se guidant aux étoiles ? Impossible ! Noro soutenait que c'était guidés par les dieux. Ramana secoua la tête et entreprit de lui expliquer des rudiments de navigation.

« Ils se guidaient d'après les étoiles et aussi d'après les courants de la mer, affirma-t-elle en mesurant le ciel de ses mains comme l'aurait fait un navigateur. Lorsque au milieu de l'été, l'étoile du matin est à deux mains au-dessus de l'horizon, cela indique où est l'ouest.

— Et d'après toi, ils savaient distinguer les courants en pleine mer ? demanda Noro, ne croyant qu'à demi ce qu'elle lui disait.

— Oui. Ils se mettaient tout nus et sautaient dans l'eau, dit-elle en souriant à Noro, pour les sentir sur leur peau. »

Alors comme ça, ils tâtaient les courants avec la peau des fesses ? C'était comme ça qu'ils s'orientaient ? Allons donc, Ramana se fichait de lui.

« Arrête ! » s'écria Noro.

Mais Ramana remua la tête avec insistance.

« C'est exactement comme ça qu'ils faisaient. C'est mon père qui me l'a dit. Il sait de quoi il parle, son ancêtre était le navigateur de la pirogue d'Hotu Matu'a.

— Et comment ça se fait que personne ne sache plus ces choses ? » demanda Noro, prenant une mèche soyeuse des cheveux de la jeune fille pour s'en caresser la joue.

Le regard de la jeune fille erra au loin sur le vaste océan.

« Les gens s'en fichent, maintenant. »

Noro roula sur le côté pour contempler Ramana. Il était émerveillé de sa beauté et de son intelligence. Personne sur toute l'île n'aurait pu rivaliser avec elle. Il avait bien de la chance.

« Épouse-moi ! » dit-il brusquement.

Ramana partit d'un rire en cascade qui s'égrena comme un carillon. Elle repoussa Noro et roula sur le dos.

« Et pourquoi pas ? » insista le garçon, vexé de sa réaction.

Ramana plongea son regard dans le sien, cherchant à y déceler la trace d'une plaisanterie. Mais rien dans son expression ne semblait contredire ses paroles. Cependant, sa proposition se heurtait à des obstacles qu'il était impossible de ne pas prendre en compte. Et elle continuait de douter.

« On ne nous laissera jamais faire. »

C'était bien évidemment des Longues Oreilles qu'elle parlait, de leur puissance, de celle surtout de l'*Ariki-mau*. Noro était son petit-fils. Comment pouvait-il prendre une Oreille Courte pour épouse !

« Grand-père me devra quelque chose si je fais la course pour lui », rétorqua le jeune homme.

Ramana continuait de secouer sa jolie tête.

« Je suis une Oreille Courte, Noro. »

En guise de réponse, Noro se mit à lécher son oreille qu'aucune parure ne distendait.

« C'est comme ça que je les aime », murmura-t-il

d'une voix enrouée de plaisir et ses caresses se précisèrent.

A peine eut-il posé les mains sur son corps que Ramana se sentit frissonner. Pourtant elle ne voulut pas baisser pavillon. Il y avait d'autres objections et elle tenait à les formuler.

« Tu m'aimes maintenant, mais dans un an ? Quand les gens parleront ? le questionna-t-elle avec brusquerie.

— Ils parlent déjà », répliqua Noro, mettant ses mains en coupe pour saisir la tendre chair de ses seins.

Il s'inclina pour effleurer des lèvres la douceur de sa peau. Ramana secouait toujours la tête, refusant de se laisser de nouveau emporter par l'amour.

« Ils diront que je ne t'épouse que pour devenir Longue Oreille. »

Noro fit glisser ses mains sous les cuisses élancées de la jeune fille pour baiser son ventre.

« Ils diront aussi que moi, je ne t'épouse que pour ça. »

Elle lui releva la tête, plantant des yeux embués de larmes dans les siens.

« Et c'est vrai ? »

Noro lui rendit son profond regard. Son visage était sérieux, ses yeux disaient la vérité.

« C'est pour épouse que je te veux.

— Oh, je ne l'ai pas fait exprès de t'aimer, s'écria-t-elle d'une voix rauque. Les dieux le savent bien que je n'en n'avais pas l'intention. »

Elle saisit les attributs de Noro pour le faire pénétrer en elle. Ils se mirent à osciller, emportés au gré des flots d'une rivière de passion.

« Jamais on ne nous le permettra, jamais », répétait-elle, la voix haletante, tandis que ses hanches répondaient aux mouvements de Noro.

« Si, je leur demanderai ! soupirait Noro, en accélérant ses coups.

« Tu as parlé à Make ? » murmura subitement la jeune fille.

Noro s'immobilisa en elle.

« Pas encore », admit-il, d'une voix éteinte.

Il se sentait coupable. Depuis longtemps, l'amitié les avait unis tous les trois, faisant d'eux un seul bloc. Ils avaient passé leur enfance côte à côte ; ils avaient joué ensemble ; ils avaient partagé leurs peines et leurs joies comme de vrais amis. Et maintenant, voilà que lui, Noro, faisait éclater leur union. Il entraînait Ramana avec lui pour former à eux deux un noyau dans lequel Make n'avait pas sa place. Il souffrait de causer de la peine à son ami, mais c'était une chose qu'il allait devoir faire. Et faire au plus tôt.

Quant à Ramana, elle savait que Make éprouvait pour elle plus qu'une simple amitié. Si Noro n'en avait rien vu, elle-même n'avait pas été aveugle aux sentiments de Make. Elle avait remarqué l'expression de ses yeux lorsqu'il faisait peser sur elle ses regards ; elle avait senti la passion vibrer sous ses doigts quand leurs mains s'effleuraient innocemment. Elle avait deviné vers où tendait son amitié ; elle n'ignorait rien des espoirs qu'il avait de s'unir à elle. Espoirs que leur camp tout entier regardait avec bienveillance, cela non plus elle ne l'ignorait pas. Make et elle étaient tous deux Oreilles Courtes. Ils étaient faits l'un pour l'autre. Pourtant, c'était trop tard. Son destin ne s'était pas uni à celui de Make. Il ne s'y unirait jamais. C'était à Noro qu'elle s'était donnée dans un engagement qui ne liait pas son corps simplement, mais son cœur tout entier et toute son âme aussi.

Le campement des Oreilles Courtes avait presque sombré dans le silence ; les ouvriers épuisés dormaient profondément, toussant et grelottant dans leurs abris misérables. Leurs heures de repos étaient comptées, il leur faudrait retourner au travail dès le lever du jour. L'aube, déjà, commençait à poindre, révélant la misère enfumée du village qui étirait ses membres gourds en émergeant de la nuit.

Abrité sous un toit fait d'une simple feuille de palme, Make dormait encore, recroquevillé dans un tas de cordages pour se protéger du froid. Personne ne partageait sa couche. Des pas le tirèrent du sommeil. En se frottant les yeux, il tourna la tête dans la direction d'où provenait le bruit. Dans les silhouettes surgies de la brume matinale qui réveillaient les Oreilles Courtes assoupis, il reconnut Tupa et sa suite qui se dirigeaient en silence vers le haut pan de roc du fond de la carrière.

Arrivé là, le grand prêtre passa les mains le long des strates pour en sentir le grain et entreprit d'examiner la roche. Puis, saisissant le morceau de craie que lui tendait un prêtre, il leva le bras le plus haut possible au-dessus de sa tête et se mit à tracer une ligne sur le mur.

Tenant la craie à bout de bras, il marchait sans s'arrêter le long de la paroi. La marque n'en finissait pas de grandir. Les Oreilles Courtes gardaient les yeux fixés sur Tupa. Incrédules, pétrifiés, ils suivaient un tracé qui semblait ne devoir jamais finir. Ils se levèrent en vacillant pour aller examiner les contours de la nouvelle statue : le *moaï* était énorme, gigantesque, il allait être presque deux fois plus grand que celui qu'ils venaient de terminer.

Le grand prêtre finit quand même par s'arrêter. Son regard hautain effleura à peine le visage ébahi d'Heke.

« Six lunes pour le faire », laissa-t-il tomber.

Il s'était adressé au maître sculpteur, ignorant le reste des Oreilles Courtes et ceux-ci, cois de stupeur tout d'abord, commencèrent à s'agiter.

« Prêtre, c'est impossible, bredouilla Heke. Le dernier *moaï* a pris six lunes à sculpter et il n'était pas de moitié aussi grand.

— Cessez le travail sur les autres *moaïs*. Qu'on ne s'occupe plus que de celui-là !

— Quand bien même... », Heke voulut-il protester.

Tupa se fit menaçant :

« Devrais-je nommer un autre sculpteur ? » fit-il dans un feulement d'animal.

Le maître sculpteur ravala l'affront. Surmontant avec peine son immense fatigue, il réussit à se redresser pour dire d'une voix calme et résignée :

« Non, c'est moi qui suis le meilleur.

— L'*Ariki* veut qu'il soit terminé au printemps, pour le jour de la course de l'Homme-Oiseau », ordonna Tupa.

Des ouvriers laissèrent éclater leur indignation. Cette exigence était impossible à remplir en six mois ; sculpter un *moaï* de cette taille en un temps aussi court ne s'était jamais vu, c'était humainement impossible. Une mutinerie semblait d'ailleurs sur le point d'éclater dans les derniers rangs de la foule.

« Et pour quoi, je vous le demande ? s'écriait Riro.

— C'est de la folie, renchérissait son frère Atu.

— Mais qu'est-ce que le dernier *moaï* avait de mal ? cherchait à savoir Pini.

— Vous voulez nous faire mourir, ou quoi ? »

C'était une femme du nom d'Hitirenga qui venait d'ajouter sa voix au chœur des protestations. Tupa promena ses regards sur l'assistance. Ceux qui étaient devant ne se risquaient pas à prononcer un mot. De ses yeux de serpent, le grand prêtre détailla les rebelles, au fond ; il était temps de leur donner une leçon. Un vieux pêcheur et sa femme étaient justement en train de rentrer au camp avec leur filet, en se faufilant pour passer inaperçus. Ils avaient une maigre prise. Tupa appela sévèrement :

« Le vieux, hé, toi, le vieux ! »

Le pêcheur s'immobilisa, glacé de terreur à la perspective d'une punition. Tremblant de tous ses membres, il tomba à genoux sur place, le filet à côté de lui. L'assistance retint son souffle. Tupa s'approcha à grandes enjambées. Il se pencha sur le filet et entreprit de passer au crible tous les poissons séparément. Il en découvrit un tout au fond, différent des autres. Un rictus saccadé vint tirailler le coin de sa bouche. Il prit la parole :

« Quel est ce poisson ?

— C'est un... », commença le pêcheur.

Mais ce n'était pas au pêcheur que Tupa avait parlé, ni même à l'assistance des Oreilles Courtes. C'était au visage représenté sur sa pagaie sacrée qu'il s'était adressé. Et par la voix du grand prêtre, la pagaie interrompit brutalement le pêcheur.

« Ce poisson est tabou. »

Ponctuant de hochements de tête chacune des phrases que prononçait la pagaie, Tupa s'exprimait d'une voix très douce, comme un père aimant qui fait un reproche à son enfant préféré.

« Ce poisson n'est-il pas le poisson de l'*Ariki-mau* jusqu'à la prochaine lune ? Tu sais bien que personne n'est autorisé à le pêcher avant cette date. C'est un poisson trop rare. Ces règles sont faites pour le bien de tous, tu le comprends, n'est-ce pas ? »

Le vieux pêcheur gardait la tête basse. En proie à une grande frayeur, son épouse, une vieille femme toute fanée, vint s'agenouiller près de lui. De là où il se trouvait dans la foule, Make dévorait la scène des yeux. Il redoutait le pire.

La pagaie fit un cercle autour du visage du pêcheur et vint se retourner, face en l'air, pour fixer Tupa.

« N'est-ce pas ? » répéta le grand prêtre avec un calme trompeur.

Les deux vieillards se cramponnaient, tremblants, l'un à l'autre.

« Nous l'avons ramené dans notre filet avec d'autres poissons, bredouilla le pêcheur. Il était *noyé*. Je m'apprêtais à l'apporter à l'*Ariki-mau*, je sais que ce poisson est à lui.

— Nous n'aurions jamais mangé un poisson tabou, grand prêtre, intervint la vieille femme. On aurait eu trop peur de mourir !

— Ça, c'est sûr, renchérit son mari, en hochant la tête. On le sait bien. »

Tupa baissa les yeux vers le visage du vieux pêcheur qui se levait vers lui en une pitoyable supplique.

« Tu as enfreint un tabou. »

Il fit tournoyer la pagaie avec une agilité surprenante et en assena du tranchant un coup violent sur la nuque inclinée devant lui. Un cri strident monta de la gorge du pêcheur pour s'interrompre brutalement. Il était mort sur le coup. Son corps s'écroula mollement et resta affalé sur le sol, effroyable d'immobilité.

Les Oreilles Courtes ne purent retenir un sursaut d'horreur. Tupa évalua d'un coup d'œil leurs intentions. Aucun signe de rébellion n'était à craindre de leur part. Un bon exemple suffisait à mater ces êtres stupides, la leçon avait porté ses fruits. Une étincelle brilla dans les yeux du grand prêtre. Il montra le tracé sur le mur.

« Six lunes. »

Sur ce, il ramassa la prise du pêcheur et quitta les lieux avec son entourage, laissant la foule muette et frappée d'ahurissement devant l'énormité de l'événement dont elle avait été le témoin.

C'est au milieu de ce silence hébété que Ramana fit sa rentrée au camp. Elle gambadait, joyeuse, après sa nuit d'amour. En découvrant la vieille femme éplorée sur la dépouille du pêcheur, elle s'immobilisa d'un coup. Elle sentit sur elle des regards outrés. Soulagés de trouver quelqu'un sur qui se venger de leur infortune, les Oreilles Courtes ne ménagèrent pas leurs sarcasmes. Les quolibets fusaient, fustigeant la trahison que représentait son union avec un Longue Oreille. A leurs yeux, Ramana avait rejoint la classe de Tupa et de ses acolytes. Et quelqu'un alla jusqu'à lui signifier son dégoût d'un crachat méprisant.

Ramana restait sans comprendre. Qu'avait-elle fait de mal, que s'était-il passé pour que son peuple se tourne ainsi contre elle ? En quête d'explication, elle cherchait le regard de Make. Quand leurs yeux se croisèrent, ceux de son ami lui parurent un volcan en furie. Bouillant sous la colère, écumant de rage, Make avait mis dans son regard toute sa douleur et sa déception. Ramana détourna la tête. Elle s'enfuit loin de la haine que le village tout entier manifestait contre elle. Son cœur était lourd et empli de chagrin.

Le lendemain, les candidats à la course furent présentés au cours d'une cérémonie solennelle. Pour admirer les concurrents, les Longues Oreilles s'étaient revêtus de leurs plus beaux atours de *tapa* ; ils s'étaient parés de leurs colliers de coquillages les plus beaux et de plumes éclatantes et avaient mis aux lobes de leurs oreilles leurs pierres les plus précieuses. Assemblés auprès de l'*ahu* sur la place du village, ils étaient venus se placer sous la protection des imposantes statues du bord de mer dont les visages énigmatiques se détachaient, sans vie, sur les nuages.

Chaque clan se massait aux côtés de son représentant, lui prouvant son soutien par des tapes dans le dos et sur les épaules, sans manquer de lancer aux autres concurrents des regards pleins de dérision. L'un des prêtres éleva sa pagaie, la foule se calma et la voix sonore de l'officiant couvrit les dernières conversations :

« Quel est celui qui escaladera la falaise Orongo au printemps, qui nagera parmi les requins jusqu'à Moto Nui et qui en rapportera le premier œuf de *manatora* ? Quel est le vainqueur qui deviendra l'Homme-Oiseau ? Que chaque clan annonce le nom de l'homme qui le représentera ! »

Quittant les rangs de leur clan, cinq jeunes Longues Oreilles firent un pas en avant et dirent bien haut leur nom. C'étaient les garçons musclés qui descendaient, hier, la Pente aux Bananes ; ils étaient l'élite de chacun des clans, les favoris des dieux. Enfants, ils avaient tous été amis, mais le temps était venu de devenir l'un pour l'autre le pire ennemi. Cette compétition pleine de férocité était tout à leurs yeux. Ils fronçaient les sourcils en de fières expressions, chacun s'efforçant d'intimider les autres, et les jeunes filles Longues Oreilles, admirant leurs corps beaux et musclés, les applaudissaient bien fort et avivaient leur courage de clins d'œil amoureux et de suggestifs mouvements des hanches.

« Ngaara, pour Epe, du clan des Ngatimo », annonça le premier.

Les autres lui firent écho :
« Hinaioio, pour Teaue, chef des Hamea.
— Nune, pour Makoi, du clan Marama.
— Haumoana, pour Ataranga, chef des Pounaetae.
— Makita, pour Ira, du clan des Kotuu. »
Mais voilà qu'un sixième jeune homme venait se joindre aux autres et annonçait :
« Noro, du clan royal des Miru, pour l'*Ariki-mau*, chef de tout ce que vos yeux peuvent voir. »
La foule ne chercha pas à cacher sa surprise. Comment les Miru avaient-ils pu confier à quelqu'un d'aussi peu expérimenté que Noro le soin de défendre le titre de l'Homme-Oiseau ? Face à de tels adversaires, il n'avait aucune chance. Tous partaient favoris contre lui.
« Ainsi, ces hommes seront vos champions et combattront pour vous, reprit le prêtre d'une voix forte. Et maintenant, que tout le monde salue celui qui est notre Homme-Oiseau ! »
L'assistance tout entière s'inclina, tandis que l'*Ariki-mau* montait dans sa litière pour être porté le long du gigantesque *ahu*. Tupa et son aréopage de prêtres lui firent escorte, suivis de tous les membres du clan Miru.
Alors que l'*Ariki* passait devant eux, deux chefs Longues Oreilles, s'inclinant pour la forme, en profitèrent pour échanger à voix basse mais véhémente des propos qui disaient toute leur contrariété.
« Tu as entendu ? Il a ordonné qu'on arrête tout travail sur les autres *moaïs* ! soufflait Ataranga.
— Quoi ? s'écriait Makoi. Et le nôtre ? Nous aussi on en a besoin. Quand est-ce qu'on va finir par l'avoir ?
— C'est comme si on comptait pour rien ! » répliquait Ataranga, baissant encore la voix pour que Tupa ne l'entende pas.
Mais il suffisait au grand prêtre de voir leur expression. Enchanté de découvrir la rage des deux chefs, il se félicitait aussi de constater que le pouvoir de

l'Homme-Oiseau s'érodait chaque jour un peu plus. Cela faisait partie de son plan. Ah, ah, il avait réussi un coup de maître en persuadant l'*Ariki* que les dieux réclamaient la participation de son petit-fils à la course.

L'assistance commençait à se disperser. Pour Noro, c'était sa seule chance de parler sans témoin à l'*Ariki-paka*. Il s'élança pour rejoindre son grand-père. Il croisa en chemin Ngaara et Makita. Tous deux lui firent des gestes d'intimidation. Ngaara, le visage mauvais, passa le doigt sur la cicatrice qui barrait sa puissante poitrine, comme pour signifier :

Vise-moi ça, petit salopiaud ! Ça, c'est de la force, ça, c'est de l'expérience ! Avec ta peau douce, t'as pas intérêt à venir te frotter à nous !

Et ils partirent en se pavanant. Ces deux concurrents allaient être pour Noro des adversaires sérieux. Mais il ne perdit pas de temps à leur répondre. Il était beaucoup plus urgent qu'il parle à son grand-père. Or, l'*Ariki* était toujours emporté dans sa litière le long de la place pavée de galets. Noro accéléra son allure pour rattraper les porteurs qui avançaient d'un pas vif. Il devait absolument parler avec son grand-père. Seul à seul. Lui demander, non, le supplier de lui accorder la permission d'épouser Ramana, l'Oreille Courte.

CHAPITRE IV

LA GROTTE AUX VIERGES BLANCHES

Recueilli devant un gigantesque *moaï*, l'*Ariki-mau* s'entretenait avec le grand prêtre. Çà et là, des cadavres enveloppés dans des linceuls de fibre étaient exposés sur l'immense *ahu*. En effet, le sol étant trop rocailleux pour que l'on pût y creuser des tombeaux ou enfouir les corps, on attendait que la chair se fût détachée des squelettes pour transférer les os dans des sépultures aménagées dans des canaux de lave, afin qu'ils y reposent dans l'éternité parmi les ossements de leurs ancêtres. Chaque clan avait ainsi sa grotte de lave, sorte de caveau de famille dédié à la mémoire de ceux qui les avaient précédés au Royaume des Esprits. Telles étaient donc les pratiques funéraires des Longues Oreilles de Rapa Nui.

Les sépultures étaient un luxe réservé aux Longues Oreilles. Les Oreilles Courtes, qui par ailleurs ne possédaient qu'un seul *moaï* de taille réduite et un petit *ahu*, n'avaient pas de caveau où conserver les restes de leurs proches. Ils se contentaient donc de brûler leurs morts, comme s'ils n'étaient que du petit bois.

Ce n'était pas aux morts que l'Homme-Oiseau songeait en cet instant ; son esprit était uniquement préoccupé du *moaï* à venir.

« Quelles nouvelles de la carrière ? demanda-t-il d'une voix anxieuse. As-tu remis les plans aux ouvriers ?

— Oui, *Ariki-mau.* » Le grand prêtre ponctua sa réponse d'un hochement de tête. « Ils ont beaucoup apprécié. »

Le vieux chef frotta l'une contre l'autre ses mains ridées. Un large sourire découvrit ses gencives édentées :

« Parfait. Ce Heke est un homme respectable. Qu'il ne s'épargne aucun effort. Les ouvriers ont suffisamment de nourriture là-haut, ils ne manquent de rien ?

— Tout est en ordre », affirma Tupa, lui rendant un sourire plein de douceur.

Il n'ignorait pas que les Oreilles Courtes commençaient à crier famine, qu'il ne restait presque plus à manger au camp. Mais il avait mieux à faire que d'ennuyer l'*Ariki* avec des détails qu'il savait l'assommer. De toute façon, le rationnement ne pouvait aller qu'en empirant et Tupa le savait. Mieux valait continuer de cacher la chose au vieux chef.

« Très bien, fit l'Homme-Oiseau, la tête levée au ciel, dans l'espoir d'apercevoir quelque augure divin. Car il avait pour habitude de guetter en toute chose la marque d'un présage. « Les nuages sont bien rapides pour la saison, c'est étrange. Et tu sais, j'ai perdu encore trois dents ? Tu crois que cela signifie quelque chose ? »

Tupa leva les épaules dans un mouvement plein d'indulgence qui laissait supposer : « On ne sait jamais. »

« Je pense, reprit l'*Ariki* en levant la main, le pouce écarté de l'index de quelques centimètres, que cela veut dire qu'il est à ça de venir parmi nous. » Il regarda les statues qui se dressaient devant eux. « Si seulement nous pouvions réussir ce *moaï*. Les *Arikis* qui m'ont précédé n'ont pas su voir les choses en grand.

— Ils n'avaient pas l'étendue de ta vision, Seigneur », répliqua le grand prêtre, abaissant les paupières.

Noro avait rejoint son grand-père. Son avenir entier

reposait sur la décision que l'Homme-Oiseau prendrait et, en proie à une anxiété intense, il sentait son cœur battre à tout rompre dans sa poitrine.

« Matu Itane, commença-t-il à voix basse, en hésitant. J'aimerais vous demander une chose.

— Parle », répondit le vieillard avec un signe de tête.

Voyant Tupa tendre sa longue oreille dans l'espoir de saisir ce qui allait se dire, Noro précisa :

« C'est un peu, heu... privé. »

Le grand prêtre lui jeta un regard mauvais et s'éloigna de quelques pas. Le vieux chef fit signe à son petit-fils d'approcher de la litière et inclina vers lui le parasol de larges feuilles dont il se protégeait des brûlures du soleil tropical. Avec son teint si pâle qu'il rappelait celui d'un albinos, son crâne rasé et ses ongles recourbés comme des serres, l'*Ariki* avait l'apparence d'un grand oiseau des mers. Il gronda gentiment son petit-fils :

« Combien de fois faudra-t-il te le répéter ! Ne reste pas au soleil, ça va te donner l'air d'un Oreille Courte ! Et maintenant, que veux-tu ?

— Eh bien, je pensais, Matu Itane, qu'après la course... je me disais que... je voudrais bien me marier. »

Les lèvres ridées de l'*Ariki-mau* s'étirèrent en un large sourire. Son gamin était en train de devenir un homme. Et à la perspective des arrière-petits-enfants qui viendraient bientôt lui présenter leurs respects, ses yeux étincelèrent de plaisir.

« Ah ah, mais bien sûr. C'est parfait. Et qui est l'heureuse élue ? La belle Pua, je suppose ?

— Non, reconnut Noro, évitant le regard de l'*Ariki*.

— Laisse-moi deviner. C'est Veriamo, alors ? » Il revoyait non sans une certaine concupiscence les seins lourds et les larges hanches de la jeune fille. « Celle-là va te donner une ribambelle d'enfants. »

Noro se mordit les lèvres et, les yeux toujours détournés, il dit dans un murmure :

« Non, heu, pour tout vous dire, c'est une Oreille Courte.

— Quoi ? » s'écria l'*Ariki*.

Personne nc pouvait être aussi fou, bafouer sans vergogne les traditions sacrées ! Même quelqu'un d'aussi taquin que son petit-fils ! Il en était presque à se demander s'il avait bien entendu. Mais voilà que Noro relevait le menton d'un air obstiné et, pour la première fois de sa vie, se permettait de soutenir son regard en répétant :

« C'est une Oreille Courte. C'est pour cela que je suis venu chercher votre autorisation. »

Noro avait mis dans ses paroles toutes ses réserves de fermeté. Le chef recula sur sa couche comme s'il venait de recevoir un soufflet :

« Qu'on me descende ! » ordonna-t-il sèchement.

Les porteurs obtempérèrent et s'écartèrent au plus vite. Le vieux chef se mit à aller et venir dans tous les sens. Sa fureur était telle qu'il ne savait plus par où commencer.

« Tu as décidé de copier ton père ? » jeta-t-il sur un ton cassant.

Les joues de Noro s'empourprèrent de honte et il se mit à bredouiller :

« Non, je...

— Tu veux provoquer les dieux, toi aussi ? » l'interrompit l'*Ariki*.

Le jeune homme baissa les yeux.

« Non.

— Je te donne une chance de réparer ses méfaits et tu en profites pour te conduire exactement comme lui ! »

La comparaison piqua Noro au vif. Elle était injuste et lui faisait mal. Il réagit avec fougue, gardant cependant la tête inclinée en signe de respect :

« Je ne suis pas comme lui, grand-père, vous le savez très bien. Pour rien au monde je ne voudrais offenser les dieux ni vous déshonorer. »

Sous l'effet de la colère, les sourcils tout gris de l'*Ariki-mau* ne formaient plus qu'un trait.

« Alors, de quoi s'agit-il ? Une Oreille Courte ! »

A la pensée de leur peau si sombre et de leur statut inférieur, il avait craché ses mots, d'un air dégoûté. Piqué, Noro releva la tête :

« Préférez-vous que je ne sois pas votre champion ? »

Que Noro abandonne la course à l'œuf de *manotara* ? Qu'il ne défende pas ses couleurs ? Le vieux chef considéra pendant un instant cette éventualité. Son regard glissa vers les cadavres enveloppés de roseaux laissés à se dessécher au pied de l'*ahu*. Il ne paraissait pas particulièrement frappé. Il vit celui d'Epe. Du jeune homme qui hier encore s'entraînait pour le tournoi ne resteraient bientôt que des ossements que l'on irait mettre dans la grotte de lave pour qu'ils y reposent parmi ceux de ses ancêtres. Ces réflexions parurent atténuer un peu sa colère. En outre, Noro était le dernier qui restait.

« Non, finit-il par dire. Ces ossements disent que c'est toi qui dois participer à la course. Nul autre que toi ne peut laver la faute de ton père. Et tant qu'elle subsistera, la Pirogue Blanche ne viendra pas nous chercher. Dix-neuf printemps et dix-neuf hivers... Que pourrait signifier d'autre une si longue durée ? »

Son regard se posa sur la rangée de *moaïs* sur l'*ahu*. Il les contempla d'un air critique. Ses paupières se rétrécirent, une supposition venait de lui traverser l'esprit :

« A moins que ce ne soit le *moaï*... ? »

Il se tourna vers son petit-fils.

« Quel est son nom ? demanda-t-il sur un ton exigeant.

— Ramana. »

Les sourcils de l'*Ariki-mau* se soulevèrent de surprise.

« Tu veux dire la fille d'Haoa ? » Ses yeux se plissèrent, la colère le reprenait. « Le constructeur de pirogue que j'ai banni autrefois ?

— Oui », admit Noro.

Le regard de son grand-père exprimait le plus profond dégoût. Il reprenait, d'ailleurs :

« C'est lui que j'avais chargé d'entraîner ton père pour la course de l'Homme-Oiseau. Et c'est lui qui lui a fourré toutes ces idées ridicules dans... dans... »

Comme souvent, un accès de gâtisme empêchait l'*Ariki-mau* de trouver ses mots et Noro lui souffla :

« ... Dans la tête.

— Dans le crâne, oui ! » aboya le vieillard. Son ton se fit patelin : « Mais tu n'es pas obligé de te marier ! Tu ne peux pas simplement prendre cette fille et t'arrêter là ?

— Mais je l'aime, grand-père, insista Noro d'une voix suppliante. Ne savez-vous pas ce que c'est que d'aimer ? »

Bizarrement, les mots du jeune homme touchèrent le cœur du vieillard. En un éclair, l'*Ariki* se rappela ses émois de jeunesse, quand seule l'étreinte d'une jeune fille parvenait à apaiser l'ardeur qui incendiait ses reins. « Quel est l'homme qui n'a pas connu la passion et l'amour dévorant pour une femme ? » se dit-il. D'autant que Ramana était d'une grande beauté, il devait en convenir, même comparée aux femmes Longues Oreilles. L'Homme-Oiseau poussa un soupir résigné. Passant le bras autour des épaules de son petit-fils, il conclut :

« Je vais en parler au grand prêtre.

— Non ! » s'écria Noro, terrifié par l'idée.

Il était convaincu que Tupa allait s'ingénier à faire échouer son projet. Mais avant qu'il n'ait eu le temps de le retenir, son grand-père était parti de son pas trottinant et exposait déjà au prêtre sa requête.

La tête penchée, Tupa écoutait attentivement. Un sourire sardonique jouait sur ses lèvres tandis que ses yeux fixés sur Noro le transperçaient de part en part. L'*Ariki-mau* se tut. Les deux hommes débattirent un moment de l'affaire, puis d'un pas empreint de gravité, ils s'en vinrent retrouver le jeune homme.

« Il y a un moyen, lui annonça l'Homme-Oiseau. Tupa va t'expliquer. »

Noro avait l'estomac noué d'appréhension.

« Cette affaire est très inhabituelle, commença le grand prêtre d'une voix sonore. Elle est aussi tabou, comme tu n'es pas sans le savoir. Un Longue Oreille ne doit pas prendre pour épouse une Oreille Courte, surtout lorsqu'il se trouve être le petit-fils de l'Homme-Oiseau en titre. Mais si tu décroches la victoire, les dieux pourraient se montrer conciliants... à condition que la femme ait été purifiée.

— Purifiée ? Et de quelle manière ? » interrogea anxieusement Noro.

Tupa se mit à sourire et devant ce sourire Noro sentit toute sa vigueur l'abandonner.

« Sa peau est trop brune. Elle doit séjourner dans la Grotte aux Vierges Blanches. »

La Grotte aux Vierges Blanches ! Noro était anéanti.

Le peuple de Rapa Nui avait constaté depuis bien longtemps que les créatures qui vivaient continuellement à l'abri du soleil perdaient leur pigmentation. Ainsi, les gros vers fossoyeurs, les lézards et autres animaux étranges qui peuplaient l'obscure profondeur de ces grottes étaient complètement blancs. Ils étaient aveugles aussi. Plusieurs espèces étaient même dépourvues d'yeux.

Au fil des temps, la pâleur de teint était devenue un critère de beauté chez les Longues Oreilles et la tradition s'était instaurée d'enfermer la jeune fille affligée d'un teint trop sombre dans une grotte obscure où le soleil ne risquait pas de venir la brunir. Tradition qui présentait l'avantage pour les parents de pouvoir réclamer une dot plus élevée. Cette coutume s'observait très rarement cependant, car elle était particulièrement pénible et douloureuse. En effet, les dimensions de la grotte ne permettaient pas que l'on s'y tienne debout ni même que l'on y bouge. Cette pratique ne s'étendait pas aux femmes Oreilles Courtes pour la raison très simple qu'elles n'avaient pas de dot.

Et Tupa prétendait que les dieux réclamaient que

Ramana fût enfermée dans la Grotte aux Vierges Blanches ! Elle qui aimait tant le soleil, être tenue éloignée de sa lumière, captive dans l'obscurité la plus noire ! Rien que d'y penser, Noro en avait le vertige. Il prononça d'une voix à peine audible :

« Et pour combien de temps ?

— Jusqu'au jour de la course de l'Homme-Oiseau.

— Mais cela fait six mois ! » s'exclama le jeune homme, la voix brisée. Non, ce n'était pas possible... les dieux ne pouvaient pas vouloir que Ramana passe la moitié d'une année dans un trou sombre et étroit...

Tupa sourit avec gentillesse :

« Exactement.

— Mais elle risque la mort ! protesta Noro, en proie à la plus vive angoisse.

— C'est possible », répliqua le grand prêtre, sans que cette éventualité ne semble le perturber le moins du monde.

Noro leva les yeux vers son grand-père pour quêter son soutien :

« Je ne peux pas lui demander cela, plaida-t-il avec ferveur.

— Et moi, je ne peux pas risquer d'encourir la colère de Hotu Matu'a, ronchonna son grand-père, en secouant la tête. Surtout que nous sommes à deux doigts de le voir enfin arriver parmi nous !

— Tient-elle véritablement à devenir ton épouse ? » s'enquit Tupa avec une feinte sollicitude.

Il se délectait de la situation, et plus particulièrement du désespoir qui se peignait sur le visage de Noro.

Celui-ci n'avait plus qu'à se soumettre. L'*Ariki-mau* et le grand prêtre étaient les deux autorités les plus hautes de Rapa Nui. Quel que fût l'ordre qu'il leur plaisait de donner, il devait être suivi à la lettre. Désobéir signifiait encourir la colère des dieux. Si Noro voulait prendre Ramana pour épouse, la jeune fille devrait rester six mois enfermée dans la Grotte aux Vierges Blanches, prisonnière de l'obscurité. « Elle n'acceptera jamais, songea-t-il. Quelle raison aurait-elle de le faire ? » Il baissa la tête devant l'Homme-Oiseau en signe de soumission, puis il releva les yeux et lança à Tupa un regard lourd de haine.

L'*Ariki-mau* frappa dans ses mains et reporta son attention sur les *moaïs*.

« Parfait, fit-il, les choses sont donc réglées. Tu sais ce à quoi j'ai pensé, Tupa ? »

Mais le grand prêtre ignora l'exclamation du vieil homme. Tout entier pris par la lutte intense que son regard et celui de Noro se livraient sans ciller, il savourait l'instant de sa revanche.

« Le petit-fils de l'*Ariki* ne devrait pas voler de poulets, finit-il par dire, agrémentant ses paroles d'un calme sourire, surtout lorsque ce sont les miens !

— Les vieilles légendes ne disent-elles pas que Hotu Matu'a portait un chapeau », demanda soudain l'*Ariki-mau* sur un ton amusé, en contemplant les statues. Cette idée ouvrait devant lui un monde de possibilités nouvelles. Son esprit se mit à vagabonder, son regard se fit lointain.

« Des chapeaux, tiens, tiens, tiens... »

Semblable à un fruit mûr attaqué par une armée de fourmis, la carrière de Rano Raraku grouillait de travailleurs aux tatouages brillants de sueur. Les Oreilles Courtes s'acharnaient à exhumer le *moaï* gigantesque du diagramme qui le retenait prisonnier. Pics de pierre et marteaux éclaboussaient la roche d'étincelles. Les instruments avaient tendance à se briser, tant la roche s'était durcie sous l'action des éléments ; ou bien ils se fendaient après seulement quelques coups. Les ouvriers ne cessaient d'en réclamer d'autres et des garçons apportaient sans relâche de pleins paniers d'outils neufs pour que le travail pût se poursuivre sans discontinuer.

La surface de lave brillante, relativement fine, recouvrait une épaisse couche de roche tendre, faite d'un amalgame de cendres et de dépôts volcaniques plus facile à creuser. Les instruments de pierre faisaient l'affaire, à condition de ne pas ménager ses forces ni sa sueur. Les Oreilles Courtes n'étaient pas chiches de leurs efforts. Tout le long de la ligne dessinée par Tupa, des travailleurs s'éreintaient à dégager au marteau les contours de la tête et du torse. D'autres avaient pour tâche de fabriquer des outils pour remplacer ceux qui se brisaient. D'autres encore déblayaient les débris. Make maniait le marteau. Il faisait sauter la surface dure pour mettre à nu la roche tendre.

Depuis que Tupa avait exigé de commencer ce gigantesque *moaï*, le travail avait cessé sur toutes les autres statues. Les chefs de clans Longues Oreilles avaient eu beau se plaindre amèrement de cette décision, l'achèvement de leurs *moaïs* avait été reporté à une date ultérieure. Les ouvriers de la carrière avaient ordre de concentrer leurs efforts sur le projet de l'*Ariki* uniquement. Jamais encore, ils n'avaient été soumis à une telle pression. Ils n'avaient que six mois pour remplir une commande d'une dimension deux fois supérieure à celle du plus grand des *moaïs* existants. Et ils ne devaient pas simplement tailler la statue, ils devraient aussi la transporter et l'ériger à la place que l'Homme-Oiseau avait désignée. Tout cela devant être achevé pour le jour de la course à l'œuf.

Heke, le maître d'œuvre, travaillait dix-huit heures par jour, courant d'un bout à l'autre du cratère pour surveiller chaque étape de cette opération colossale.

Mais voilà qu'aujourd'hui, Tupa et l'*Ariki* à la tête d'une délégation officielle étaient venus l'interrompre dans sa tâche pour lui signifier une nouvelle exigence et il restait debout, pétrifié, à écouter le discours d'un prêtre Longue Oreille. Il finit par réagir :

« Des chapeaux ? Vous voulez que les *moaïs* portent des chapeaux ? répétait-il, en proie à l'ahurissement le plus intense.

— Oui. Et ils doivent être rouges, de la couleur royale. Il nous les faut tout de suite ! » précisa le prêtre d'une voix cassante.

« Des chapeaux rouges, réfléchit Heke, stupéfait. Alors, il faut les faire en *pakao*, en scorie rouge. Va falloir tailler la pierre jusqu'à ce qu'on arrive à la bonne couleur. Je vais être obligé de retirer plusieurs ouvriers du grand *moaï* pour les envoyer à Puna Pau. »

Là, en effet, il y avait de la scorie rouge, suite à l'oxydation des métaux ferreux que contenait la roche. Cela signifiait une prise de retard dans la construction du grand *moaï*. Quelle autre exigence aurait ensuite l'*Ariki-mau* ? Qu'on mette aux statues des jupes d'herbe ?

Une longue file de porteurs descendait le versant du cratère, coltinant à la carrière les fibres et l'eau nécessaires pour ramollir la roche. Noro détaillait la colonne de ceux qui remontaient la pente avec leurs paniers vides, cherchant à découvrir Ramana parmi eux. Il salua des Oreilles Courtes qu'il connaissait, mais personne ne lui répondit.

Il pénétra dans la large gorge du cratère. Des statues y gisaient, à moitié taillées, abandonnées sans être finies, à seule fin de satisfaire le dernier, monstrueux caprice de l'*Ariki*. L'endroit était parsemé des tâches noires qu'avaient laissées les feux allumés pour faire brûler l'éteule avant la plantation. Mais il y avait peu de gens à travailler la terre et presque rien ne poussait. Les paysans aussi avaient été réquisitionnés pour travailler au *moaï* de l'Homme-Oiseau.

Noro passa devant des surveillants au moment où ils hélaient un couple de vieux fermiers et les forçaient à abandonner leurs houes en leur fourrant des piques dans les mains avec ordre de se rendre à la carrière. Maintenant que l'agriculture n'était plus une priorité, la façon dont les Oreilles Courtes parvenaient à se nourrir relevait du mystère.

Noro ne prêtait aucune attention au travail qui se déroulait derrière lui, il était entièrement pris par sa recherche. Ramana n'était nulle part en vue. Du lac du cratère, tout en bas, des rires et des cris lui parvinrent, des voix de femmes, perçantes et aiguës. Il partit dans cette direction.

Sur la rive opposée à celle où les porteurs puisaient leur eau, un groupe de femmes Oreilles Courtes batifolaient au milieu d'un maigre tas de joncs. Elles avaient cueilli la *totora* dans l'eau sombre pour en faire des chapeaux de paille pour se protéger du soleil de midi ou des paniers pour porter outils ou bébés selon les besoins.

Noro sourit à la vue de ces femmes en train de frapper le jonc à toute volée. Mais bientôt il fronça les sourcils. Il venait de comprendre que les femmes ne s'amusaient pas. Elles s'étaient mises à plusieurs pour donner une raclée à une autre. Elles la pinçaient et lui tiraient les cheveux, lui maintenaient la tête sous l'eau, sans cesser de la battre et de la couvrir d'injures.

« Tu crois que t'es trop bien pour nous ?

— C'est la longueur de ses Oreilles qui te plaît ou celle d'autre chose ? »

La victime remontait de l'eau. Elle se débattait sans parvenir à s'évader tandis que les femmes en colère riaient à saccades dures et brutales. Brusquement Noro réalisa que la fille prise à partie n'était autre que Ramana.

« Oh, mais on dirait qu'elle n'aime pas ça, se moquait l'une des femmes.

— Continue, va. Ça lui rafraîchira le tempérament ! » conseillait une autre

Elles s'apprêtaient à lui replonger la tête sous l'eau quand elles sentirent une présence. Elles relevèrent la tête. La vue de Noro bouillant de fureur apparu devant elles les calma aussitôt. Elles voulurent le narguer, mais il les dévisagea à tour de rôle, soutenant leurs regards, et elles se virent forcées l'une après l'autre de baisser les yeux.

« Bonjour, Uka, Koreto, Hitirenga », prononça-t-il en détachant bien les syllabes.

Elles gardèrent le silence. Le rouge leur montait aux joues et au bout d'un moment, elles ramassèrent leurs chapeaux de paille et partirent sans un mot. Dégoulinante d'eau, Ramana leva les yeux vers Noro, essayant d'oublier son humiliation.

« Qu'est-ce qu'il a dit ? demanda-t-elle fiévreusement.

Moqueries et insultes n'avaient pas d'importance. La décision de l'*Ariki-mau* occupait toutes ses pensées. Seul comptait son avenir et il était entre les griffes de l'Homme-Oiseau.

Quelques palmiers se dressaient solitaires sur les pentes du Mont Terevaka. Ul..me palmeraie de l'île, c'était le lieu de rendez-vous préféré des amants. Leurs palmes se berçaient doucement dans les brises marines, ne laissant transparaître qu'un soupçon de ce qui avait fait la beauté du paysage, il y avait maintenant bien des générations. On ne voyait alentour que des étendues d'herbe où pointaient les souches carbonisées des palmiers abattus au fil des ans et débités en rondins afin de transporter les *moaïs*.

Noro et Ramana grimpaient la colline en direction des arbres. La jeune fille était encore trempée, mais elle était trop excitée pour y faire attention. Les bras croisés autour de ses épaules, elle gambadait autour de son amant. Noro, lui, cheminait en silence. Elle l'implorait :

« Il a dit non, n'est-ce pas ?

— Elles te font des saloperies comme ça tous les jours ? demanda-t-il d'un air menaçant.

— T'en fais pas. Dis-moi plutôt ce qu'il a dit !

— Je les déteste ! répliqua Noro d'une voix amère.

— Mais non, tu ne détestes personne. Allez, ne me fais pas languir, dis-moi ce qu'il a dit. »

Main dans la main, ils dépassèrent un groupe d'Oreilles Courtes qui abattaient des arbres en bordure de la palmeraie. Autrement dit, on continuait à réduire encore plus le nombre des troncs et augmenter celui des souches. Les deux amants montèrent jusqu'au palmier qu'ils chérissaient. Il se dressait au cœur de la palmeraie et portait gravé dans son écorce, à demi enfoui sous la verdure : « Noro + Ramana ». Ils s'assirent face à face au pied de l'arbre, passant leurs doigts sur les signes. C'étaient les exactes copies des tatouages qu'ils avaient respectivement à l'épaule. Puis, d'un geste plein d'amour, ils effleurèrent mutuellement ceux qu'ils avaient sur eux, comme s'ils prononçaient un vœu silencieux, unis dans une même communion. Et Ramana ne put s'empêcher de questionner encore :

« Il a dit non, hein ?

— En fait, il a dit oui », commença Noro d'une voix hésitante.

La joie intense qui éclaira aussitôt le beau visage de Ramana lui fit mal. Il prit une profonde inspiration et poursuivit :

« A condition que je gagne la course et que toi, tu demeures jusque-là enfermée dans la Grotte aux Vierges. »

Ramana était anéantie. La Grotte aux Vierges ! Pour y rester jusqu'à la course ! Vivre dans une prison les six mois à venir ! L'effondrement se lisait sur son visage. Elle détourna la tête. Noro voulut la rassurer, minimiser les choses.

« J'ai dit non... Ça ne fait rien, Ramana, on va continuer à vivre comme maintenant. On n'a pas besoin de faire comme les Longues Oreilles ou comme les Oreilles Courtes. On va rester ensemble et...

— C'est oui ! » le coupa Ramana.

Elle avait pincé les lèvres très fort, son visage n'exprimait plus la moindre émotion. Mais Noro pouvait lire la douleur dans ses yeux. Il lui toucha délicatement l'épaule pour tenter de la raisonner.

« Ramana, il fait complètement noir dans cette grotte. On ne peut pas se lever, on peut à peine remuer. Tu... »

Elle n'écoutait rien. Elle se glissa vers lui, les yeux brillants d'une excitation soudaine.

« Je suis d'accord si toi tu fais la course. »

Noro secoua la tête, sans croire qu'elle parlait

sérieusement. Pourtant, ses yeux d'un noir éclatant lançaient des étincelles :

« J'accepte, puisque c'est ma seule chance de t'avoir. Je ne veux pas vivre dans le secret ou dans l'interdiction. Ils croient que nous ne nous aimons pas assez pour cela, eh bien, ils se trompent... en ce qui me concerne, en tout cas. »

Elle scrutait profondément les yeux de Noro, essayant de lire jusqu'au fond de son cœur. Il lui rendit un regard qui révélait ses sentiments les plus intimes. Brusquement, il la fit se relever.

« Viens. Je veux te montrer quelque chose. »

Il la prit fermement par la main. Ramana le suivit volontiers sans chercher à comprendre. Ils redescendirent le versant du Terevaka et marchèrent jusqu'aux tubes de lave qui sillonnaient en grand nombre le flanc de la montagne, reliques des explosions volcaniques qui avaient secoué l'île autrefois, il y avait une éternité.

Au bout d'un moment, Noro s'arrêta près d'un large chenal dont l'orifice était bloqué par une pierre. Il la fit rouler sur le côté. Aussitôt, un rayon de lumière vint poignarder le fond obscur du boyau. Il sauta à l'intérieur. Ramana le suivit sans marquer d'hésitation. Émerveillée, elle regardait autour d'elle. Des fougères tapissaient le canal qui allait s'évasant en une multitude de poches toutes noires.

« Comment tu connais cet endroit ? » demanda-t-elle.

Noro lui prit la main et la guida jusqu'à une salle proche. Elle était vide à l'exception d'une légion de squelettes qui luisaient dans le noir. Il désigna l'un d'eux :

« C'est ma mère. »

Ramana resta interdite, réalisant soudain où ils se trouvaient.

Mais déjà Noro affirmait : « C'est ma grand-mère. »

D'un geste large, indiquant le reste des ossements, il ajouta : « Et voici mes ancêtres qui les ont précédées. »

Ramana eut un mouvement de recul. La crainte lui étreignait le cœur.

« Mais c'est le tombeau de ta famille, je n'ai pas le droit de le connaître. C'est tabou !

— Pas si tu es ma femme. »

Il lui fit un sourire pour la rassurer et désigna une dalle non loin des ossements de sa grand-mère :

« C'est là qu'un jour reposera mon grand-père. »

Et hésitant à montrer l'emplacement resté vide au côté de sa mère, il finit par dire :

« Et ceci est l'endroit où devrait reposer mon père. »

Enfin, il entraîna la jeune fille jusqu'à deux autres dalles et conclut : « C'est ici que toi et moi, nous reposerons ensemble pour l'éternité. »

Ramana était bouleversée, Noro venait de lui donner la plus grande preuve d'amour. Elle approcha son visage du sien et murmura :

« Tu me fais confiance pour veiller sur eux tous ?

— Et toi, tu me fais confiance pour remporter la course ? »

Longtemps après, bien après que Noro l'eut quittée pour retourner au village des Longues Oreilles, Ramana prit un sentier au sommet de la montagne. Elle descendit une falaise de lave. Elle connaissait le chemin et elle se dirigea sans hésiter jusqu'à une grotte cachée. L'entrée en était encombrée de pirogues cassées ; des instruments de toutes sortes jonchaient le sol, lames d'obsidienne, marteaux de pierre et sapes de piolets. Elle se déplaça en évitant de marcher sur les outils et appela dans l'obscurité :

« Père ? »

Elle n'eut pas de réponse. Pourtant, elle savait qu'il était là et elle savait qu'il l'écoutait.

« Père ? Je suis venue te dire que je vais épouser Noro, le Longue Oreille, s'il remporte la course de l'Homme-Oiseau. Ne sois pas fâché et ne me cherche pas, car je dois rester dans la Grotte aux Vierges jusqu'à la course. Si tu peux, père, aide-le... Je l'aime. »

Elle attendit une réponse qui ne vint pas et fit demi-tour. A mi-chemin sur la falaise, elle se retourna pour dire d'une voix douce : « Je t'aime aussi », espérant que son père l'entendrait.

Le soleil était en train de se coucher. Le temps était venu d'accomplir la cérémonie de la Grotte aux Vierges Blanches. Munis de leurs pagaies rituelles, deux prêtres étaient venus chercher Ramana au camp des Oreilles Courtes pour la conduire au lieu sacré. Il était situé au sommet de la falaise d'Orongo, au sud de Rapa Nui, et faisait face à la petite île de Moto Nui, étincelante au loin, et pleine d'innocence, comme si elle n'avait jamais été cause de la mort de si nombreux jeunes gens partis chercher dans ses rochers un œuf de *manotara*.

Le lieu consistait en une plate-forme rocheuse, flanquée à ses extrémités de deux rocs qui portaient, profondément gravés dans la pierre, des dessins compliqués représentant des vulves. C'étaient les *komaris* sacrés du mystère féminin.

Ramana se tenait debout sur la plate-forme, face à la mer. Ses pieds reposaient, bien écartés, sur deux rocs gravés aussi de signes mystérieux. Son visage n'exprimait aucune émotion, elle ne montrait aucun signe de frayeur, mais ses mains étaient glacées et sa bouche sèche et on pouvait lire une profonde tristesse dans ses yeux.

Elle avait peur, cependant. Elle ignorait tout de ce qui l'attendait ; elle savait seulement que ce serait très dur et elle se demandait si elle saurait passer six mois sans voir le soleil. Un sentiment de colère l'agitait à la pensée que l'on n'aurait jamais acculé une fille Longue Oreille à subir pareille épreuve. Il y avait bien eu des temps où une vierge Longue Oreille se retrouvait cloîtrée dans la grotte pour telle ou telle raison religieuse. Mais c'était toujours pour une durée limitée, une semaine tout au plus, alors qu'elle-même devrait y demeurer six mois ! Cette sentence avait toutes les apparences d'une condamnation à mort.

Pourtant rien, si ce n'est son amour pour Noro et sa détermination à prouver aux Longues Oreilles qu'elle faisait une fiancée convenable pour un petit-fils d'*Ariki-mau*, rien ne justifiait qu'elle eût été conduite à cette plate-forme sacrée sur laquelle, à présent, elle était obligée de subir un examen honteux entre les jambes. La peur du résultat venait s'ajouter à ses autres frayeurs. Car Ramana n'était pas vierge, ce que les prêtres seraient en mesure de constater. Allaient-ils annoncer le fait à l'assemblée tout entière de ces gens qui dévoraient la scène des yeux ? Et s'ils le faisaient, saurait-elle conserver son calme et faire croire que cela ne l'humiliait pas ? A cette pensée, elle releva son fin menton dans un mouvement plein de défi.

Assisté de deux acolytes, le grand prêtre Tupa s'avança pour procéder à l'examen. Il monta lentement sa main le long de la cuisse nue pour examiner tout en haut. La sensation était horrible. Une douleur aiguë et une humiliation encore plus intense envahirent la jeune fille, tandis que le prêtre fouillait ses chairs les plus intimes de ses longs doigts griffus. Noro la fixait d'un regard plein de compassion. Elle se força à ne pas regarder dans sa direction.

Après un moment de profond examen, le grand prêtre dévisagea Ramana d'un œil sec. Il savait. Toute rouge, elle évita son regard. A présent, les Longues Oreilles sauraient tous que Ramana, fille d'Haoa, n'était pas vierge et que c'était pour une fille noire de peau et déflorée que Noro allait risquer sa vie !

Le grand prêtre lui fit sèchement un signe de tête et elle descendit de l'estrade. Marchant à contrecœur d'un pas lent, elle alla jusqu'à un grand panier de jonc qui l'attendait sur le côté. Les prêtres l'aidèrent à y grimper. Suspendu par de lourdes cordes à un palan grossier, le panier fut descendu dans le vide, le long du flanc lisse de la falaise. Il heurtait la roche et rebondissait avec des soubresauts, mais surtout il emportait Ramana.

Noro s'était avancé jusqu'au bord de la falaise pour suivre des yeux la descente. Il était déchiré, empli de pitié pour Ramana et pour lui-même aussi, qui allait être forcé de vivre six mois, privé de sa beauté et de son amour. Il fixait le panier sans le quitter des yeux et celui-ci s'amenuisait à mesure qu'il s'éloignait dans l'abîme. Loin, tout en bas, et cependant à une centaine de mètres encore au-dessus des vagues déferlantes, les deux prêtres firent accoster le panier qui tournoyait comme un dévidoir contre une étroite saillie dans la roche. Ramana s'en extirpa. Elle aperçut immédiatement le goulot creux dans le roc. C'était l'entrée de la Grotte aux Vierges. Les deux prêtres la menèrent à l'intérieur.

« Un instant... », supplia Ramana.

Elle se retourna pour regarder par-dessus son épaule l'arc qui restait de la boule du soleil disparaître dans les flots. Elle garda le silence. C'était un spectacle splendide qu'il ne lui serait plus donné d'admirer pendant six longs mois. Peut-être, d'ailleurs, le contemplait-elle pour la dernière fois, si jamais elle ne survivait pas à l'épreuve. Elle leva les yeux vers Noro qui la fixait toujours du sommet de la falaise et agita les bras vers lui. Le visage de son amant était un spectacle tout aussi merveilleux que le soleil et elle allait également en être privée six mois, voire toute l'éternité. Le crépuscule commençait à tomber, estompant leurs visages, mais les amants se regardaient toujours, chacun gravant dans sa mémoire les traits chéris de l'autre.

Ravalant un sanglot, Ramana fit un signe aux prêtres. Ils la firent se glisser à reculons dans le mince orifice de la petite grotte dont l'étroitesse même symbolisait l'entrée du corps d'une vierge. Quand Ramana eut disparu à l'intérieur, ils en fermèrent l'accès avec des bandes de *tapa* qu'il scellèrent d'un enduit de terre ocre : le lieu était maintenant tabou. Les scellés étaient légers et fragiles, mais aux yeux du peuple de Rapa Nui, ils étaient plus solides et plus forts que le plus lourd rocher. Leur tâche terminée, les prêtres grimpèrent dans le panier pour être remontés en haut de la falaise. La cérémonie de la Grotte aux Vierges Blanches était achevée.

Noro demeurait debout à contempler le bas de la falaise, dévasté d'inquiétude, abandonné. Ramana avait accompli sa partie de l'engagement qui les liait tous les deux. Maintenant, c'était à lui de remplir la sienne : remporter la victoire à la course de l'Homme-Oiseau, rapporter de Moto Nui le premier œuf de *manotara*.

Tupa s'approcha de Noro. Toute son attitude suintait la fausse sincérité.

« Si je suis certain que sa peau va devenir aussi pure que celle d'un nouveau-né, je doute qu'il en aille de même avec sa virginité. »

Il eut un sourire sec et Noro rougit violemment à la pensée que l'intimité merveilleuse qu'il avait partagée avec Ramana était maintenant souillée.

« Ce sera notre petit secret », poursuivit le grand prêtre avec un sourire, et le mépris que contenait son intonation ne put échapper au jeune homme.

CHAPITRE V

MAKE

C'était la fin d'une longue journée de labeur à la carrière proche du volcan Rano Raraku. A la lueur tremblotante des feux de terre, le monstrueux *moaï* présentait un contour plus magistal encore. Devenu le trait dominant du camp, il hantait l'esprit de tous les Oreilles Courtes, qu'ils soient bien éveillés ou écroulés dans le sommeil, indifféremment.

Dix-huit heures d'affilée, les Oreilles Courtes peinaient à dégager les formes de ce que l'*Ariki-mau* et le grand prêtre Tupa désignaient par « *Grand Moaï* », nom qu'ils lui donnaient aussi en leur présence. Mais dès que les Oreilles Longues avaient le dos tourné, ils préféraient dire le « *Monstre* » et ce surnom révélait la stupeur à la fois admirative et amère que leur inspirait la statue. En quelque sorte, l'appeler le « *Monstre* » rendait les rapports avec elle plus faciles.

Et donc, lorsque le *Monstre* serait terminé, si jamais il l'était un jour, il mesurerait près de vingt mètres de long et pèserait dans les deux cent cinquante tonnes. Taille et poids que nul sur l'île n'était en mesure de calculer avec précision car, et cela n'avait rien d'étonnant, nul ne possédait les connaissances mathématiques suffisantes, tant parmi les Oreilles Courtes que chez les Longues Oreilles. Tous cependant s'accordaient à reconnaître que le *Grand Moaï* serait deux fois plus long et quatre fois plus lourd qu'aucun autre jamais fait jusque-là. Le dégager simplement de la roche volcanique représentait un travail déjà colossal, mais le transporter de la carrière à l'*ahu* et l'y ériger là tiendrait purement et simplement du prodige. Cela, seuls les dieux étaient capables de l'accomplir.

Épuisés, les derniers sculpteurs descendaient de leurs échafaudages et rejoignaient l'endroit où les villageois affamés s'étaient mis en ligne pour toucher la pitance qu'un contremaître Longue Oreille leur distribuait. Aidé de ses assistants, il puisait dans ses paniers des *kumaras* ratatinées et les déposaient, à raison d'une par personne, dans les paumes qui se tendaient à tour de rôle.

Un travailleur demeurait planté sur place à examiner d'un œil soupçonneux le yam qu'on lui avait remis.

« C'est quoi, ça ? demanda-t-il d'une voix autoritaire, sans bouger d'un pouce.

— La ration, rétorqua sèchement le contremaître et il le poussa de côté pour donner sa patate douce au suivant.

— L'*Ariki-mau* avait promis qu'on pourrait garder un tiers de la récolte à partir de maintenant, protesta un autre.

— C'est le tiers, justement. »

Les Oreilles Courtes dévisagèrent le contremaître d'un regard incrédule. Quoi ? Ils n'avaient droit à rien d'autre qu'à cette portion ridicule, alors qu'ils venaient de travailler toute la journée à la carrière ? Un yam de rien du tout, tout fripé et ratatiné ! Mais enfin, on ne pouvait pas demander aux gens de s'activer toute une journée le ventre vide !

Une femme couverte de brins de paille réagit violemment. C'était Koreto, l'une des trois vannières qui avaient pris à partie Ramana.

« Eh bien, vous n'avez qu'à en faire pousser davantage, se mit-elle à vociférer.

— Et toi tu n'as qu'à faire moins de moutards ! » répliqua le contremaître avec un regard ironique aux bébés morveux qui s'accrochaient à ses jambes.

Koreto avait son caractère, elle n'était pas du genre à

garder ses réflexions pour soi. Et ce n'était sûrement pas un Longue Oreille de bas étage qui allait se permettre de l'intimider. Elle se remit debout, prête à l'étriper.

« Hé, l'Oreille Longuette, là, dis-toi bien que j'en ferai autant que ça me plaira, des mômes, d'abord !

— Tu veux aller régler ce problème avec Tupa ? »

Le contremaître avait pris une voix menaçante. Il sentait la rébellion couver et n'avait pas l'intention de la laisser dégénérer. D'ailleurs l'un de ses assistants brandissait déjà sa massue. Des amis vinrent entourer Koreto pour la faire se calmer et un instant plus tard, le suivant dans la file avança d'un pas pour tendre sa main rugueuse. C'était un géant tranquille, au sourire placide, de toute évidence un peu demeuré.

« Bien, Atta, fit le contremaître, brave gars. Qui encore n'est pas servi ? »

L'un après l'autre, les Oreilles Courtes capitulèrent et c'est avec une fureur rentrée, mais sans plus de protestation, qu'ils vinrent chercher leur *yam*. Pourtant, tous bouillaient de colère. On leur avait interdit de cultiver la terre pour que toutes les forces valides puissent se canaliser sur un but : faire le *moaï* de l'*Ariki-mau*. En échange de quoi, on leur avait promis de la nourriture en quantité suffisante. L'injustice était trop flagrante. Ça servait à quoi, les promesses de l'Homme-Oiseau ? L'*Ariki-mau* n'avait pas plus de substance que la fumée or, pas plus que les promesses la fumée ne nourrit un homme affamé.

Le tour de Make arriva. Il arracha des mains de l'assistant le yam qui lui revenait et alla s'accroupir près du feu devant son abri, au milieu des outils brisés ou abîmés qui jonchaient le sol. Il déposa rageusement sa patate sur les braises. Alentour, les ouvriers fatigués, serrés les uns contre les autres, maugréaient à voix basse.

« Cette Koreto, marmonnait l'un d'eux. Elle va finir par nous attirer des ennuis avec Tupa et les dieux.

— Elle n'arrête pas de briser les tabous, renchérit un autre, de petite taille et aux dents toutes brisées. Make-Make va lui dévorer son âme quand elle mourra !

— Lui au moins, il se sera mis quelque chose sous la dent ! déclara un troisième, en riant sous cape.

— Dites pas des blasphèmes ! les gronda Heke, et s'adressant aux plus jeunes il ajouta avec force : Écoutez-moi, jeunes coqs. L'*Ariki* a de bonnes intentions. Moi qui vous parle, je sens une *mana* incroyable jaillir du *moaï* chaque fois que mon ciseau entaille la roche.

— Radote pas, le vieux, répliqua l'un des jeunes avec hargne et il cracha en direction du sculpteur.

« Des coqs..., intervint un vieux qui n'avait retenu que ce mot de l'échange. Dans le temps, je me rappelle, on en avait à manger parfois. »

Et il se lécha mélancoliquement les babines, montrant des gencives édentées. Soudain s'élevèrent des cris et des vociférations ; une bagarre venait de se déclencher, suite à la tentative de quelqu'un de rafler une *kumara* qui n'était pas la sienne. Quatre gaillards durent s'interposer pour séparer les combattants.

Make ne faisait pas attention à la dispute. Il avait faim, lui aussi, doublement même, car au dur labeur qui lui creusait l'estomac comme aux autres, s'ajoutait le fait qu'il était encore en pleine croissance. « Que je sois damné, se disait-il, si j'en viens un jour à m'humilier devant un Longue Oreille pour de la nourriture, ou à me battre avec un Oreille Courte ! Plutôt crever de faim. » Il demeurait assis près de son feu à sculpter un morceau de bois qu'il tenait entre ses mains rudes et adroites, en attendant que sa patate soit cuite. Sa statuette, avec son nez en bec de corbeau, ses joues creuses et ses longues oreilles, avec son sourire de chèvre qui laissait voir deux rangées de dents affûtées, était manifestement une caricature de Tupa, le grand prêtre rusé.

Subitement, il perçut un mouvement du coin de l'œil. On aurait dit que sa *kumara* se mettait à remuer ! Voilà qu'elle rampait hors du feu maintenant, comme si elle était vivante ! Make l'observa plus attentivement. Mais c'est qu'elle s'enfuyait ! Sûrement quelqu'un lui avait harponné sa *kumara* et s'apprêtait à la remonter au bout d'un fil. « Le salopard ! Ah, ça, je vais lui montrer ! » se dit Make et il partit en suivant le fil. Il aboutit à un rocher. Il assura sa statuette bien en main. Il allait en assener un bon coup sur la tête de son voleur quand il reconnut Noro qui levait vers lui un visage rieur et lui demandait :

« T'as faim ? Alors, viens avec moi. »

Noro jeta au loin sa canne à pêche. Make se releva et s'élança de mauvaise grâce derrière Lui. Ils sortirent du campement et dévalèrent le paysage désertique. Noro, en tête, s'amusait à faire la course. Make n'avait pas le cœur à rire et cela se voyait à sa façon agressive de courir, en tapant la terre de ses pieds nus comme s'il voulait la piétiner à mort.

Ils coururent ainsi jusqu'au sommet d'une colline et se heurtèrent à des bâtons ornés de plumes, jaillis si brusquement devant eux qu'ils auraient pu les croire nés de l'obscurité. Manifestement, ces bannières servaient à délimiter une zone bien précise. Ils s'immobilisèrent.

« C'est tabou, souffla Noro d'une voix solennelle, derrière c'est le Poike. »

Le Poike était la partie la plus ancienne de Rapa Nui et, de ce fait, douée d'une *mana* puissante. C'était un lieu sacré aux yeux des dieux également car c'est là qu'ils faisaient lever le soleil, juste sur cette péninsule, le jour du solstice d'hiver. On pouvait le voir de la falaise sacrée d'Orongo et d'ailleurs, c'était là que les prêtres se rendaient, tous les ans, pour étudier attentivement le début de ce jour le plus court de l'année. Ainsi, cette montagne tabou servait en quelque sorte de calendrier astronomique. D'autres rites s'y pratiquaient aussi. Les deux garçons le savaient. Ils n'avaient pas besoin d'être ferrés en science ou en théologie pour connaître le sens d'un tabou. Ils le comprenaient très bien et prenaient très au sérieux la menace qu'il représentait. Respectueux de cette frontière invisible, ils contournèrent les bannières qui interdisaient l'entrée du lieu et reprirent leur course en direction du Mont Teveraka.

Le soir était frais et venteux. De minces nuages galopaient dans le ciel, empruntant la voie que la lune jaune suivait dans le ciel, et dans la palmeraie, les troncs élevés se balançaient au vent dans un bruissement de palmes qui rappelait des centaines de soupirs. Les garçons ne cessèrent de courir que lorsqu'ils furent parvenus au cœur de la futaie et qu'ils atteignirent ensemble un palmier élancé.

« Gagné ! » s'écria Noro à bout de souffle en serrant l'arbre dans ses bras.

Make se contenta de hocher la tête. Gagner ou perdre lui était bien égal ; faire la course était bon pour les bébés et Noro en était un.

Celui-ci s'agenouilla et entreprit de gratter le sol pour dégager un petit four de terre caché sous les branches de son arbre. Ou plutôt de leur arbre, à Ramana et lui ; l'arbre qui abritait leurs rendez-vous amoureux ; l'arbre sous lequel ils faisaient l'amour au rythme du soupir des palmes. Il retira avec les mains la terre qui couvrait le four. Avec un rire de triomphe, il en extirpa des bananes grillées et, ô miracle, un poulet entier qu'il se mit à couper en morceaux en le tenant tantôt d'une main, tantôt de l'autre pour ne pas se brûler. Make le regardait faire, l'eau à la bouche.

« A qui tu l'as piqué ? demanda-t-il en riant aux éclats.

— A Tupa, comme d'habitude », fit Noro avec un sourire.

Il tendit à Make la plus grosse moitié et souffla sur ses doigts pour les rafraîchir.

Un peu gêné de son avidité, Make se jeta sur le poulet. L'aubaine, il est vrai, était inattendue. Noro le regardait dévorer son morceau et, au bout d'un moment, il lui tendit sa moitié.

« Prends, je n'ai pas très faim. »

« Ben voyons ! se dit Make. Comment un Longue Oreille pourrait connaître la faim. Il n'y a que les Oreilles Courtes pour aller le ventre vide ! »

Il prit le morceau allégrement et l'engloutit avec encore plus de voracité à la pensée que disparaissait sous ses dents un petit bout de la fortune de ce salopard de Tupa.

Noro faisait de son mieux pour maintenir l'atmosphère joyeuse et pleine d'insouciance, espérant ainsi rendre plus facile l'explication à venir, car il tenait à informer Make des changements survenus dans l'amitié qui les unissait tous les trois. Les choses étaient si simples autrefois ; ils laissaient les tracas aux adultes ; les rapports Longue Oreille-Oreille Courte n'existaient pas entre eux... Il n'y avait pas de Grotte aux Vierges Blanches, dans le temps, et il n'y avait pas non plus de course à l'œuf du *manotara*... Il leva la main vers le palmier et en caressa le tronc d'un geste plein de nostalgie, s'arrêtant aux marques anciennes gravées dans l'écorce.

« Tu te rappelles quand on était petit ? Ramana, toi et moi, on venait tout le temps ici et on grimpait à cet arbre... A l'époque, il y en avait bien plus.

— Tout change », laissa tomber Make et il se tut.

Il n'avait rien à dire de plus. De toute façon, Noro couchait avec Ramana. Mais il se serait fait trancher la langue plutôt que d'admettre, auprès de Noro surtout, combien cela le rendait malheureux.

« C'est bien vrai », acquiesça celui-ci tranquillement.

Il promena son regard sur la lande, au-delà de la maigre palmeraie, et se mit à contempler d'un œil fixe le sol hérissé de souches comme s'il le voyait pour la première fois. Il reprit :

« Il paraît qu'autrefois le pays était couvert d'arbres. Je suppose qu'Hotu Matu'a viendra nous chercher avant qu'ils n'aient tous disparu... enfin, c'est ce que mon grand-père dit.

— Tu crois vraiment à tous ces trucs ? demanda aigrement Make, en recrachant un os de poulet.

— Bien sûr. Pas toi ? fit Noro, en reportant sur lui un regard surpris.

— Moi, je ne crois que ce que je vois, que ce que je sens, et que ce que je n'ai pas », répliqua Make en secouant la tête et, d'un geste emphatique, il brandit un morceau de poulet en exemple.

Après avoir considéré Noro d'un œil soupçonneux, il finit par demander :

« Pourquoi tu m'as emmené ici ? »

Noro déglutit. Les choses n'allaient pas être faciles. Il s'efforça de conserver un ton normal :

« Je voulais parler avec toi. Qui est mon adversaire le plus dangereux dans la course, à ton avis ? »

Make se détourna et se mit à se lécher consciencieusement les doigts.

« Ngaara et Kahumea, finit-il par laisser tomber sur un ton laconique. C'est les deux meilleurs. »

Noro hocha la tête. Oui, il était de cet avis.

« Et Makita ?

— Sait pas nager. »

Noro vint s'accroupir auprès de Make.

« Tu ne voudrais pas m'aider à m'entraîner ? »

Make tourna la tête vers lui et partit d'un grand éclat de rire qui signifiait manifestement : « Comme si j'avais que ça à faire ! »

La réaction de son ami mit Noro mal à l'aise, mais il insista quand même :

« Juste pour me donner des indications, tu vois. Je pensais que ça te ferait plaisir... en souvenir du vieux temps. Il faut absolument que je gagne.

— Pourquoi ? Pour que ton grand-père reste Homme-Oiseau encore toute une année et qu'il puisse nous faire crever au boulot ?

— Non, ce n'est pas pour ça. »

Le moment était venu de dire la vérité à Make, il le savait et il redoutait de le faire, craignant que son ami ne prenne très mal la chose. D'ailleurs il répliquait déjà sur un ton sarcastique :

« Ah bon. Pour copier ton père, alors ? »

Son insinuation était franchement désagréable et Noro se rembrunit. Mais il était décidé de ne pas se vexer et il prit sur lui. Il écarta les palmes qui masquaient la base du tronc pour faire apparaître les inscriptions qui y étaient gravées.

« Je dois gagner la course, expliqua-t-il en les montrant à Make, sinon... on ne nous laissera pas nous marier... Tu comprends ? C'est pour ça qu'il faut que je gagne ! »

Make fixait le dessin. Il était ahuri. Les traits bien tracés ne prêtaient nullement à confusion, ils représentaient des tatouages qu'il connaissait très bien. L'un, pour avoir trop souvent pris plaisir à le contempler, c'était celui de Ramana, et il ne l'oublierait jamais. L'autre, pour l'avoir sous ses yeux en ce moment : c'était celui que Noro arborait à l'épaule... Deux symboles gravés dans l'écorce, unis aussi longtemps que l'arbre vivrait.

Make était bouleversé au plus profond de son cœur. Coucher ensemble était une chose, et d'ailleurs les rapports sexuels n'avaient pas si grande importance aux yeux du peuple de Rapa Nui. Mais un mariage, c'était une autre affaire. Surtout un mariage entre un Longue Oreille et une Oreille Courte. Il sentait sa bouche se dessécher et ses lèvres le tirer. La voix rauque, il demanda :

« Où est-elle ? »

Certes, Noro voulait dire à Make toute la vérité, mais il ne savait comment le faire, et c'est d'une voix hésitante qu'il finit par répondre :

« Dans la Grotte aux Vierges Blanches jusqu'à la course. »

A cette nouvelle, mille émotions violentes s'emparèrent de Make, s'imprimant tour à tour sur son visage, mais c'est surtout la rage et la frustration qui le faisaient trembler.

« Tu les as laissés l'enfermer dans ce trou ? s'écria-t-il, s'étouffant à moitié.

— C'est elle qui a voulu, rétorqua Noro, cherchant à se défendre. C'était le seul moyen. Sinon, les dieux... »

Mais Make ne voulait pas l'entendre. Secouant violemment la tête, il serrait les poings si fort que ses jointures faisaient des marques blanches sur sa peau sombre. Son beau visage se tordait sous la fureur.

« Il n'y a pas d'autres dieux que ceux que nous inventons ! hurla-t-il. Pas de Royaume des Esprits ! Pas de Hotu Matu 'a qui va revenir nous chercher. Il n'y a rien ! Rien que l'eau qui nous entoure. Et ça ! » Il frappa de l'index le sol d'herbe sèche. « Ça, c'est tout ce qu'on a toujours eu et on n'aura jamais rien d'autre. Quand bien même on ferait des millions de *moaïs* imbéciles ! »

Noro restait à regarder son ami, hébété, incapable de

comprendre ce qui était à l'origine d'une telle explosion de rage, ahuri aussi de l'entendre invectiver les dieux. Depuis quand Make ne les respectait-il plus ? Et brutalement, il comprit tout. C'était si simple ! Comment ne s'en était-il pas douté plus tôt ?

« Tu es amoureux de Ramana toi aussi, hein, c'est ça ? Bien sûr que c'est ça. Tu aimes Ramana. »

Make se détourna violemment et jeta dans un cri qui ressemblait au feulement d'un animal pris au piège :

« Avec le grand-père que tu te paies, tu peux avoir la vue perçante, espèce de petit prétentieux ! T'es encore plus con que ton dingo de père ! »

Noro devint couleur de cendres, il ne put se contenir davantage :

« En tout cas, je sais qui est mon père, moi ! »

Make s'empourpra sous l'injure. Bondissant sur ses pieds, il expédia le reste du poulet à la tête de Noro :

« Tu peux te le garder, ton poulet de merde. Et garde aussi tes faveurs de Longue Oreille. Je peux très bien m'en passer ! »

Il tourna les talons et s'enfuit d'un pas furieux. Arrivé près du gros arbre, il s'arrêta pour crier :

« On n'a jamais été amis, d'abord ! »

Noro marchait seul en direction d'Orongo. Il longeait le bord du cratère Rano Kau dont l'escarpement aiguisé comme une lame était balayé par les vents. L'aplomb était vertigineux, la marche traîtresse. Il regardait d'en haut le trajet qu'il aurait à parcourir dans la course de l'Homme-Oiseau. Cent quatre-vingts mètres en dessous de lui, il distingua Ngaara. Le champion du clan des Ngatimo était en train de s'entraîner à la descente le long de la falaise et choisissait ses appuis.

Ngaara leva la tête et aperçut Noro. Un sourire de mépris passa sur son visage, un sourire qui disait : « Ça va, Oisillon, laisse ça aux hommes, c'est pas pour les bébés ! »

Noro devait bien admettre que Ngaara n'avait pas tort.

Aucune des escalades qu'il avait pratiquées à ce jour ne l'avait préparé à entreprendre une descente aussi périlleuse. En effet, comparées à cette face toute hérissée de blocs de rochers, les autres falaises de l'île n'étaient que de menues collines couvertes de galets. L'Orongo était l'à-pic le plus dangereux de tout Rapa Nui.

Tout en bas, bien en dessous de Ngaara, Makita et d'autres concurrents livraient une bataille acharnée aux courants glacés qui agitaient les flots d'un tumulte sans relâche. Guidés par les conseils que leur hurlaient leurs entraîneurs, ils s'évertuaient à dominer la houle furieuse qui sans cesse les rabattait. Les vagues étaient trois fois plus hautes et plus violentes que toutes celles que Noro avait jamais affrontées, et les courants beaucoup plus traîtres aussi que sur les côtes protégées de l'île où il avait l'habitude de nager. « On pourrait difficilement trouver quelqu'un de moins préparé à cette lutte que moi », se dit-il et cette constatation le glaça.

A un kilomètre de là, Moto Nui le défiait, tapi dans une attente effroyable. Il déglutit péniblement et fit demi-tour. Un seul espoir lui restait, et il était bien mince.

Noro marchait le long de la côte en direction de la grotte du père de Ramana. Il n'avait aucun moyen de se retirer de la course. Il avait donné sa parole ; il avait vu Ramana lui être arrachée, il l'avait vue être descendue dans un panier le long de la falaise... Ramana qui resterait enfermée dans la Grotte aux Vierges Blanches. Les dés étaient jetés. Quelle que dût en être l'issue, Noro devait participer à la course. C'était bien la moindre des choses qu'il devait à son amour. Et sa seule chance contre une mort certaine était Haoa, le père de Ramana. Noro ne l'ignorait pas.

La caverne, large canal de lave qui ouvrait directement sur le rivage n'était pas facile à trouver. C'était là qu'Haoa avait été banni par l'*Ariki-mau*, il y avait maintenant dix-neuf ans de cela. Depuis lors, peu de gens, à l'exception de sa fille, avaient cherché à le voir. Car il n'y avait plus de bois pour faire les pirogues.

A l'écart de tout, très différente de l'idée que le peuple de Rapa Nui, ouvert et joyeux, se faisait généralement d'une maison, la caverne était impressionnante. Dans la gueule béante qui tenait lieu d'entrée s'entassait un amoncellement de pirogues brisées, de bouts de coques, de pirogues entières les unes rafistolées maintes fois, les autres reconstituées de bric et de broc à partir d'éléments récupérés un peu partout. Noro regarda autour de lui. Il n'y avait que les outils nécessaires à la fabrication des pirogues, lames d'obsidienne affûtées, marteaux de pierre, ciseaux. Il n'y avait pas âme qui vive. Il appela dans le noir :

« Haoa ? »

Un Oreille Courte sortit de l'ombre d'un pas tranquille. Il était d'une taille supérieure à celle des hommes de son clan.

Noro considéra qu'il valait mieux attaquer sans ambages :

« Haoa, tu veux bien m'entraîner pour la course de l'Homme-Oiseau ? »

Le constructeur de pirogue dévisagea le jeune homme des pieds à la tête avant de répondre :

« Ma fille est enfermée dans une grotte à cause de toi. »

Ce furent les seuls mots qu'il prononça, mais ils résonnèrent d'un mépris lourd de colère.

Le fait était difficile à nier.

« Je ne voudrais pas qu'elle y ait été enfermée pour rien. On dit que tu connais les falaises et les courants mieux que personne sur l'île.

— Voyez-vous ça !

— Et que c'est toi qui as entraîné mon père. »

Haoa fit semblant de fouiller sa mémoire pour se rappeler un homme qu'en réalité il n'avait jamais oublié. Ce n'est qu'au bout d'un moment qu'il prétendit s'en souvenir :

« Ah, le Longue Oreille qui était fou !

— Qui a remporté la victoire ! rétorqua Noro.

— Oui, acquiesça Haoa, mais qui un jour a pris une

pirogue, une pirogue qui était à moi, et qui est parti de l'autre côté de l'horizon pour ne jamais revenir... Et moi, j'ai été banni ici, conclut-il en portant des regards dégoûtés tout autour.

— Je ne suis pas comme lui, protesta Noro.

— Je m'en aperçois, fit Haoa d'une voix tranquille.

— Je te paierai le prix que tu demanderas ! » insista le jeune homme.

Le père de Ramana fit peser sur Noro un œil inquisiteur.

« Vraiment ? Eh bien, fais repousser les forêts pour que j'aie du bois à travailler, fit-il en désignant les pirogues toutes rapiécées. Et explique-moi aussi en quoi la peau de Ramana n'est pas assez bonne pour un Longue Oreille. »

Noro baissa les yeux sous le regard impitoyable du vieil homme. Ses paroles étaient irréfutables et il n'essaya pas de trouver une réponse. Car il n'y en avait pas. C'est ainsi que les choses étaient. Telle était la volonté des dieux.

« Veux-tu m'entraîner ? demanda-t-il à nouveau.

— Non, répliqua brutalement Haoa, tu es trop ignorant. »

Il lui tourna le dos pour retourner à son travail sans ajouter un mot. Il ne restait plus à Noro qu'à quitter la caverne.

Il était complètement seul, dorénavant ; seul au monde, sans son amour, Ramana, muselée dans la Grotte aux Vierges ; sans ami pour le soutenir car Haoa et Make le méprisaient tous deux et refusaient de l'aider. Ils se fichaient bien de ce qui pourrait lui arriver. Comment pouvait-il espérer remporter la victoire s'il n'était pas entraîné ? C'était sans issue, un rêve de fou. Et il avait été assez fou pour le faire.

Noro ne fut pas long à se rendre compte qu'il ne lui restait plus qu'à devenir son propre entraîneur. Puisqu'il ne pouvait compter que sur lui-même, il se préparerait tout seul à la course. Et il le ferait dans la plus grande rigueur. Il saurait nager aussi bien que ses adversaires, il serait capable d'escalader les falaises aussi vite et il se montrerait aussi malin que tous ceux qui s'entraînaient depuis de longues années. Il n'avait que six mois pour atteindre ce but ? Qu'à cela ne tienne ! Il se mit donc à s'entraîner tout seul. Il commença par la nage, choisissant les eaux qui baignaient la falaise d'Orongo et s'étendaient jusqu'à Moto Nui. On disait que les courants y étaient bien plus violents que partout ailleurs, les vagues beaucoup plus hautes et déferlantes ; que c'étaient des lames qui rattrapaient le nageur le plus aguerri et le rabattaient en arrière, l'empêchant d'atteindre Moto Nui.

Ainsi, Noro se débattait dans l'eau glaciale en essayant de franchir les rouleaux. Les eaux auxquelles il était accoutumé étaient effectivement bien plus calmes, fichtrement plus chaudes, aussi. Ici, les courants ne cessaient de l'entraîner sous les flots, mais il parvenait toujours à remonter à la surface. Il s'efforçait surtout de ne pas boire la tasse. Il avait l'impression d'être un fétu abandonné au gré d'une mer enragée. Il avait beau donner de forts coups de bras, les rouleaux bleus le prenaient toujours dans leur ressac et le rejetaient sur les récifs déchiquetés. Cependant, à force d'entraînement, Noro gagna en endurance ; les muscles de ses membres se développèrent, ceux de son thorax aussi. Au bout de quelques semaines, il réussit par deux fois à atteindre Moto Nui. Il en revint épuisé.

Mais Noro s'inquiétait. S'entraîner en solitaire n'était pas efficace. Ses progrès étaient lents. Sa force avait augmenté, il est vrai, il s'était fait des muscles. Mais il avait toujours du mal à grimper et descendre rapidement les falaises d'Orongo. C'était extrêmement difficile. Le faire en portant quelque chose qui ressemblait à un œuf était déjà difficilement imaginable, qu'en serait-il lorsqu'il aurait sur lui un œuf véritable, un œuf de *manotara* ? Il lui fallait absolument trouver un entraîneur capable de lui dire ce qui n'allait pas et le soutenir de ses encouragements. Le temps qui lui restait s'amenuisait chaque jour.

Les autres concurrents, eux, s'entraînaient sans problèmes, et notamment Ngaara qui ne semblait jamais souffrir de la température glacée de l'eau ou des profondes entailles que laissaient sur ses jambes, sa poitrine et son ventre, les rochers déchiquetés des falaises. Chaque fois que Noro tombait sur lui pendant qu'il s'entraînait à la course, Ngaara lui faisait un sourire mauvais qui découvrait ses dents et le laissait planté au milieu de la poussière.

Deux jours de suite, Noro avait réussi à passer les rouleaux et les courants terribles, et à atteindre Moto Nui. Mais là, il n'avait pas réussi à y aborder. Car il ne suffisait pas d'être excellent nageur et de se laisser porter par une lame pour sortir de l'eau, il fallait surtout bien choisir son moment, sinon on allait s'écrabouiller sur les rochers qui formaient une barrière tout autour de l'île. Le troisième jour, Noro réussit à atteindre la plage. Il rampa tout en haut et un sentiment de bonheur plus fort que son épuisement le saisit tout entier. Il ne s'autorisa pas à s'abandonner à la fatigue ; très vite il replongea dans les flots et refit en sens inverse la distance si péniblement parcourue à l'aller.

De retour à Rapa Nui, il s'écroula sur les rochers, pantelant, exténué et grelottant de froid. Il claquait des dents ; il avait la chair de poule sur les bras, les épaules, la poitrine. Il avait tellement froid qu'il lui était impossible de croire qu'un jour il aurait chaud à nouveau. Il avait bien du mal à reprendre son souffle. Son regard s'était posé de l'autre côté de la crique sur une falaise basse et il la contemplait fixement.

Une silhouette pathétique marchait au sommet, une vieille femme en quête de nourriture. C'était l'épouse du pêcheur Oreille Courte que Tupa avait tué. Seule maintenant, elle n'avait pas la force nécessaire pour pêcher. Comme elle était devenue un élément improductif pour leur société, les Oreilles Courtes refusaient de lui donner à manger en ces temps où la nourriture était chose si rare. Tête basse, elle fouillait la poussière, s'arrêtant de temps à autre pour retourner un rocher dans l'espoir que l'un de ses côtés porterait un peu de mousse ou de lichen à sucer.

Noro la regardait faire. En temps ordinaire, il n'aurait pas accordé de sa précieuse attention à un spectacle aussi peu distrayant ; mais là, affalé à bout de souffle sur les rochers, il se découvrait incapable de détacher les yeux de cette vieille femme affamée. Elle arrivait à une ligne de bâtons emplumés, bannières frontalières qui indiquaient clairement aux Oreilles Courtes l'interdiction de passer. Marchant très lentement en raison de son âge et de sa grande faiblesse, la vieille femme bifurqua vers l'intérieur des terres pour éviter la zone taboue. De l'autre côté de cette frontière, des Longues Oreilles cultivaient un champ. La récolte était maigre, mais peu de nourriture était toujours mieux que pas de nourriture du tout.

Se penchant parfois pour glaner un grain ici ou là, la vieille femme avançait le long de la ligne de démarcation sans jamais empiéter sur la limite, comme si celle-ci n'était pas faite de plumes légères, mais était un mur compact en rochers. Elle déployait à dénicher quelque chose à manger une énergie intense, bien plus intense que celle que lui procureraient ces quelques grains ramassés au hasard. Assurément, elle n'en avait plus pour très longtemps à vivre.

Pour la première fois de sa vie, Noro remarquait les souffrances d'un être humain. Il prenait conscience de l'injustice. Cette pensée qu'il ne savait encore nommer se faisait jour dans son esprit et en amenait d'autres à sa suite. Pour quelle raison, cette femme devait-elle mourir de faim sous prétexte qu'elle était Oreille Courte ? Et pourquoi le simple fait qu'ils soient Longues Oreilles faisait que les autres dans leur champ étaient appelés à survivre ?

Cette pensée l'inondait d'une colère profonde qui s'accompagnait d'un autre sentiment. La pitié. Dans le temps, Noro avait déjà ressenti de la compassion pour Make ou Ramana qui étaient relégués dans un statut inférieur au sien et qui vivaient des vies plus dures que la sienne ; mais il n'avait jamais éprouvé de pitié à leur égard. Ils vivaient durement, c'est vrai, mais ils étaient quand même heureux de vivre. Alors que cette pauvre femme, si vieille et qui mourait de faim sous ses yeux, n'avait personne pour la soutenir. Ce sentiment de pitié s'assortissait d'une sensation bien déconcertante que Noro n'avait jamais éprouvée à ce jour. Car il n'avait pas l'habitude de réfléchir aux significations des choses, de faire des examens de conscience ou d'éprouver autre chose que ce que ses sens lui disaient. En proie à un grand trouble, il se remit sur pied et fit demi-tour pour monter la falaise de lave derrière lui. La pensée de la vieille femme affamée ne quittait pas son esprit.

Il n'était pas allé bien loin quand un spectacle auquel il ne s'attendait pas le fit s'immobiliser sur place. Allongée sur un tapis de *tapa* à l'ombre d'une saillie de rocher, une femme entièrement nue était étendue en travers de sa route. Sa peau claire se détachait en un saisissant contraste sur la lave noire des rochers. Son corps tentateur à la lourde poitrine était de ceux qui mettent les hommes en feu. Il reconnut Pua, la beauté du village Longue Oreille, que les hommes dévoraient de leurs yeux brûlants de désir quand elle déambulait sur la place. Elle releva les paupières avec une lenteur destinée à lui faire croire qu'elle découvrait seulement sa présence.

« Noro », s'exclama-t-elle joliment avec un petit cri aigu de feinte surprise, tout en esquissant le geste de se couvrir d'un bout de son tissu.

Il recula de quelques pas, détournant le regard.

« Excuse-moi, Pua. Je ne savais pas que tu étais là.

— Ce n'est rien, il n'y a pas de mal. Je viens ici presque tous les jours prendre un peu de repos.

— Eh bien, je vais aller m'entraîner ailleurs », fit Noro en la contournant.

Pua se releva dans un mouvement langoureux et s'enroula dans son tissu. A pas de chat, elle vint vers le jeune homme, s'approchant tout près de lui pour qu'il sente la chaleur qui émanait de son corps admirable.

« Ne me dis pas que tu vas encore t'entraîner, tu as l'air épuisé. Allonge-toi. Tu dois être à bout de force ! »

D'une main gracieuse, elle essuya en une lente caresse les gouttes d'eau qui glissaient sur le cou et la poitrine du jeune homme et Noro sentit s'embraser chaque endroit de son corps qu'effleurait le bout de ses doigts.

« A moins que je ne me trompe... », ajouta-t-elle d'une voix provocante, l'enveloppant d'un regard sensuel.

Noro fit un pas en arrière, réprimant avec peine ses ardeurs.

« Pua, arrête...

— Six lunes sont une période bien longue », soupira la jeune fille en ronronnant.

Elle laissa choir son tissu et, apparue dans toute sa nudité, elle déclara :

« Surtout qu'elle ne sera jamais comme cela ! »

Noro ne put se retenir de relever les yeux. Bien qu'il comprît parfaitement que Pua voulait seulement ajouter à sa parure la plume d'avoir séduit le petit-fils de l'*Ariki*, qui plus est participant à la course, il ne put empêcher ses prunelles de s'enflammer à la vue de ce corps pâle et magnifique. Cette tête rejetée en arrière en un mouvement de défi, cette bouche souriante, cette main sur la hanche et ce ventre qui s'offrait faisaient fondre sa détermination.

Un long instant, il s'abandonna à l'invite de cette posture provocante. Pua avait raison, six lunes étaient effectivement une longue période et lui-même, après tout, n'était fait que de chair et de sang. Puis Ramana se rappela à lui, l'amour qui les unissait, la preuve si douloureuse qu'elle lui donnait du sien lui revinrent en mémoire : il lui devait au moins ce sacrifice. Il s'élança, abandonnant Pua et ses tentations loin derrière.

Pua la belle le regarda disparaître, les paupières à demi fermées par la haine. Personne auparavant ne l'avait traitée de la sorte, elle n'appréciait pas du tout de se voir rejetée.

A la lumière ténue et bleutée des étoiles, l'entrée de la grotte ressemblait à la gorge d'un tombeau et seul le claquement au vent des bandes de *tapa* qui tenaient lieu de scellés déchirait le silence. Un son différent monta dans la nuit, un bruit de pieds nus sur la roche.

Lentement, précautionneusement, une silhouette progressait le long de la falaise en direction de la Grotte aux Vierges. Elle était presque parvenue à l'entrée, lorsque le pied glissa, causant une petite avalanche de pierres qui résonna dans la nuit. Un faible gémissement s'éleva des profondeurs, la voix terrorisée de Ramana.

« Qu'est-ce que c'est ? Qui est là.

— C'est moi.

— Noro ! »

Il lui fut impossible de ne pas entendre la chaleur derrière la faiblesse du cri.

« Non, c'est Make. »

Il se sentait humilié d'avoir été pris pour l'autre, mais il fit de son mieux pour le cacher à Ramana et, malgré l'exclamation déçue qu'elle poussa à l'annonce de son nom, il s'efforça de conserver bonne figure, tandis qu'il s'accroupissait sur l'étroit rebord à l'entrée de la grotte dans une position inconfortable et précaire.

« Comment vas-tu ? »

C'était une question à laquelle il était difficile de répondre. Comment peut aller quelqu'un qui vit recroquevillé dans un trou minuscule, maintenu dans l'impossibilité de détendre un seul de ses muscles, privé de lumière, incapable de rien voir ni entendre ? L'absence du soleil était ce qui la faisait le plus cruellement souffrir. Semblable en cela à tous les Polynésiens, le soleil était pour elle une évidence, car même durant la saison des pluies, il se montrait une partie de la journée. La chaleur de ses rayons sur ses seins nus, le baiser de sa lumière sur ses joues sombres lui manquaient atrocement, maintenant qu'elle était coincée dans ce réduit. Elle passait la plupart de son temps dans une semi-inconscience d'où la tiraient la faim, la soif ou l'immobilité. Elle n'avait plus les idées claires. Elle finit par admettre :

« Je... j'aimerais me lever, pouvoir bouger les jambes. »

Une fureur silencieuse envahit le cœur de Make.

« On t'a apporté à manger aujourd'hui ? demanda-t-il d'une voix étranglée.

— Un petit peu, oui.

— J'ai quelque chose pour toi. Tiens », fit-il.

Il passa sa maigre ration entre les scellés de *tapa* tabou qui barraient la caverne en faisant bien attention à ne pas les toucher.

« Oh, une *kumara* », s'écria Ramana d'une voix joyeuse en saisissant la patate douce. Elle se la fourra dans la bouche et se mit à mastiquer goulûment. A l'évidence, elle mourait de faim.

« C'est moi qui l'ai cuite, dit Make.

— C'est délicieux, merci, répondit-elle la bouche pleine.

— Dommage qu'il n'y en ait pas plus. C'est tout ce que je possède. Je ne suis pas riche, moi, et je ne suis pas un Longue Oreille. »

De la rancœur avait percé dans la voix de Make malgré toutes ses bonnes intentions. Ramana sentit sa douleur. Elle comprenait sa peine et compatissait. Mais Make devait accepter ses relations avec Noro et cesser de lui en vouloir. Plus vite il le ferait et plus vite il guérirait. Elle répliqua :

« Tu ne dois pas parler comme ça, Make. »

Le ton attristé de Ramana lui fit comprendre tout ce qu'elle voulait dire. Mais il n'était pas encore prêt à l'entendre. Il en était incapable. Même si c'était pour Noro qu'elle était enfermée, cela ne changeait rien à ses sentiments. Il l'adorait toujours. Tant qu'il vivrait, il continuerait d'espérer. Pesant soigneusement ses paroles, il fit une dernière tentative.

« Tu es une Oreille Courte, Ramana. Moi aussi. Pourquoi ne peux-tu aimer quelqu'un de ta race ? »

Ramana ne répondit pas tout de suite, mais quand elle le fit, ce furent des mots choisis avec le même soin et prononcés avec la même tristesse qui parvinrent à Make, transformés par l'écho de la grotte.

« On ne choisit pas qui on aime, Make. La seule chose qu'on choisit, c'est d'accepter l'amour de quelqu'un. »

Ils restèrent silencieux, tous deux perdus dans leurs pensées, lui perché sur le rebord de la falaise, elle prisonnière dans la grotte. Ils avaient été proches amis autrefois, presque un frère et une sœur l'un pour l'autre. Mais ils n'étaient plus des enfants insouciants et innocents. Tout était changé maintenant, et à l'avenir, les choses ne seraient jamais plus les mêmes. On ne pouvait revenir en arrière. Qu'il le veuille ou non, Ramana était devenue une femme, Noro et Make devaient se comporter en hommes.

Un bruit d'escalade dans le noir au-dessus vint briser leur silence. Ce devait être Noro. Qui d'autre se serait risqué à visiter Ramana, si ce n'est un homme qui l'aimait ? Make prit une profonde inspiration.

« J'attendrai, dit-il avec un calme stoïque. J'ai attendu toute ma vie. »

Il se releva vivement et disparut d'un seul coup sous le rebord au moment précis où une silhouette descendait périlleusement la falaise. C'était bien Noro, cette fois.

« Ramana ? appela-t-il.

— Je suis là », lui répondit-elle, un léger sarcasme dans la voix.

Noro se mit à fixer méchamment la direction que Make venait de prendre et dit avec aigreur :

« C'est encore lui qui était là, hein ?

— Oui », acquiesça-t-elle tranquillement.

Noro s'installa sur le petit rebord avec l'intention de passer la nuit en compagnie de son amour. Les insultes que Make et Haoa ne lui avaient pas ménagées lui tournaient dans la tête et il était trop troublé pour se laisser aller tout de suite au sommeil.

« Ramana, tu trouves que je suis ignorant ? la questionna-t-il d'une voix plaintive.

— Je crois que tu es surtout... un peu enfant », finit-elle par murmurer après une longue hésitation.

Les douces paroles de la jeune fille pénétraient lentement dans l'esprit de Noro. Il tressaillit. Ramana avait raison. Seul un enfant pouvait demander à la vie que tout en aille immédiatement selon ses désirs. Un homme montrait plus de tempérance, un homme était plus mesuré, moins prompt à parler ou agir sans avoir réfléchi.

Un homme qui agissait en homme forçait le respect. Comment lui, Noro, pouvait-il espérer gagner le respect d'autrui, celui d'Haoa ou celui de Make, s'il se comportait de manière aussi irresponsable ?

Il poussa un profond soupir. Si Ramana et lui en étaient à subir cette extrémité, il ne devait s'en prendre qu'à lui-même, à son manque de maturité. Il ne pouvait mettre personne d'autre en cause. Maintenant qu'il le comprenait, il se sentait terriblement abattu. Il regrettait de ne pas avoir laissé les choses suivre leur cours. Ramana lui manquait terriblement. Son corps tout entier souffrait de son absence.

« Est-ce le jour ou la nuit, mon amour ? demanda Ramana d'une voix faible.

— C'est la nuit », répondit Noro avec une grande douceur. L'idée que Ramana perdait de sa précieuse vitalité le transperçait jusqu'au fond du cœur. « Ta quarante-cinquième nuit dans la grotte. Dormons, maintenant. »

CHAPITRE VI

LE *GRAND MOAÏ*

Une nouvelle aube se leva sur la carrière de Rano Raraku suivie d'une autre et puis d'une autre encore. Des jours d'un travail épuisant se succédaient les uns aux autres, formant des semaines qui devenaient des mois. Et chaque jour le travail commençait plus tôt que la veille. Maintenant, la construction du *Grand Moaï* avait commencé depuis près de quatre mois. Les Oreilles Courtes se levaient avant l'aube. Ils allaient dans la nuit retrouver la statue ; à tâtons, ils en sentaient les contours de leurs doigts sensibles qu'ils avaient éduqués à voir presque aussi bien que leurs yeux. Tout le jour, ils s'activaient à tailler la silhouette du *Monstre* et lorsque enfin le soleil se couchait, ils continuaient à la lueur du crépuscule.

Même ceux qui ne peinaient pas directement sur la statue contribuaient au labeur général. Femmes, vieillards, enfants, tous aiguisaient les outils ou en façonnaient de neufs par paniers entiers, car pics et haches ne cessaient de se briser, de s'émousser, de se détériorer.

La tradition voulait que les ouvriers de la carrière directement employés à la fabrication des *moaïs* pour les Longues Oreilles fussent payés en nourriture. Ils mangeaient mieux que les autres Oreilles Courtes, ils recevaient une plus grande quantité de *kumaras*, de bananes et de fruits d'arbre à pain. La mer procurait poissons, anguilles et coquillages en abondance et, dans les temps anciens, il était même souvent arrivé aux constructeurs de *moaïs* de se délecter de homards et de crevettes. Parfois, un Longue Oreille reconnaissant, satisfait de sa statue, allait jusqu'à leur offrir un poulet. Maintenant les choses avaient changé. Sur ordre de l'*Ariki*, l'on ne travaillait plus qu'au seul *Grand Moaï* et l'*Ariki* n'accordait pas aux travailleurs de dons en nourriture : il ne leur envoyait pas d'aliment particulier ni de canne à sucre pour fouetter leur énergie. Les hommes du camp, tous sans exception, avaient été réquisitionnés pour travailler à la carrière et les Oreilles Courtes se voyaient privés des fruits de la pêche et de l'agriculture. La nourriture manquait, les homards n'étaient plus qu'un rêve d'antan, de même que les bananes et les fruits des arbres à pain. Les Longues Oreilles ne donnaient plus de preuves de leur reconnaissance. En fait, eux-mêmes avaient vu leurs portions diminuer et ils faisaient à présent surveiller leurs précieux poulets par des gardes armés. Ainsi, les Oreilles Courtes besognaient le ventre vide.

La construction d'un *moaï* se faisait suivant différentes étapes, toutes difficiles à réaliser et qui, à mesure que le travail avançait, devenaient plus dangereuses aussi. Tout d'abord, il s'agissait d'en creuser grossièrement les contours en travaillant la roche volcanique à la hache. Puis, il fallait sculpter plus finement, taillant dans les couches plus tendres de cendres pétrifiées. La statue reposait donc sur le dos pendant la taille, sur un lit de rocher, telle une quille de pirogue, laissé intact sous elle.

La forme générale obtenue, on s'attaquait à la sculpture des traits, puis la surface tout entière était passée à la pierre ponce. On façonnait ensuite le visage : on lui donnait une arcade sourcilière proéminente, un menton saillant, un long nez qui descendait, et on faisait pour les yeux deux trous qui seraient par la suite pourvus de ronds de corail finement polis afin que le regard donne l'impression de briller doucement. Après venait le torse, également sculpté : il présentait deux mamelons, un nombril et des bras généralement croisés sur le large ventre qui se terminaient par des mains aux doigts bien tracés.

La taille de la face et des côtés terminée, l'étape suivante pouvait commencer. A ce stade, le travail ne se faisait pas seulement plus pénible, il s'avérait aussi beaucoup plus dangereux. Il consistait à libérer la statue de sa quille de rocher et lui sculpter le dos. Ce n'était pas une mince affaire que de dégager un *moaï* qui pesait plusieurs tonnes, car il risquait de perdre l'équilibre et d'écraser les ouvriers qui se trouvaient dessous.

Il s'agissait de séparer la statue de sa gangue en en grignotant peu à peu le soutènement. On creusait donc des trous dans la quille à l'aide de marteaux de pierre. Ces trous, ensuite, étaient élargis au fur et à mesure de sorte que les intervalles de pierre qui les séparaient s'amenuisaient graduellement jusqu'à ce qu'enfin plus rien ne relie la statue à la roche, si ce n'est cordages et prières.

Le *moaï* était alors soulevé à l'aide de leviers et maintenu sur un traîneau au moyen de solides cordages de palmier ; il était transporté loin de la carrière, descendu sur la côte et conduit jusqu'à l'*ahu* où il était attendu. Le transport et l'érection de la statue étaient la partie la plus pénible de toute la fabrication. De nombreuses statues sortaient abîmées ou cassées du voyage jusqu'à leur site. Par maladresse ou malchance, des ouvriers restaient mutilés, certains même pouvaient être tués sous le poids.

Aussi ardue que soit la réalisation de tout *moaï*, celle du *Grand Moaï* posait des problèmes encore plus difficiles à résoudre. Jamais personne n'avait imaginé remuer un *moaï* d'une telle envergure ; celui-là, saurait-on le dégager de sa quille, aurait-on la force de le rouler sur la travée des *moaïs* ? Et, question la plus importante de toutes, les cordages, vieux et usés pour la plupart, seraient-ils assez résistants pour maintenir sur le traîneau le *Monstre*, quand il prendrait de la vitesse en descendant la pente ?

Émergeant peu à peu de la grise roche volcanique, le *Monstre* avait fini par révéler sa forme allongée dans la pierre, son menton, ses lèvres, ses narines, son arcade sourcilière, et son torse. Les proportions monumentales avoisinaient l'incroyable. Un homme de la taille de Heke qui lui grimpait sur l'oreille et descendait son arête nasale pour rejoindre son torse de baleine semblait à peine plus gros qu'un rat des îles.

Heke était le premier au travail le matin, et le soir il était le dernier à quitter la carrière. Il n'y avait plus de roulement en équipes qui venaient se relayer après huit ou dix heures de labeur. Tout le monde peinait quinze à seize heures par jour en une seule équipe. Les hommes qui, dans un épuisement plus grand chaque matin, arrivaient à la carrière en compagnie d'Heke, ressemblaient à des nains comparés au géant lorsqu'ils prenaient leurs outils pour se mettre à la tâche. A croupetons sur le long ventre bombé, Heke creusait le nombril à l'aide d'un pic de pierre.

Le *Monstre* écrasait chacun d'un poids inéluctable, sa date de livraison. Depuis des mois maintenant, nulle fête n'avait égayé le camp et les Oreilles Courtes n'éprouvaient d'autres sensations que la faim, la fatigue, la sueur, le martèlement, la poussière.

La peur, aussi. Car ils étaient effrayés par la taille infinie de la tête et du corps de ce *Monstre* avec lequel ils vivaient jour et nuit. Indubitablement, il possédait une *mana* puissante ; la face bénigne, l'air protecteur qui faisaient la qualité des autres *moaïs* de l'île semblaient ici magnifiés en quelque chose d'une force terrible. Jamais aucun *moaï* n'avait été comme celui-ci.

Ainsi, les Oreilles Courtes pas plus grands que des fourmis vivaient en compagnie du *moaï*, dans un entremêlement d'échafaudages massifs, parmi des tonnes de gravats qui roulaient en bas de la colline à mesure que l'on dégageait ce monstre impassible et que l'on s'attaquait à percer des trous dans la quille qui le retenait captif de la carrière.

Pour chaque millimètre percé sous le corps, les coups devaient frapper la roche des dizaines de fois. Les mains couvertes d'ampoules, les coudes écorchés, les muscles noués à cause du manque d'espace, les ouvriers continuaient de jouer du marteau, accroupis dans le noir, en une progression qui ne s'arrêtait pas, criant aux gamins qui portaient les paniers de leur donner des outils aiguisés car leurs pointes s'émoussaient vite et souvent se cassaient. Couvert de poussière des pieds à la tête, l'un de ces ouvriers n'était autre que Make. Finies pour lui les heures passées à jouer avec Noro, à dévaler les vagues debout sur leurs flotteurs, ou à risquer joyeusement de se casser le cou sur la Pente aux Bananes. Sa vie n'était plus qu'un long et dur labeur.

Les concurrents s'entraînaient depuis des mois maintenant, même Noro qui n'avait toujours pas d'entraîneur. Et si Make les enviait fort de participer à la course, il n'avait pas le temps de les regarder s'exercer. Tandis que Ngaara, Makita et les autres escaladaient dans les deux sens les falaises d'Orongo, celles qu'ils auraient à grimper pour la compétition, Make n'avait que le *moaï* à monter et descendre. Tandis que les autres fendaient les vagues, c'est dans sa sueur que lui-même baignait. Et quotidiennement si les autres refaisaient leurs forces avec du poulet et du sucre de canne, lui-même devait se contenter d'une malheureuse *kumara* et maigrissait de jour en jour. Il passait la majeure partie de la journée recroquevillé sous le *Monstre* à forer un canal dans la quille à l'aide de son outil de pierre. Son corps était couvert d'éclats de lave, ses oreilles et ses yeux en étaient tout remplis et ses dents crissaient tant il en avait dans la bouche.

Debout en plein soleil, en équilibre instable au sommet du *moaï*, Heke hurlait ses ordres aux ouvriers qui sculptaient les doigts longs et fins de la statue, leur montrant par de grands gestes des bras quelles erreurs corriger. Cela faisait des heures qu'il était là, sous le soleil de plomb, à courir d'un bout à l'autre du *Monstre* pour en diriger toutes les étapes de la taille, veillant à ce que tout fût parfait.

Soudain des cris s'élevèrent, suite à un message que les voix colportaient d'un bout du camp à l'autre. « Encore un malheur, c'est sûr ! » se dit Heke, car, ces derniers temps, rien de bien n'arrivait. Mais cette nouvelle-ci était plus terrible que les autres.

« Ils ont diminué les rations. La ration est diminuée ! »

Des aiguiseurs aux sculpteurs, des femmes qui tressaient le jonc en paniers et chapeaux aux garçons qui apportaient les outils, l'information circulait à la vitesse du feu, accueillie partout avec des exclamations. On ne voulait pas y croire !

« T'as entendu ?

— Quoi ?

— Les Longues Oreilles ont encore diminué la ration. »

Les ouvriers de la carrière en restaient ébahis. On diminuait la ration ? Mais comment ferait-on pour travailler si on n'avait plus rien à manger ? Déjà qu'on crevait de faim ! La colère amère et incrédule montait le long des cordes qui retenaient le *moaï* attaché au pan de la carrière et finit par atteindre les tailleurs de pierre. Il fallait faire quelque chose ! Mais quoi ? Et derrière quel chef se ranger ?

Un grand cerf-volant de fibres tressées plongeait et montait dans le ciel, tel un oiseau, faisant valser dans l'azur le visage humain abstraitement reproduit sur sa face. Il s'immobilisa un instant avant de reprendre ses voltiges. C'était la main de l'*Ariki-paka* qui en tirait les fils de *tapa*. En compagnie de son entourage qui ne le quittait jamais, le vieux chef faisait voler le cerf-volant sur la plaine nue, parsemée de souches d'arbres, qui s'étendait entre le village Longue Oreille et le campement des Oreilles Courtes.

Fixé sur les mouvements du cerf-volant, l'*Ariki* ne

s'intéressait qu'à Tupa, lequel déterminait la marche du groupe d'après les soubresauts du jouet sacré. Des signes, l'*Ariki* était en quête de signes, une fois de plus. Rien de ce qui se passait alentour n'avait plus d'importance, une pensée l'obsédait uniquement, la venue de la Pirogue Blanche, qui seule garantissait son immortalité.

« Tu vois ? Il n'arrête pas de partir vers la gauche, chaque fois que tu demandes : "De quelle direction viendra-t-elle" ! »

En effet, le cerf-volant venait de plonger vers la gauche, l'*Ariki-paka* retenait à grand-peine son excitation.

« Qu'est-ce que je te disais !

— Oui », répondit Tupa avec un signe de tête lassé.

La séance manifestement l'ennuyait et il faisait des efforts pour paraître fasciné.

« Ça veut dire l'ouest. Maintenant demande-lui quand. »

Si dans son for intérieur le grand prêtre grinçait des dents d'impatience, il sut conserver une expression toute de courtoisie.

« *Ariki-mau*, je crains que nous ne risquions d'irriter le cerf-volant sacré si nous l'interrogeons de trop nombreuses fois...

— Demande-lui ! » aboya l'Homme-Oiseau.

Se représentant le monde de malheurs potentiels s'il n'obtempérait pas, Tupa soupira et à contrecœur adressa une supplique au cerf-volant sacré dont l'*Ariki* tenait toujours les fils tendus.

« Intercesseur ailé béni entre tous, écoute notre prière ! Quand viendra la Pirogue Blanche ? »

Le cerf-volant entendit-il ? Toujours est-il qu'il continua de planer de façon énigmatique, sans rien laisser filtrer de ses intentions. Hotu Matu'a n'envoyait pas de message, nulle proue, nulle voile de la Pirogue Légendaire ne s'inscrivait à l'horizon. L'*Ariki-mau* tira durement le fil. Le cerf-volant sursauta, indigné du blasphème ; il perdit de la vitesse et vint piquer du nez dans le sol. Saisi d'horreur, l'Homme-Oiseau se tourna d'un bond vers le grand prêtre.

« Qu'est-ce que cela veut dire ? » l'interrogea-t-il d'une voix blanche.

« A la bonne heure, on va pouvoir rentrer », songea Tupa. Mais il dissimula son soulagement sous un léger sourire pour répondre :

« Que nous sommes trop insistants, rien de plus, *Ariki-mau.* »

Encore sous le choc, l'Homme-Oiseau partit vers sa litière. Tupa avait probablement raison. Les dieux ne devaient pas apprécier d'être sans cesse questionnés. Peut-être valait-il mieux oublier le cerf-volant pour l'instant. Attendre qu'il veuille bien retrouver meilleure humeur.

Occupée à préparer la travée qui conduirait de la carrière au village Longue Oreille, une équipe d'Oreilles Courtes traînaient les troncs de palmiers et les mettaient en tas à intervalles réguliers. Ils serviraient à faire des rondins sur lesquels roulerait le *Grand Moaï*. Une autre équipe de travailleurs efflanqués passait, poussant d'énormes charretées de scorie rouge destinée à faire des chapeaux aux *moaïs*, pour satisfaire au souhait de l'Homme-Oiseau.

Des Longues Oreilles piétinaient sur la lande. Ils ne regardaient pas les Oreilles Courtes travailler, ils avaient l'esprit occupé par de plus graves problèmes. Venus dans l'espoir d'approcher l'*Ariki*, cela faisait plusieurs jours qu'ils étaient au village et n'en repartiraient que lorsqu'ils l'auraient vu ; mais l'Homme-Oiseau faisait de son mieux pour les éviter. Le village en avait perdu sa tranquillité. Aujourd'hui que le chef s'était rendu à l'extérieur du village pour faire joujou avec son cerf-volant, le moment leur paraissait propice de faire enfin entendre leurs doléances.

Epe, chef du clan des Ngatimo, s'avança le premier. Sa voix était pleine de chagrin, la colère couvait sous ses paroles.

« *Ariki-mau*, entends ma plainte. Les Marama doivent cesser leur habitude de pêcher tout le poisson qui n'est pas tabou. »

Le chef de clan incriminé balaya d'un geste l'accusation.

« Et pourquoi devrions-nous cesser ? Pour que vous, les Ngatimo, puissiez le faire à notre place ? De toute façon, le poisson n'a jamais manqué. »

Mais Epe savait que bientôt la pêche serait beaucoup moins abondante et il n'avait pas l'intention de voir cette question rester sans réponse. Or, l'*Ariki* s'apprêtait justement à passer son chemin. Epe posa une main sur le bras de l'*Ariki-paka* pour le retenir, et de l'autre désigna l'océan :

« Je ne serais pas contre l'idée de pêcher loin des côtes, sauf que nous n'avons plus les pirogues pour le faire.

— Car nous n'avons plus d'arbres », ajouta Teaue, du clan des Hamea.

Indiquant l'équipe d'Oreilles Courtes en train de rouler les troncs en direction de la carrière, le chef Marama expliqua :

« Les Oreilles Courtes les abattent tous.

— Pareil avec les récoltes ! s'indigna Epe. Où est passé notre nourriture ?

— Et l'eau ? intervint encore un chef.

— Je vais vous dire ce qu'il y a, gronda Teaue, il y a trop de bouches Oreilles Courtes, trop de petits bâtards. Il faut faire quelque chose. »

Il montra du doigt une foule d'enfants nus qui regardaient une charretée de scorie échappée aux mains des travailleurs filer s'écraser contre une pauvre hutte et son champ attenant.

« Ils recommencent à voler les poulets, ajouta-t-il, désignant d'un ample geste deux fiers *matatoas* en train d'escorter de la volaille. J'ai dû affecter aux miens une garde supplémentaire. »

L'*Ariki-paka* était arrivé à sa litière. Il n'avait prêté qu'une oreille distraite aux récriminations. « Par Make-

Make, songeait-il, mes chefs de clan m'ont tout l'air d'être des enfants chamailleurs. »

Considérant de bonne politique de donner un os à ronger aux chefs afin de se conserver leur loyauté, il laissa tomber :

« C'est bon, punissez les coupables et redoublez les gardes. Tout cela a fort peu d'importance. Quand la Pirogue Blanche viendra, nous n'aurons plus à nous inquiéter des arbres ou de la moisson. Ne nous laissons donc pas détourner des choses essentielles. »

Il s'écarta pour gagner sa litière. Il s'apprêtait à y monter quand il sursauta de surprise : le géant Atta se dressait devant lui, tel un diable tout rouge, couvert des pieds à la tête de poussière de scorie, et tendait placidement la main vers le village Longue Oreille.

« Les chapeaux.

— Quels chapeaux ? Ah, oui... »

Un sourire éclaira le visage de l'*Ariki*. Voilà enfin une nouvelle qui méritait son attention. Il ordonna aux porteurs de litière de le suivre tandis que lui-même marchait aussi vivement que possible en direction de l'*ahu* du clan Miru. Et tous les Longues Oreilles s'élancèrent à sa suite pour admirer la dernière merveille.

La magnifique rangée des *moaïs* de l'*Ariki* s'étirait sur toute la longueur de l'*ahu*. Une rampe de pierre avait été construite derrière l'un d'eux pour monter la scorie au sommet et son crâne s'ornait maintenant d'un chapeau bien rouge. Un *moaï* en chapeau ! Cela ne s'était jamais vu. Les Oreilles Courtes massés près de la rampe, de même que les Longues Oreilles réunis, tous attendaient la réaction de l'*Ariki*.

L'*Ariki-mau* prit son temps pour donner sa réponse. Il commença par plisser les paupières, puis ouvrit ses yeux tout grands et regarda fixement la statue. Finalement, il conclut :

« Mmmmmouais. Ça me plaît. » Il jeta encore un regard et sourit : « C'est beaucoup mieux. Je pense que les ancêtres aiment ça. Qu'on en mette un à chacun », ordonna-t-il.

Ainsi, il en était décidé, les *moaïs* du clan Miru porteraient tous un chapeau sur la tête. Atta eut un large sourire tout rouge, car même ses dents étaient couvertes de poussière de scorie. Par gestes, il transmit l'information à l'équipe restée près du chapeau et hurla l'approbation de l'*Ariki*, tandis que celui-ci remontait en litière et que les porteurs en soulevaient les brancards sur leurs épaules.

« Ayez foi, mes amis », déclara l'*Ariki-mau* avec un sourire et les porteurs s'élancèrent, laissant les chefs Longues Oreilles dans la poussière en compagnie des villageois.

« *Ariki-mau !* s'écria Teaue à sa suite, qu'est-ce qu'on fait pour nos ancêtres à nous et pour leur *mana* ? Et les *moaïs* dont nous avons besoin ? »

Mais l'*Ariki* était déjà loin. Fort irrité, le chef se tourna vers Tupa :

« Il faudrait vraiment que tu lui parles, grand prêtre !

— J'ai les mains liées », rétorqua Tupa en haussant les épaules.

Alors Epe, chef du clan des Ngatimo, lui souffla, plein de colère :

« Pourquoi devrais-je te prendre pour ministre si tu ne peux même pas contrôler ce vieil imbécile ? »

Les yeux de Tupa se rétrécirent et la réponse vint, cinglante d'un dédain glacial bien que jetée à voix très basse :

« Je lui ai fait choisir ce jeune crétin pour la compétition, non ? Ton Ngaara va gagner et tu seras le prochain Homme-Oiseau. »

Tupa s'éloigna. Telle était donc la loyauté des chefs Longues Oreilles envers l'*Ariki-mau*. Bouillant de frustration, ils contemplaient envieusement les chapeaux rouges surprenants dont étaient maintenant affublés les *moaïs* Miru.

« Autorise-nous au moins à mettre des chapeaux aux nôtres ! » hurla le chef des Pounaetea à la suite du grand prêtre.

Haoa était en train de pêcher dissimulé derrière des

rochers, au pied de la falaise qui abritait sa caverne. Il était interdit de pêcher en ce lieu, c'était tabou. Mais un homme doit se nourrir, n'est-ce pas, c'est un fait que même les dieux ne sauraient réfuter. La chance, cependant, ne lui souriait pas. Si les poissons mordaient aujourd'hui, ils avaient dû choisir un autre endroit pour le faire. De temps à autre, il tirait son hameçon hors de l'eau, et chaque fois c'était pour le remonter sans prise. Des vagues énormes battaient les rochers et le couvraient d'embruns tandis qu'il restait accroupi à lancer sans relâche sa ligne dans les flots. Soudain, une vague monumentale vint éclater à côté de lui, ramenant un corps sur le rivage. C'était Noro. Couvert de bleus et toussant, le garçon demeurait affalé sur les rochers aussi impuissant qu'une baleine échouée. Il finit par récupérer suffisamment de forces pour rouler sur le côté et découvrit alors Haoa qui le fixait avec une totale indifférence.

« Je m'entraîne », fit-il dans un hoquet.

L'eau salée lui coulait dans les yeux et le piquait douloureusement. Tout en se frottant les paupières pour faire sortir le sel, son regard accrocha les trois malheureux poissons qui gisaient aux pieds du braconnier, puis il remonta jusqu'à la tête : les yeux d'Haoa le dévisageaient froidement entre les paupières baissées.

« Pardonne-moi, *Ariki-paka*, fit Haoa sur un ton monotone et dégoûté qui ajoutait encore au sarcasme que contenait sa réplique. Je sais que ce poisson est tabou... Je t'en prie, ajouta-t-il en poussant les poissons vers Noro. Je suis à ta merci. »

Manifestement, cela lui était bien égal et pourtant, il est vrai qu'il pouvait en résulter pour lui de graves problèmes si jamais Noro répandait la nouvelle. Il lança à nouveau sa ligne dans l'eau, tandis que le jeune homme reprenait son souffle.

« Personne n'a besoin de le savoir », fit Noro en renvoyant deux poissons à Haoa.

Il se remit tant bien que mal sur pied, gardant à la main le plus gros des poissons... « Je le prends pour ta fille », expliqua-t-il et il partit d'un pas chancelant. Un sourire apparut sur le visage d'Haoa, si léger, qu'il fallait bien connaître ses expressions pour être capable de le voir.

Des Longues Oreilles étaient en train de travailler en haut de la pente du cratère de Puna Pao. Oui, peiner, s'échiner comme des esclaves, même. A contempler les chapeaux de l'*Ariki*, c'est-à-dire les chignons rouges dont s'ornaient maintenant ses *moaïs*, les Longues Oreilles s'étaient convaincus que l'Homme-Oiseau avait raison : ces coiffures procuraient véritablement un surcroît de *mana*. Et qu'ils soient damnés si les statues de leur clan n'en portaient pas aussi afin d'égaler en puissance les *moaïs* de l'*Ariki-paka*. Or, comme tous les Oreilles Courtes qui avaient été retirés du *Grand Moaï* avaient été mis à tailler les chignons pour les *moaïs* de l'Homme-Oiseau et de son clan, il ne se trouvait plus un seul ouvrier libre pour en sculpter pour eux. Et c'est ainsi qu'il leur avait fallu se mettre eux-mêmes au travail.

La chaleur était écrasante. Le soleil, vissé au ciel au-dessus de leurs têtes, ne semblait pas vouloir décliner ni cacher sa face brillante derrière des nuages de fraîcheur. Pantelant sous la canicule Teaue, chef Longue Oreille, aidé de quelques hommes de son clan dans le même état que lui s'éreintait à tenter de bouger de place un énorme chapeau taillé dans la scorie. C'était manifestement un travail d'amateurs, une œuvre de Longues Oreilles, car aucun Oreille Courte n'eût pu exécuter une taille aussi grossière. De plus, il était si mal formé qu'il était pour ainsi dire impossible de le faire rouler. Presque arrivés au bord du cratère, les Longues Oreilles se retrouvaient dans l'impasse.

Teaue crachait et transpirait dans son élégant costume Longue Oreille et son vêtement de *tapa*, tout maculés de poussière rouge. Il regarda en bas de la pente où Atta et un autre Oreille Courte, unissant efficacement leurs efforts, étaient occupés à sculpter des chapeaux pour l'Homme-Oiseau et suivaient avec curiosité la façon dont les Longues Oreilles s'y prenaient pour remuer leur chignon. Il crut que les Oreilles Courtes se moquaient. Son sang ne fit qu'un tour.

Il jeta le levier de bois qu'il avait à la main et, abandonnant ses hommes, dévala maladroitement la pente pour se précipiter sur Atta. Désignant ses compagnons exténués, restés à soutenir leur œuvre pathétique, il ordonna sur un ton de folle arrogance :

« Ça t'embêterait de nous donner un coup de main ! »

Atta resta un instant à le considérer d'un œil vide, comme si cette marque de supériorité Longue Oreille ne le touchait en rien. Couvert de poussière rouge, son grand corps musclé donnait l'impression d'être cuit à point ou d'avoir été passé à la peinture et le faisait ressembler à quelque grand démon sorti d'une image folklorique. Sans un mot, le géant grimpa la pente en quelques bonds. Saisissant le levier qu'avait laissé Teaue, il entreprit de soulever le chapeau, aidé des Longues Oreilles épuisés.

Le chignon pivota, remontant de quelques mètres vers le bord du cratère. Atta plaça à nouveau son levier en dessous.

« Ça ira ! » lui lança Teaue.

Mais d'un coup d'épaule, Atta poussa encore une fois le levier.

« C'est parfait ! »

Sans prêter attention à l'ordre du Longue Oreille, l'Oreille Courte s'acharna et donna encore du levier.

« Ça suffit, je te dis ! » cria Teaue sèchement.

Trop tard ! Atta avait imprimé une très forte secousse et le chignon était allé valser sur la colline, de l'autre côté du cratère.

La lourde boule de scorie rouge prenait de la vitesse. Elle dévalait la pente et manqua de peu Noro qui s'entraînait à la course, avant d'aller heurter tout en bas des charretées de scorie contre lesquelles elle se brisa en morceaux.

Teaue était fou de rage et le sourire niais d'Atta n'était pas fait pour le calmer.

« Imbécile d'Oreille Courte ! On a passé des semaines à le faire, hurlait-il, les larmes prêtes à jaillir de ses yeux. Je devrais te lapider ! »

Et pendant que les Longues Oreilles descendaient la colline pour voir si quelque chose pouvait être sauvé, le diable rouge se mit à rire, d'un rire qui résonna longuement avec une sauvagerie troublante. C'était l'aveu du fait exprès, l'aveu de l'insouciance ; un rire qui signifiait clairement : « Le diable emporte les Longues Oreilles ! »

Noro se remit à courir, l'esprit préoccupé. L'incident méritait d'être ajouté aux autres conclusions que depuis quelque temps son observation des événements le forçait à tirer. Une image commençait à prendre forme dans sa tête. Pour la première fois, Noro en venait à se poser des questions auxquelles, malgré tous ses efforts, il était incapable de répondre. Il en restait fort troublé.

Assis dans sa maison, l'*Ariki* était en train de se faire faire un tatouage. Il n'était pas dans son assiette, d'ailleurs cela faisait déjà un certain temps qu'il ne se sentait pas bien. Il souffrait d'une mauvaise toux. Et maintenant, secoué par une quinte terrible, il avait du mal à retrouver sa respiration sous l'aiguille du tatoueur. Noro passa sous la porte basse et se releva en chancelant pour venir s'incliner devant son grand-père en un profond salut.

« Matua Tane. Quelque chose m'inquiète.

— Ah... C'est l'entraînement qui devient plus difficile.

— C'est vrai, c'est difficile, mais...

— C'est la vie. »

L'*Ariki* s'interrompit, secoué d'un nouveau spasme qui fit se plier et craquer son vieux corps au point que le tatoueur dut suspendre son travail.

Noro attendit que la quinte se calmât avant de reprendre :

« Oui, mais cela m'a également ouvert les yeux. »

L'Homme-Oiseau eut une grimace, l'aiguille venait de pénétrer profondément dans sa chair flétrie : « Ah bon. Et que vois-tu donc ? »

Noro se rapprocha, anxieux de retenir toute l'attention de son grand-père. Il avait beaucoup réfléchi, ces temps derniers, à ce qu'il remarquait autour de lui : l'aspect terriblement dévasté de Rapa Ņui, l'esprit de rébellion qui se faisait jour chez les Oreilles Courtes, la vie toute d'injustice qu'ils subissaient. Et ces pensées le perturbaient grandement.

« Les bouches sont trop nombreuses et elles ont trop d'enfants, dit-il sur un ton plein de gravité. La bonne terre se transforme en poussière. » Baissant la voix pour ne pas être entendu des courtisans, des prêtres ou des serviteurs, il ajouta dans un murmure : « Ce sont les *moaïs*, Matua Tane. Ils dévorent tout ce que nous avons et personne ne pense à après. Et je me suis dit que si vous, l'*Ariki-mau*, aviez connaissance de ces choses, vous les feriez cesser. »

L'*Ariki* ne toussait plus, il dévisageait son petit-fils d'un air abasourdi. Noro disait-il d'arrêter les *moaïs* ? Mais quelle folie le faisait parler ainsi ? Peut-être avait-il passé trop de temps dans l'eau glacée, cela avait dû lui geler le cerveau.

Il n'était pas difficile de déchiffrer ces pensées sur le visage de l'*Ariki*, Noro baissa les yeux.

« Enfin, c'est ce que je vois, bredouilla-t-il.

— Occupe-toi de la course. C'est la seule chose qui doit te concerner. »

L'Homme-Oiseau frappa dans ses mains pour chasser son petit-fils.

« Mais quel abruti je fais ! J'aurais dû le savoir, qu'il ne m'écouterait pas, pensait Noro. La seule chose qui l'intéresse c'est d'être l'Homme-Oiseau. Il ne pense qu'à faire construire des *moaïs* de plus en plus colossaux et ne prête attention qu'au dire de Tupa. »

Il s'inclina encore en silence et recula vers la petite ouverture de la maison. En un instant, son grand-père avait tout oublié. Sa toux le reprenait.

A la carrière de Rano Raraku, on en était à casser la quille, dernière étape avant d'essayer de bouger le *moaï*. De part et d'autre de la statue, les ouvriers attaquaient la roche volcanique au marteau ; bientôt les entailles qu'ils creusaient se rejoindraient au milieu et deviendraient des perforations qui, par la suite, seraient agrandies jusqu'à ce qu'il ne reste plus rien de la quille. Viendrait alors la partie la plus difficile de tout le processus : transporter le *moaï* de la carrière à l'endroit où l'*Ariki* voulait qu'il fût érigé. Ça, ce serait vraiment la mort.

On y était presque. La quille était à présent percée de nombreux trous. Les ouvriers travaillaient à la dernière perforation et le son plus violent des marteaux, leur rythme plus frénétique trahissaient leur hâte d'en finir. Un visage exténué vint s'encadrer dans le trou, visage d'un ouvrier qui hurlait en signe de triomphe : toutes les perforations se rejoignaient enfin au milieu, les trous étaient tous achevés. Le *Monstre* était presque libéré, il ne restait à casser que de minces tranches de roche pour qu'il soit entièrement dégagé de sa quille.

Creusée au pied de la carrière, une vaste excavation attendait le *Grand Moaï*. C'est là qu'il reposerait, le temps que l'on sculpte et polisse son dos. Quand il serait terminé, on le transporterait plus loin, en suivant la travée des *moaïs*, jusqu'à l'*ahu* du clan Miru, à l'endroit où l'*Ariki-paka* voulait qu'il fût érigé pour l'éternité.

« Coucou ! » fit l'ouvrier qui venait de passer son bras dans le trou. Un second bras vint s'y glisser par l'autre côté et deux mains tout aussi rugueuses l'une que l'autre se serrèrent à l'intérieur, sous le corps du géant qui continuait de reposer, maintenu par des cordes, dans sa niche de roche volcanique, presque entièrement dégagé des attaches de pierre qui l'avaient entravé jusque-là.

« La voie est libre ? Les rondins sont placés ? hurla le responsable de la quille.

— Ouais ! » lui crièrent en retour les ouvriers chargés de cette partie de l'opération, la plus compliquée.

De longs rondins attendaient en effet à portée de leurs mains. A peine libéré, ne reposant plus que sur les rondins qui se mettraient à rouler sous lui, le *Grand Moaï* entamerait aussitôt sa glissade, tandis que de part et d'autre, des ouvriers l'accompagneraient dans sa course, filant, dans des allées et venues incessantes, récupérer les rondins sur lesquels le *moaï* serait déjà passé pour se précipiter les placer à l'avant comme des barreaux d'échelle.

En roulant, les rondins facilitaient la progression des *moaïs*. Ils permettaient également de contrôler leur trajet et empêchaient que les statues ne leur échappent et n'aillent dévaler la pente pour s'écraser tout en bas. Du moins était-ce ce que chaque fois les Oreilles Courtes espéraient.

Faits en troncs de palmiers, les rondins étaient devenus aussi rares que les arbres eux-mêmes ; nombre d'entre eux, utilisés à plusieurs reprises, avaient perdu de leur résistance. Les Oreilles Courtes avaient bien abattu des arbres pour en fabriquer de neufs, mais ils n'en avaient tiré qu'une petite quantité. Il leur faudrait donc réemployer les rondins usés.

Les ouvriers, épuisés, le visage encore plus émacié qu'au début de leur ouvrage, préparaient des rondins le long de la corniche à côté de la quille. Le *Monstre* gisait entouré de cordages d'apparence solide, mais qui en fait étaient rafistolés, comme tout ce qui se trouvait sur Rapa Nui, et comportaient de multiples épissures. Un *moaï* de la taille du *Grand Moaï* nécessitait une énorme quantité de cordes différentes. Les unes, pour être d'une solidité à toute épreuve, devaient être tressées en fibres de palmiers toutes neuves ; les autres qui devaient être plus flexibles, étaient faites en *totora*. En raison du peu d'arbres abattus ces derniers temps, et de la maigre récolte de joncs, la quantité de cordes, de l'une comme de l'autre sorte, était très insuffisante. Comme pour les rondins, les Oreilles Courtes devraient se contenter de celles qu'ils possédaient. Autrement dit, ils devraient employer les cordes tout usées qui avaient servi aux précédents transports et dont il ne restait que fort peu.

L'un des prêtres de l'entourage de Tupa était venu informer Heke d'une décision nouvelle et le maître sculpteur, debout sur la poitrine du *Grand Moaï*, en hoquetait de stupeur.

« Moi ? Remplacé ? faisait-il hébété.

— A partir de maintenant, rétorqua le prêtre avec un hochement de tête.

— Mais pour quelle raison ? Pourquoi ?

— Ça fait quatre lunes et demie que tu travailles et tu n'en es que là, répliqua le prêtre sur un ton maussade. Tu as pris beaucoup trop de retard, Heke. »

Le maître sculpteur se mit à bégayer : « Mais il a fallu qu'on fasse les chapeaux en plus, prêtre, et nous manquons de cordes... et...

— A partir de maintenant c'est Riro le chef », jeta le prêtre froidement.

Plus jeune et plus fort que Heke dont il faisait partie de l'équipe, Riro mit à contrecœur un doigt sur sa poitrine, l'air interrogateur. Le prêtre acquiesça.

« Laisse-moi parler à Tupa, plaida Heke.

— C'est lui qui m'a donné cet ordre.

— A l'*Ariki-mau*, alors.

— Ne sois pas idiot ! » Le prêtre eut un sourire méprisant qui laissa entrevoir des dents noires et cassées.

Heke était bouleversé. Comment était-ce possible ? Cela ne pouvait pas venir de l'*Ariki* pour qui il avait peiné si durement tout au long de sa vie.

« Mais, ce n'est pas possible, bredouilla-t-il, incapable de comprendre. Ça fait vingt-sept ans que je suis maître sculpteur. C'est... c'est toute ma vie.

— Tu es vieux, Heke, renchérit un autre prêtre à la mine sévère. Et maintenant, rejoins les autres. Et toi, ordonna-t-il à Riro, monte à sa place. »

Le prêtre descendit du *moaï*, laissant Heke immobile, assené par le choc. Riro vint poser une main compatissante sur son épaule et prit le pic de pierre qu'il avait dans les mains.

« Je regrette, Heke. »

C'était fini. Après une vie entière passée à se dévouer, Heke, maintenant usé, était rejeté comme une peau de banane. Il descendit silencieusement de sa dernière œuvre sous les yeux des Oreilles Courtes forcés d'assister en silence à son humiliation. Make se trouvait parmi eux.

Un ouvrier s'avança vers Heke et lui tendit un panier rempli de gravats.

« Tiens, essaie d'oublier. Va plutôt jeter ça. »

Le maître sculpteur reçut le panier dans les bras et partit comme un automate en bas de la colline pour aller le vider.

Riro prit aussitôt le commandement des opérations.

« Prêts aux lignes ? » hurla-t-il en levant les yeux vers le sommet de la carrière où s'arc-boutaient les équipes de levage.

« Prêts », répondirent les ouvriers.

Ils allaient soulever le poids du géant à l'aide des cordages énormes, enroulés autour de troncs d'arbres enfoncés par endroits dans la roche.

Puis Riro regarda en bas de la pente l'excavation destinée à recevoir le *Monstre*.

« Prêts à la fosse ?

— Prêts, répondit l'équipe chargée de la réception.

— Abattez la quille ! »

Sous le colosse, Atta, Make et une douzaine d'ouvriers se mirent à manœuvrer d'avant en arrière des troncs spécialement aiguisés, afin de limer les minces cloisons de soutènement qui séparaient encore les perforations entre elles.

Une cloison céda. Puis une autre. Les coups reprirent. Une cloison s'effondra encore, plus violemment celle-là. Et la statue émit soudain un terrible gémissement, comme si elle ressentait les coups brutaux que lui portaient les troncs aiguisés. Tout le monde s'arrêta, outils en l'air, saisi par le sentiment terrifiant que le *Monstre* s'animait. Les Oreilles Courtes attendaient, retenant leur souffle. Rien ne se produisit. Ce n'était probablement que le vent qui soufflait à l'intérieur des trous. Les ouvriers se remirent à la tâche, donnant force coups de marteaux. Un autre appui se fracassa.

Le poids colossal du *moaï* ne portait maintenant plus que sur deux tranches de roche volcanique très fines qui ne tiendraient pas longtemps. Et en effet, elles s'écroulèrent presque ensemble, projetant des éclats de pierre dans toutes les directions. Un immense nuage de poussière suffocante s'éleva accompagné d'un fracas assourdissant : la statue ne reposait plus que sur les cordages, le *Grand Moaï* s'était libéré de la roche.

Touchés par les éclats, les ouvriers de la quille bondirent hors de leur tranchée, pris de panique, tandis que le géant s'affaissait sur les rondins de palmier et pesait de tout son poids sur les cordages préparés pour le soutenir. En bas, près de la fosse l'équipe de réception se déplaça prudemment sur le côté.

Les rondins torturés par l'effroyable compression que leur faisait subir ce poids monumental firent jaillir leur sève comme du jus de la canne à sucre. Les vieux cordages se tendirent avec des hurlements. Sauraient-ils retenir ce gigantesque *moaï* ? Mais déjà certains s'étaient rompus et claquaient avec des rebonds.

« Tenez bon ! » brailla Make, tirant lui-même de toutes ses forces sur sa corde. Il réalisa soudain que la tension était trop forte, les cordages ne pourraient jamais retenir le *Monstre*. Il était terrifié.

« Abaissez, hurlait Riro aux équipes de levage, donnez du mou ! »

Si intense était l'activité tout autour du *moaï*, que personne n'avait remarqué l'absence de Heke. Inconscient de ce qui se passait en haut, à la carrière, il errait en contrebas du site, frappé de stupeur, brisé, au milieu des débris et gravats qui jonchaient la pente. Il avait vidé son panier de déchets et contemplait sans les voir les hauts *moaïs* qui étiraient leur file le long de la côte. Les yeux levés au ciel, il s'écria : « A quoi bon tout cela ? » Pour la première fois de sa vie, il remettait en cause l'existence même des *moaïs*.

En haut, une autre corde lâcha. Les cordages n'étaient pas suffisamment solides et surtout, il n'y en avait pas assez. Le Monstre allait s'enfuir. Déjà les rondins n'étaient plus qu'une pâte informe, réduits en bouillie sous l'indicible tonnage.

« Du mou ! Du mou ! » s'époumonait Riro.

Les hommes tentaient désespérément d'attraper à la corde le menton impassible, mais toutes rebondissaient sans réussir à s'enrouler autour. Et tandis que l'une après l'autre les amarres se rompaient, Make lança un regard frénétique vers le bas de la pente : elle était vide à l'exception d'une silhouette toute voûtée en plein milieu de la voie qu'allait prendre le *Monstre*.

« Heke ! » hurla-t-il de toute sa voix.

Mais les dernières cordes cédaient avec des craquements et tranchaient l'air comme des fouets prodigieux. Et le géant, enfin libre, entreprenait de remuer. Il se mit à glisser et nulle force terrestre ou céleste, n'eût pu stopper sa course. Pris de terreur, les Oreilles Courtes plongèrent hors de sa route. Sauf Make, pétrifié au spectacle du maître sculpteur toujours planté au milieu de la pente.

« Heke ! » hurla-t-il de tous ses poumons. « Dieux, faites qu'il m'entende ! »

Le vieux sculpteur entendit-il les avertissements de Make ? Entendit-il les deux cent cinquante tonnes du *moaï* racler puissamment le sol et dévaler la travée à une allure de plus en plus impressionnante ? Personne ne le saura jamais. En une vision ralentie comme celle d'un cauchemar, Make vit Heke se retourner et regarder la pente. Le mastodonte, exploit de sa longue carrière, filait comme un bolide droit sur lui, propulsé simplement par sa masse, soulevant sur son passage d'énormes mottes de terre et fendant en deux un *moaï* comme s'il n'était qu'une brassée de roseaux, pour continuer sa route à la vitesse de l'éclair.

Heke ne chercha pas à fuir, et s'il s'écarta ce ne fut que d'un sursaut. Tel était son destin. Il lui sembla qu'il l'avait toujours su. En un éclair aveuglant il comprit que sa vie avait été gaspillée. Toutes ces années, il les avait passées à s'éreinter sur des *moaïs*, convaincu qu'ils étaient doués de *mana*. Mais ils n'avaient pas de *mana*. Ils n'étaient que des quartiers de roc monstrueux et sculptés.

Le *Monstre* roula sur le sculpteur, négligemment, comme s'il n'était rien d'autre qu'une épine sur sa route. Il lui passa sur le corps, broyant en une seconde le moindre de ses os, lui écrasant le foie, les reins, le cœur, pour l'abandonner affreusement mutilé.

Le *Monstre* continuait de bondir faisant trembler la terre ; et sous l'œil incrédule des ouvriers de la carrière, il vint se ficher dans la fosse creusée à son intention. Miracle ! Le Monstre était là, redressé. Lui, le *moaï* le plus monumental de tous ceux jamais construits, si grand qu'il en obscurcissait les cieux ; lui qui avait coûté aux hommes le plus de force et de peine, voilà qu'il s'était mis de lui-même en position idéale pour que le travail reprît. Il s'était transporté tout seul, ou par la force des dieux ! En vérité, il possédait une *mana* indicible.

Certes, il avait pris la vie de son maître sculpteur, mais l'on pouvait considérer cela comme un sacrifice au dieu MakeMake. Et puis, quelle importance avait un Oreille Courte dans un village qui en comptait autant !

Certes, les Oreilles Courtes auraient à transporter encore le *Grand Moaï*, jusqu'à l'*ahu* de l'Homme-Oiseau, et cela, très bientôt. Ils auraient à l'extraire de la fosse où il se dressait, à le placer sur un traîneau et le charrier jusqu'au village Longue Oreille. Mais qui sait ? Peut-être la *mana* du Monstre était-elle si puissante qu'il se déplacerait tout seul, pour la seconde fois ?

La poussière retomba sur la travée, révélant le corps d'Heke, profondément écrasé dans le sol.

CHAPITRE VII

L'ENTRAÎNEMENT

Les Oreilles Courtes rapportèrent au camp ce qui restait du corps du vieux maître sculpteur et l'enveloppèrent dans des chiffons. Les femmes pleuraient, les hommes aussi avaient les yeux humides et la gorge serrée. Car Heke était un travailleur inlassable qui exigeait plus de lui-même que des hommes sous ses ordres, et il était aimé de tous. Ils ne lui firent pas des funérailles grandioses, ils n'en avaient pas les moyens. Ils déposèrent simplement le ballot qui renfermait ses restes dérisoires au sommet d'un bûcher élevé derrière leur petit *ahu* et, pendant que son corps se réduisait en cendres, le clan tout entier réuni autour du brasier le pleura et chanta des mélopées funèbres, noyant sous la musique les pleurs de sa veuve.

Comme les Oreilles Courtes n'avaient pas de prêtre, c'est l'homme le plus âgé qui psalmodia les incantations rituelles. Il les récita sur un ton de lamentation aigu et plaintif, tandis que l'assistance se balançait d'avant en arrière au rythme de ses paroles, en hochant la tête tristement.

« Et Hotu Matu'a dit à son fils Kotuu par Mata-Nui : "Tes descendants se multiplieront comme les coquillages de la mer, les joncs du cratère et les galets de la plage, mais ils mourront et rien ne restera d'eux, car tel est le lot des Oreilles Courtes." »

Que cette prière disait vrai, hélas, songeaient les plus

âgés. Soumis, ils hochaient la tête et poussaient des gémissements sans cesser de se balancer. Qu'il était dur d'être un Oreille Courte ; la vie était une lutte perpétuelle qui ne se terminait qu'avec la mort. Et de toutes ces morts, personne ne gardait la mémoire.

Les jeunes, en revanche, tenaient leur tête droite et ne gémissaient pas. Ce lot qui, selon la légende, leur était réservé, ils n'allaient plus l'accepter. Les paroles d'Hotu Matu'a avaient perdu de leur sagesse ; elles laissaient dans leurs esprits le sentiment que tout semblait être fait pour favoriser les Longues Oreilles et la colère pénétrait leur cœur, une colère qui allait croissant. Ils ne voulaient plus être soumis.

Make échangea un regard acerbe avec Riro et Atta. Son cœur brûlait de rage dans sa poitrine ; il en avait assez entendu. Il se leva sans un mot et s'enfuit comme un ouragan. Derrière lui, le brasier élevait toujours ses flammes furieuses, consumant ce qui restait d'Heke. Se lamenter était inutile, c'est agir qu'il fallait. Make l'avait compris.

La mine sombre, des Oreilles Courtes descendaient de la carrière et marchaient en une longue colonne sur le village Longue Oreille. Make était à leur tête.

Chez les Longues Oreilles, la situation devenait explosive. Devant l'*ahu* du clan Miru, Epe, chef des Ngatimo, s'adressait vertement à un prêtre, lequel ne lui opposait qu'indifférence :

« Qu'est-ce que tu veux dire ? Que leurs *moaïs* ont une *mana* supérieure à celle des nôtres ? »

Avec un haussement d'épaules, le prêtre désigna les chapeaux de scorie rouge qui ornaient les *moaïs* du clan Miru.

« Il suffit de les regarder.

— Mais... », objecta Epe, indigné, avant de s'interrompre brusquement ; un bruit étrange, comme un martèlement de pieds, arrivait jusqu'à eux.

Dans un même mouvement, le chef et le prêtre tournèrent la tête pour découvrir avec stupéfaction une colonne d'Oreilles Courtes. Il y avait quelque chose de menaçant dans la façon qu'elle avait de descendre la longue travée des *moaïs*, comme si le camp entier faisait marche sur leur village.

La nouvelle ne tarda pas à se répandre que les Oreilles Courtes arrivaient en nombre considérable et qu'ils étaient en colère. Battre en retraite sembla une sage solution. L'un après l'autre, les Longues Oreilles se barricadèrent chez eux et il ne resta bientôt devant l'*ahu* qu'une poignée de braves qui tenaient à savoir la cause de ce déplacement.

Menés par Make, Riro et quelques autres encore dont une femme, Hitirenga, les Oreilles Courtes parvinrent à l'orée du village Longue Oreille. Devant eux s'étendait l'*ahu* et son impressionnant bataillon de *moaïs*. Ce n'était pas des statues qui allaient ébranler leur détermination, les forcer à retourner chez eux : la tête de la délégation continua d'avancer. En revanche, arrivée à son tour près des statues, la queue du cortège sentit sa résolution faiblir. Frappée par la puissance qu'irradiaient les prunelles de corail, elle s'inclina involontairement, mais rejoignit néanmoins ses chefs sur la place centrale.

Sorti de la maison de l'*Ariki-mau*, sa pagaie à la main, le grand prêtre fit soudain son apparition. De nombreux *matatoas* vinrent l'encadrer, prêts à contrer de leurs solides javelots toute menace éventuelle.

A quelque distance de là, Noro releva la tête de la *totora* qu'il était en train de tresser pour s'en faire un flotteur. Plus loin, sur la rampe à bateaux, Haoa, le père de Ramana, remontait une barque qu'il avait réparée. Il s'arrêta aussi dès qu'il aperçut l'affrontement : il n'était pas courant de voir des Oreilles Courtes venir s'en prendre aux Longues Oreilles.

Les Oreilles Courtes s'étaient arrêtés. Leur attitude empreinte d'une certaine nervosité exprimait cependant le défi et ils fixaient sur le grand prêtre des regards lourds de soupçon. Mille fois Tupa les avait abusés et le voir aujourd'hui entouré de sa garde en armes n'était pas fait pour les mettre en confiance. Laissant ses guerriers encercler les Oreilles Courtes sans qu'ils s'en rendissent compte, Tupa s'avança. L'air mielleux, il demeura sans rien dire à les considérer. La tactique était judicieuse, car les Oreilles Courtes, qui s'étaient attendus que le grand prêtre prît la parole en premier, en furent déconcertés.

S'étant éclairci la voix, Riro déclara :

« Nous voulons davantage.

— Davantage de quoi ? répliqua Tupa, sans se départir de son expression glaciale.

— De tout, se mêla Hitirenga, sur un ton également froid.

— Dans le temps, il y avait de tout pour tout le monde », renchérit un vieil Oreille Courte, des derniers rangs de la foule.

Rassurés par la présence des guerriers, les villageois avaient commencé à sortir et arrivaient en foule sur la place.

« C'était au temps où vous n'étiez pas si nombreux, n'est-ce pas ? s'enquit Tupa ironiquement, et sa question résonna comme une constatation.

— Les Longues Oreilles aussi, y en a plus, maintenant ! cria une voix parmi les Oreilles Courtes.

— Mais vous, vous êtes quand même beaucoup plus nombreux que nous ! rétorqua une jeune fille Longue Oreille.

— Ça nous plaît, d'avoir des enfants », rétorqua Atta.

Pour la première fois, sourire et bonne humeur avaient quitté le géant à l'esprit embrumé. Immense et féroce, il abaissait sur les Longues Oreilles un regard de défi où couvait la menace.

« C'est bien d'avoir beaucoup d'enfants », prononça une voix douce.

Tout le monde se retourna. L'*Ariki-paka* venait de faire son entrée sur la place. Ses longs doigts pâles terminés en griffes dégoulinaient de sang. Il contemplait la délégation.

« Cela honore les ancêtres, poursuivit l'*Ariki*. Mais pourquoi n'êtes-vous pas à la carrière, en train de travailler ? »

Un peu effrayés à la vue de l'*Ariki-mau* en personne, et qui plus est couvert de sang, les Oreilles Courtes se tournèrent vers Riro qui avait parlé en leur nom jusque-là et celui-ci annonça sur un ton abrupt :

« Heke est mort. »

L'Homme-Oiseau hocha sa tête rasée :

« Oui, j'ai appris. C'est terrible... terrible. »

Tupa vint se placer près du chef, de manière à présenter aux Oreilles Courtes l'image d'un commandement uni.

« Nous étions en train de débattre, *Ariki*, du fait que les Oreilles Courtes veulent obtenir plus de tout. Et la remarque venait d'être faite que, puisqu'il y a de plus en plus de gens, et notamment chez eux, chacun, malheureusement, voit sa portion réduite. »

Make fit un pas en avant.

« Dans ce cas, nous voulons plus de ce qui reste, jeta-t-il brutalement.

— Sinon ? demanda Tupa, la voix dure comme la pierre.

— Sinon, on ne fait plus de *moaïs* ! » cria un petit Oreille Courte, pointant la tête par-dessus les épaules de ses compagnons pour la recacher aussitôt.

« Et on arrête le *Grand* ! » hurla un autre ouvrier.

Les Longues Oreilles accueillirent l'annonce avec stupeur. Les Oreilles Courtes au contraire approuvèrent à voix basse.

« Oui. Fini, le *Monstre* ! » cria quelqu'un.

Le mot plongea l'*Ariki* dans un état de choc. Était-ce ainsi que les Oreilles Courtes appelaient le *Grand Moaï* ? Il tourna vers le grand prêtre un visage où se lisait l'étonnement le plus sincère :

« Mais Tupa disait que vous aimiez ce projet ! »

Sa réplique lui valut des rires rauques et des moues de dédain.

« Absolument », insista Tupa, dont les yeux n'étaient plus que deux fentes dangereuses, et ses doigts se crispèrent sur le manche de sa pagaie. « Apparemment, je me trompais. »

L'Homme-Oiseau se tournait dans tous les sens, abasourdi par la nouvelle. Une autre chose l'ahurissait : que les Oreilles Courtes osent s'élever contre l'autorité. Depuis quand se permettaient-ils de signifier aux Longues Oreilles leurs desiderata ?

« Ne pas finir le *Grand Moaï* ? s'écria-t-il d'une voix perçante qui se transforma bientôt en un hurlement. Mais ? Vous avez perdu la tête ? Toute notre vie en dépend ! »

En qualité de maître sculpteur et chef des travaux, Riro répondit au nom des Oreilles Courtes :

« Alors, nous voulons la moitié des récoltes, *Ariki* », fit-il d'une voix légèrement hésitante.

Les chefs Longues Oreilles réagirent aussitôt par des exclamations offusquées. Que des Oreilles Courtes reçoivent une part égale à celles des Longues Oreilles ne s'était jamais vu.

« La moitié ! s'écria Teaue, chef des Hamea.

— Exactement, acquiesça Riro. C'est ce que nous voulons. Et aussi la moitié du bois à brûler, ajouta-t-il sur un ton plus ferme et assuré.

— Quoi ? se mit à piailler le chef des Kotuu, sursautant comme si une bête l'avait piqué.

— Et plus de chapeaux à faire ! cria une voix dans la foule des Oreilles Courtes.

— C'est ridicule ! » explosa Epe.

Le chef des Ngatimo en tremblait d'indignation.

« Pas plus ridicule que vos statues ! » mugit encore un Oreille Courte, en sécurité dans les derniers rangs.

Les Longues Oreilles étaient livides. Les Oreilles Courtes n'étaient jamais que de sales ouvriers de chantier, ignorants et paresseux comme des lézards. Leur culot était proprement insupportable ! L'*Ariki* aussi était déconcerté, on voyait que Tupa ne l'avait préparé en rien à l'éventualité d'une insurrection. Empli d'horreur, médusé, il fixait les Oreilles Courtes sans trouver quoi faire d'autre.

« Une dernière chose, encore », fit encore Riro, en baissant la voix.

Devant l'arrogance des Oreilles Courtes, les Longues Oreilles restaient confondus. Et Tupa jeta d'une voix pleine de mépris :

« Quoi donc ? »

Riro embrassa du regard ses compagnons afin de trouver le courage d'énoncer cette ultime condition. Ils en avaient longtemps débattu tous ensemble et ils étaient arrivés à un accord unanime. Il s'éclaircit la voix :

« Nous voulons participer à la course pour le titre de l'Homme-Oiseau », finit-il par dire.

Dans toute l'histoire de Rapa Nui, jamais tel sacrilège ne s'était produit. C'en était trop. Les Oreilles Courtes avaient passé les limites ! Tupa ordonna d'une voix glaciale :

« Qu'on les exécute ! »

Aussitôt les *matatoas* firent un pas sur la foule, javelots et lances en avant. Terrifiés, les Oreilles Courtes se massèrent les uns contre les autres, retenant leur souffle. Ils jetaient des regards affolés tout autour en se demandant s'ils allaient véritablement être massacrés sur place, eux qui étaient venus sans armes et sans défense. Au moment où les *matatoas* s'apprêtaient à attaquer, Noro hurla soudain :

« Qui construira les *moaïs* si on les tue ? »

Les guerriers retinrent leurs gestes, attendant un ordre de Tupa. Du bout de la place, Noro insistait :

« Aucun de nous ne sait comment faire ! »

La remarque était juste. Plus d'Oreilles Courtes voulait dire plus de *moaï* ; plus de *moaï* voulait dire plus de *mana*. Ils étaient dans l'impasse. L'*Ariki-paka* soupira.

« Suffit ! » fit-il en agitant rageusement les doigts à l'intention des guerriers pour leur signifier de se replier.

Les Oreilles Courtes respirèrent un peu plus librement. L'*Ariki* dit encore : « Un mot, Tupa ! » Et il tourna le dos à la foule pour qu'elle n'entendît pas ses paroles. Le grand prêtre vint lestement se glisser près de lui.

« Je n'avais vraiment pas besoin de ces complications, prêtre, jeta l'Homme-Oiseau, agitant en l'air ses mains ensanglantées. J'ai des entrailles de poulet à lire, moi !

— Laisse-moi en finir avec ces fauteurs de troubles, Seigneur, et rendre la paix à ta journée. »

Accouru à son tour, Noro voulut intercéder en faveur des Oreilles Courtes.

« Donne-leur quelque chose, grand-père... Un peu de nourriture et de bois. Comme ça, ils auront ce qu'ils veulent et toi aus...

— Que des Oreilles Courtes participent à la course, Seigneur ? s'empressa de l'interrompre Tupa. C'est...

— Mais puisque c'est moi qui vais gagner, grand-père, le coupa Noro, anxieux de convaincre l'*Ariki*. Ils sont bien trop épuisés pour nager et escalader les falaises. Laisse-les seulement croire qu'ils ont aussi une chance ! »

Tupa intervint. Étincelant comme des coquillages polis, ses yeux jetaient des éclairs et c'est avec un sarcasme cinglant qu'il prononça ces mots :

« Je ne me souviens pas, *Ariki-paka*, que l'on ait requis l'opinion de ton petit-fils.

— Alors, souviens-toi que je m'en fiche, prêtre », gronda Noro en serrant les poings.

Devant ce blasphème flagrant à l'adresse de sa personne, le visage de Tupa s'empourpra de colère autant que de stupéfaction.

« *Ariki*, c'est un précédent de très mauvais aug...

— DONNE-LEUR JUSTE QUELQUE CHOSE ! ! ! » hurla Noro.

Le silence se fit dans la foule. Longues ou Courtes, toutes les oreilles se tendirent pour écouter la suite.

« Pour quelle raison ? demanda l'Homme-Oiseau.

— Parce que la situation est très sérieuse ! » répliqua le jeune homme.

Et tous purent lire dans ses yeux et entendre dans sa voix qu'il parlait avec conviction. La multitude attendait la décision de l'*Ariki-mau*.

« Pourquoi les choses doivent-elles être toujours si difficiles ? » soupira l'Homme-Oiseau.

Le compromis que Noro l'exhortait à prendre était indispensable, il le comprenait bien. Sans coopération de la part des Oreilles Courtes, la Pirogue Blanche n'arriverait jamais. En conséquence, lui-même, l'*Ariki*, n'entrerait pas au Royaume des Esprits. Il ne pouvait laisser se produire une éventualité aussi abominable... Il éprouvait toute la solitude de sa charge. Poussant un profond soupir, il se retourna.

Et ce ne fut plus leur chef âgé et voûté qui s'adressa aux Oreilles Courtes, ce fut leur *Ariki-mau* de jadis. Il se tenait à présent droit et ferme sur ses jambes. Ses yeux lançaient des étincelles. Son visage avait retrouvé la marque de sa puissance disparue. Sa voix ne tremblait plus. Il était à nouveau leur chef, leur Homme-Oiseau.

« Vous avez enfreint aujourd'hui un nombre si grand de tabous que MakeMake devrait dévorer vos âmes en enfer pour l'éternité... Pourtant, je vais satisfaire vos requêtes. »

Si des sourires de triomphe, des rires montèrent de la foule des Oreilles Courtes, les Longues Oreilles en revanche accueillirent ces paroles avec des protestations horrifiées qu'ils échangeaient à voix basse en resserrant autour d'eux leurs vêtements de *tapa*.

« Mais à une condition, poursuivit l'*Ariki-mau*, sans prêter attention aux réactions des uns ou des autres. Pour que les Oreilles Courtes soient autorisés à présenter leur champion, le *Grand Moaï* devra être fini, et avec un chapeau, au moment où les oiseaux du soleil arriveront à Moto Nui. »

A l'annonce de cette condition si dure, les Oreilles Courtes se rembrunirent ; à l'inverse les Longues Oreilles prirent des airs épanouis. L'*Ariki-mau* reprit :

« Si le champion Oreille Courte perd la course, il sera sacrifié pour honorer le règne du nouvel Homme-Oiseau et aussi vous punir de votre insolence... Bon, et maintenant qui va faire la course au nom de votre clan ? »

Les Oreilles Courtes échangèrent des regards embarrassés. Ils étaient pris de court, ils n'avaient pas encore arrêté leur choix.

« Moi ! »

Une voix avait retenti, forte et pleine de jeunesse. Les têtes se tournèrent pour voir qui avait parlé. Noro pâlit.

« Make », dit l'Homme-Oiseau, le reconnaissant.

Le regard du jeune homme brillait d'un éclat farouche et le défi colorait ses joues.

« Si tu remportes la course, qui sera ton Homme-Oiseau ? lui demanda l'*Ariki*.

— Moi ! » répondit Make sans un instant d'hésitation.

La foule demeura interdite. L'Homme-Oiseau leva un sourcil rasé et agita les doigts, faisant cliqueter les uns contre les autres ses ongles en forme de serres.

« C'est parfait, fit-il en hochant la tête. Et maintenant, retournez au travail. »

La foule des Oreilles Courtes faisait demi-tour pour se disperser lorsque Make prononça avec force :

« Il y a une dernière condition, *Ariki-mau*.

— Laquelle ? » demanda l'Homme-Oiseau, impatient de retourner à ses poulets éventrés pour tirer les augures de leurs entrailles sanglantes.

Et Make prononça d'une voix claire de manière que tous l'entendissent :

« Si le *Grand Moaï* est achevé à temps, et si je remporte la course, je veux pour épouse la jeune fille enfermée dans la Grotte aux Vierges. »

Ramana ! Des exclamations étouffées montaient de la foule tout entière. Make demandait la main de Ramana en sachant pertinemment qu'elle était promise à Noro ! Tous, Longues Oreilles comme Oreilles Courtes étaient pareillement ébahis.

Noro fixa Make sans ciller et celui-ci soutint son regard d'un air plein de défi. Entre eux, la situation était claire à présent. Ils n'étaient plus amis, ni même rivaux : ils étaient ennemis. Un seul survivrait à la course. Car si Make perdait, il serait sacrifié, ainsi l'*Ariki-mau* en avait-il décidé. Quant à Noro, pour lui aussi, c'était vaincre ou mourir, car à la défaite, il préférait la mort.

Cette rivalité nouvelle entre Longues Oreilles et Oreilles Courtes servait parfaitement les desseins de Tupa. Que la main de Ramana aille à Make ou Noro était sans importance. L'un comme l'autre étaient deux jeunes imbéciles marqués du sceau de la mort. Quant à elle, ce n'était qu'une traînée et une Oreille Courte. Surtout, qu'elle reste un motif de discorde entre les deux peuples ! La mutinerie était définitivement dans l'air. Jamais auparavant, les Oreilles Courtes n'avaient défié les Longues Oreilles aussi ouvertement. Lui qui avait mijoté son complot avec tant de soin, n'avait jamais osé voir les choses tourner aussi bien. Il s'en réjouissait.

« Cette décision me paraît juste », jugea le grand prêtre.

Quant à l'*Ariki-mau*, seul lui importait de régler ce problème. La solution lui était indifférente du moment qu'il pouvait retourner à ses poulets au plus vite. Hochant la tête, il conclut à l'adresse des Oreilles Courtes :

« C'est entendu. Mais finissez le *moaï* en temps voulu. »

Suivi des guerriers et de Tupa qui jubilait en lui-même, l'*Ariki-mau* s'apprêtait à quitter les lieux quand Noro voulut s'élever contre la décision prise au sujet de Ramana.

« Je ne veux rien entendre, le coupa l'Homme-Oiseau en levant sa main ensanglantée avant même que le jeune homme n'ait eu le temps de proférer un son. Tu as dit que tu gagnerais. »

Sur la place, les Oreilles Courtes avaient entonné un chant de victoire. « Make ! Make ! Make ! » Ils l'encerclaient, lui prodiguaient mille tapes dans le dos, sans réfléchir au fait que leur champion n'était pas entraîné, qu'il avait toutes les chances de se noyer en allant à Moto Nui. Make, lui, continuait de fixer Noro d'un regard où le défi continuait de brûler.

Puis, traînant à sa suite la foule enhardie, Make se dirigea vers la rampe à bateaux d'où Haoa avait observé toute la scène. Il s'avança vers lui et lui tendit la main dans un geste de sincère amitié.

« Constructeur de pirogue, joins-toi à nous, le pressa-t-il. Ton futur gendre t'invite à être son entraîneur pour la course au titre de l'Homme-Oiseau. »

Haoa se contenta de regarder fixement la main tendue.

« Peux pas, répondit-il.

— Pourquoi ça ? » demanda Make, sur un ton aussitôt agressif.

Haoa chercha les yeux de Noro. Tous deux échangèrent un regard silencieux lourd de sens. Puis, Haoa saisit une pirogue à réparer et fit demi-tour pour descendre la rampe. Et par-dessus son épaule, sans même se donner le mal de regarder Make, il donna sa réponse :

« Déjà promis à quelqu'un. »

Les promesses de l'*Ariki* furent tenues. Le soir même, une délégation de Longues Oreilles vint livrer de la nourriture à la carrière du Rano Raraku. Par paniers entiers, des *kumaras* furent déversées sur le sol. Elles furent aussitôt ramassées par des mains avides pour être emportées gaiement à cuire dans les fours de terre. Certes, ce n'était pas grand-chose, à peine un coupe-faim, mais qui horripilait les Longues Oreilles et cela suffisait à faire jubiler les ouvriers de la carrière. Le dernier panier vidé, la délégation quitta les lieux, la tête haute sous les hurlements de triomphe et les quolibets. Les Oreilles Courtes allèrent s'accroupir autour d'un brasier élevé près du *Grand Moaï* grâce aux débris de bois qu'ils avaient été autorisés à conserver pour eux-mêmes. Pour la première fois, le petit bois ne leur était plus tabou. Ils n'étaient plus forcés de le remettre aux Longues Oreilles dans sa totalité.

C'était la fête. L'humeur était à la joie, l'air chargé d'électricité ; on avait fait la leçon aux Longues Oreilles, les patates douces fleuraient bon, la vie était belle. On échangeait des souvenirs déjà grandis de mille affabulations.

« T'as vu le coup de pied au cul que je lui ai foutu, à ce prêtre ? pavoisait un jeune homme.

— Non ! répondait son compagnon.

— Si, si, je te jure !

— Moi, je leur ai fait un de ces croche-pieds. Celui qui s'est rétamé, c'était moi, ça.

— Et moi, lança Hitirenga au milieu de ses six enfants

nus qui dévoraient à grand bruit, je laisserai personne me dire combien j'ai le droit d'avoir d'enfants, personne, vous entendez ! »

Non loin, près de la fosse éclairée par des torches dans laquelle se dressait le géant inachevé, les Oreilles Courtes aperçurent Make. Il déambulait à grandes enjambées en compagnie de Riro et d'Atta. Tous trois examinaient le *Monstre*. A la vue de leur héros, la joie des Oreilles Courtes redoubla.

« Quand Make aura gagné, il va nous changer tout ça, déclara un vieil homme, souriant de toute sa bouche édentée.

— S'il survit », laissa tomber Koreto.

A cette remarque amère, le feu de la conversation s'éteignit un instant, mais il reprit bientôt. Certes, la course de l'Homme-Oiseau avait lieu dans un mois à peu près, mais bien des choses pouvaient être accomplies d'ici là. Et en tout cas, on avait déjà des patates douces dont l'odeur savoureuse qui montait des fours en faisait saliver plus d'un. Les vantardises repartirent de plus belle.

« Mangez et allez dormir, vint leur dire Riro. Nous commençons demain à la première heure. »

Les ouvriers acquiescèrent. Il restait beaucoup à faire avant que le *Grand Moaï* ne se dresse sur l'*ahu* de l'*Ariki-mau*. Les yeux se tournèrent vers Make, il était leur champion, il personnifiait leurs espoirs : s'il remportait la course de l'œuf et devenait l'Homme-Oiseau, les Oreilles Courtes seraient un peuple libre.

Make n'était pas sans deviner les pensées de ses compagnons. Il était conscient de la responsabilité qu'il avait acceptée et du poids qui pesait sur ses jeunes épaules. Il avait promis de gagner la course, et il avait l'intention de tenir ses promesses. Mais pour cela, il devait commencer par s'entraîner sérieusement.

« C'est notre seule chance, déclara-t-il solennellement. Nous avons une lune peut-être, avant que les oiseaux n'arrivent faire leur nid. J'ai besoin de vous pour faire l'impossible.

— Mais si tu travailles toute la journée, quand est-ce que tu t'entraîneras ? demanda un ouvrier de la carrière.

— Maintenant », répondit Make, l'air sombre.

Il avait une volonté de fer. Puisque Haoa refusait d'être son entraîneur, il s'entraînerait tout seul. Noro ne faisait-il pas la même chose ? Et Make était-il moins un homme que Noro ? Ça, jamais ! Il tendit sa torche à Riro et s'élança dans la nuit.

Une lune d'un blanc bleuté, presque pleine, voguait haut dans le ciel d'ébène. Des myriades d'étoiles scintillaient de leur indifférence éternelle et l'indifférence des *moaïs* qui fixaient la mer, en rang le long de la côte, lui faisait écho. Courant dans l'ombre que jetaient leurs immenses têtes songeuses, Make dévalait le rivage de rochers, aussi insensible à leur présence qu'eux l'étaient à sa peine. Sans prendre le temps de s'arrêter, il dévorait une *kumara*. Dorénavant, ce serait sa seule façon de se nourrir, en courant.

Sur la lune déjà basse se profilaient les arbres de la palmeraie, clairsemés à présent. On avait dû abattre bien des troncs pour construire le *Monstre*, et c'était sur un sol parsemé de souches que Make courait. Cela faisait des heures qu'il s'entraînait à la course et bien que les muscles de ses jambes le fissent souffrir, il se forçait à poursuivre. Il n'avait qu'un mois pour se préparer à la compétition. Il devait ignorer ses douleurs et aller de l'avant, quitte à traîner les pieds l'un après l'autre.

Il n'avait qu'une chance minime de remporter la victoire, il en était conscient. Mais il s'interdisait d'y penser. Cela n'aurait fait que paralyser ses forces. Il devait suivre son instinct et croire totalement qu'il était capable de remporter la course. Il devait ne regarder que ce but, ne pas se laisser distraire par quoi que ce soit d'autre. Il devait garder à l'esprit l'image de Ramana. Claire et brillante, elle ressortait sur celle toute sombre de son ennemi Noro. C'est ce but qui le faisait continuer, uniquement concentré sur l'idée de vaincre Noro et gagner Ramana. Ngaara, Makita, les autres adversaires, il refusait d'y penser. Eux n'étaient que des distractions dont il s'occuperait en temps voulu, le jour de la course. Pour l'instant c'était sur Noro qu'il devait focaliser sa rage et sa haine, car ces émotions le faisaient aller de l'avant.

Il y en avait une autre aussi : la gloire, quand il aurait gagné, d'être le premier Homme-Oiseau jamais issu des Oreilles Courtes. Make brûlait du désir de redresser les torts faits à son clan, de relever son peuple de la poussière, de le mettre au même rang que les Longues Oreilles. Lui qui n'avait jamais songé à devenir un chef en venait à considérer le commandement comme son rôle dans la vie. Il saurait diriger, si la chance lui en était donnée ; il saurait restaurer l'équilibre et l'égalité sur Rapa Nui. Il en était certain. Mais commander appartenait à l'avenir. Pour le moment, un risque le guettait, être sacrifié au dieu MakeMake. Et cette crainte le fixait au fond des prunelles tandis qu'il s'entraînait à la course.

Make courut jusqu'à Orongo, il dépassa la vulve sacrée gravée de pétroglyphes et les pierres sur lesquelles Ramana avait subi son examen honteux. Il s'arrêta un instant au bord de la falaise pour regarder en bas. Le vent sifflait et hurlait en se faufilant à travers les rubans qui scellaient l'entrée de la Grotte aux Vierges. Sa Ramana y était toujours enfermée, tenue dans l'ignorance que lui aussi, comme Noro, faisait la course pour obtenir sa main.

Make se sentait les jambes aussi lourdes que des rocs volcaniques, mais il continua de courir, prenant par un autre chemin pour regagner la carrière. Le ciel, à l'est, commençait à s'éclaircir, bientôt l'aurore amènerait le jour. Il avait couru toute la nuit, et ce n'était que le début de son entraînement. Course, natation, escalade, il devait passer maître dans tous ces domaines.

D'en bas, sur le rivage, Haoa observait Make courir le long de la crête rocheuse. Son corps mince et nerveux bougeait lentement. Pourtant Make ne s'arrêtait pas.

Haoa en déduisit qu'il devait avoir passé des heures à s'entraîner. Ce qui lui manquait en endurance et en style, il le compensait en force et en courage. Ce garçon avait du cœur, c'était indéniable ; et le cœur comptait pour beaucoup dans la course. Mais ce n'était pas tout. Haoa abaissa un regard menaçant sur Noro.

« Tu es vraiment prêt à tout pour gagner ? » l'interrogea-t-il la mine sombre, et sa question signifiait : « Est-ce qu'un feu te consume le ventre ? Est-ce que la victoire signifie tout pour toi ? »

Noro, en ce moment, avait tout d'un pitoyable vaincu. Trempé et grelottant, debout sur les rochers au-dessus des flots agités par le vent, il tentait de reprendre son souffle et recrachait l'eau de la mer qu'il avait avalée.

« C'est ce que je désire le plus au monde », répondit-il entre deux spasmes.

Haoa désigna la silhouette de Make qui disparaissait au loin.

« Suffisamment pour assister à son sacrifice ? » demanda-t-il durement.

Noro baissa les yeux, malheureux.

« Je pense, souffla-t-il à voix basse.

— Assez pensé ! jeta Haoa. Si tu gagnes, Make mourra. Accepte cette idée. Parce que, lui, il se pose pas la question. Tu peux me croire ! »

Noro hocha la tête et serra les mâchoires. Oui, il accepterait la mort probable de Make comme un fait de la vie. Il savait qu'ils ne pouvaient être deux à sortir vivants de la course. Si l'un vivait, l'autre devait mourir.

Haoa agita un œuf d'argile sous le nez de Noro.

« C'est ça, ton avenir. A partir de maintenant, tu le prends avec toi, sur terre comme dans l'eau. »

Il enveloppa l'œuf dans un mouchoir de *tapa* qu'il noua autour du front de Noro.

« Il ne doit jamais se casser, quoi qu'il arrive. S'il se casse, tu as perdu, prévint-il gravement. Et maintenant retourne dans l'eau ! »

Noro allait sauter dans les vagues quand il stoppa son mouvement et se tourna vers Haoa. Il demanda avec curiosité :

« Pourquoi as-tu changé d'avis et décidé de m'entraîner ? »

Le vieil homme hésita avant de répondre, mais quand il le fit, ce fut d'une voix basse et les yeux légèrement détournés :

« J'ai vu quelque chose en toi, il me semble. »

Au Rano Raraku, les Oreilles Courtes s'apprêtaient à mettre debout le *Grand Moaï*. Cette phase précédait celle qui consistait à le placer sur une plate-forme de rondins et le faire descendre par la travée des *moaïs* jusqu'à l'*ahu* de l'Homme-Oiseau. En raison de son poids colossal, redresser la statue présentait des difficultés très particulières. Il fallait lui soulever la tête au moyen de leviers et, dès qu'apparaissait un minuscule rai de lumière, glisser des pierres dans l'interstice. L'espace entre le *Moaï* et le rebord de la fosse contre lequel il était appuyé était ainsi comblé, littéralement un centimètre après l'autre ; de la sorte, une rampe de soutènement finissait par s'élever, jusqu'à lui faire atteindre la position verticale.

La statue était encore sur le dos, sa face impénétrable tournée vers le ciel, mais ses yeux absents ne le voyaient pas.

Des rondins avaient été placés sous sa tête massive. Une cinquantaine d'Oreilles Courtes pesaient de toutes leurs forces sur deux immenses leviers. La charge se souleva de quelques centimètres, une quinzaine tout au plus. A quatre pattes, Riro, Make et d'autres glissèrent vivement des pierres dans l'espace pour bloquer la position. La rampe s'élevait, pierre à pierre, bien lentement. Le progrès était infinitésimal, mais la statue se redressait peu à peu. Animés d'une froide détermination, les Oreilles Courtes soulevaient leurs pivots sans relâche et enfonçaient leurs leviers. Derrière l'équipe de Make et Riro, des centaines de mains faisaient la chaîne pour passer les pierres. Homme, femmes, enfants, tous peinaient, unis dans le même but : lever le *Monstre* et le transporter.

Sous la rude férule d'Haoa, sous son regard toujours froid et critique, Noro avait fait des progrès. Il avait appris à escalader les rochers rapidement. Ses mains coupées et rugueuses, leur force nouvelle témoignaient des progrès accomplis. Il se trouvait à quatre pattes contre un flanc de falaise qu'il s'efforçait d'escalader quand le mouchoir de *tapa* qui lui ceignait le front lui tomba sur les yeux. Il lâcha prise et glissa douloureusement tout en bas du rocher. Haoa marcha sur Noro, furieux de découvrir l'œuf en miettes à côté de lui. Il lui remit un bandeau contenant un nouvel œuf.

« Plus vite et arrête de croiser tes pieds. »

Sans prendre un instant de repos, sans élever la moindre protestation, Noro repartit à l'assaut de la paroi, bien trop exténué pour parler, trop épuisé pour seulement réfléchir. Tout ce qu'il avait la force de faire, c'était se soumettre et poursuivre.

Les Oreilles Courtes avaient un besoin désespéré de troncs neufs pour construire une travée apte à supporter le poids du *Grand Moaï*. Ils continuaient d'abattre les arbres de la palmeraie. Dès qu'un tronc était coupé, il était aussitôt empilé avec les autres, de sorte que plus la quantité de troncs augmentait, plus diminuait le nombre d'arbres. Et selon toute évidence, ils en manqueraient encore. Aussitôt acheminés à la carrière, les troncs étaient disposés en lignes parallèles sur la pente en dessous du cratère pour raccorder avec la travée défoncée et jonchée de débris qui allait jusqu'à la mer.

L'énorme *moaï* avait été suffisamment levé pour qu'à présent un système de traînage pût lui être attaché à la base. La rampe de pierre continuait de s'élever vers le ciel, emportant le *Monstre* avec elle.

Make embrassa du regard la situation. Il faisait déjà sombre, trop sombre pour que l'on pût encore travailler. Il fit un signe de tête maussade à Riro et Atta. Puis, s'armant de courage, il s'élança dans le crépuscule. Il venait d'achever une journée de travail, il partait entamer une nuit d'entraînement. C'était pour lui un soir, comme tous les autres soirs...

Leur journée achevée, les ouvriers ne pensaient plus qu'au dîner. Pono, Mira et Ahate se chauffaient autour d'un maigre feu. Voyant Make s'élancer, ils hochèrent la tête, émerveillés de son courage et de sa folle témérité.

« Incroyable », soupira Pono.

C'était un vieux sculpteur. Il en avait vu passer, des *moaïs*, il en avait vu des adversaires lutter pour remporter le titre. Mais jamais il n'avait vu d'effort comparable à celui que Make fournissait : le jeune homme ne dormait que deux heures par nuit.

Ses compagnons et lui venaient juste de mettre leurs *kumaras* à cuire quand Riro et Atta arrivèrent. Tous deux avaient la mine sombre.

« Au boulot ! » ordonna Riro.

Pono leva vers eux un regard surpris :

« Mais on vient tout juste de s'arrêter.

— A partir de maintenant, on travaille jour et nuit, jeta Riro. Comme lui ! »

Il montra du doigt la direction que Make avait prise.

« Mais..., commença à protester Mira.

— C'est décidé », fit Atta et son regard étincelait d'une lueur glaciale.

« C'est de la tyrannie, pire que celle des Longues Oreilles », songea Ahate, en regardant ses compagnons tout aussi médusés se remettre debout.

« Et comment on va faire pour voir clair ? demanda-t-il.

— On fera brûler ça ! » fit Atta en désignant leur tas de bouts de bois.

Pendant que Make était en train de courir, Noro dormait dans la grotte d'Haoa, recroquevillé dans une barque. L'occasion était rare, Haoa le forçait à s'exercer sans relâche car il avait trop de retard à combler. Il ne lui permettait une nuit entière de sommeil qu'une fois sur quatre ou cinq. Les autres nuits, Noro devait se contenter de sommes interrompus, à peine reposants.

Haoa regarda Noro endormi. Son visage impassible ne trahit rien de ses pensées. Il disposa délicatement des œufs d'argile à cuire à côté du feu, Noro en cassait beaucoup et Haoa en préparait des quantités.

Quand Make regagna la fosse, l'aube commençait à poindre, mêlant sa lumière à celles des feux de camp, jetant sur le *Moaï* des éclats étranges quasi surnaturels. Il avait passé la nuit à lutter contre les falaises, les courants, les rochers. Il revenait en nage, pieds et mains tailladés par l'escalade, le visage aussi dur que celui du *moaï*, prêt à reprendre le travail.

Le *Grand Moaï* était en position verticale et monté sur sa plate-forme de traîneau. Se servant de la rampe comme d'une échelle, des ouvriers l'avaient pris d'assaut. Une foule grouillait sur son dos, limant les restes de la quille ou resserrant les cordes qui le liaient au traîneau.

Aussi fatigués qu'ils fussent, les ouvriers accueillirent Make avec joie. Riro lui tendit un bout de canne à sucre et Make y mordit à belles dents. Suçant le jus qui s'en écoulait, il écrasait les fibres sous ses dents fermes et blanches, heureux de sentir l'énergie sucrée ragaillardir son sang.

« Prêt ? » cria Riro.

Make recula à l'arrière où l'équipe de roulage, tête en l'air, contemplait dans une attente où se mêlaient l'espoir et la frayeur les dix-huit mètres de haut qu'il lui faudrait remuer.

« Allons-y ! » dit Make.

Ensemble, ils entreprirent de soulever le traîneau à l'aide de leviers. Les cordes se tendirent.

« Un ! Deux ! Trois ! Poussez ! Plus fort ! commandait Make, les dents serrées par l'effort.

L'équipe de roulage avait beau tirer de toutes ses forces, les visages bleuissant sous l'effort, la plate-forme de rondins ne bougeait pas d'un pouce. Il était impossible de déplacer le *Monstre*. Les Oreilles Courtes qui n'étaient pas aux cordes ou aux leviers vinrent se mettre à la plate-forme. Sous les efforts de tous, les rondins remuèrent enfin. L'équipe poussa plus fort, poussa encore plus fort. Le bois gémissait de douleur. Les rondins patinaient, se déchiquetaient les uns aux autres, écrasant ceux placés devant et qui formaient la travée. Le *Monstre* avançait. Le *Grand Moaï* avait fini par prendre la route et voilà qu'il se profilait sur le soleil levant.

D'une maison basse à l'orée du village, située juste en bordure de la travée qui montait à la carrière, un Longue Oreille sortit et s'étira dans la lumière du matin. Un bruit de bois écrasé arriva jusqu'à lui. Intrigué il tourna la tête. Au loin, tout en haut de la travée, le *Grand Moaï* coupait le ciel en deux.

« Par les dieux, ça, c'est un *moaï* de taille ! se dit-il. Sauf qu'à cette vitesse, il va prendre cent ans pour arriver chez nous. »

Il eut un petit reniflement amusé et se mit à se gratter. Puis, il partit vers son *mana-vai*, son potager enclos de murs, pour y chercher quelque chose à manger. Peu de chose poussait. Depuis qu'ils devaient donner la moitié de leurs cultures, les Longues Oreilles vivaient de *kumaras*, comme des Oreilles Courtes. Personne n'osait plus égorger un poulet, et ceux-ci picoraient la terre de leurs poulaillers sous escorte armée. Car la volaille valait son pesant de coquillages par les temps qui couraient.

Noro, au bord de l'eau, vit aussi le *Grand Moaï*. Il progressait, centimètre par centimètre, en position verticale. Cela lui rappela que très bientôt Make allait l'affronter dans la course. Tout en attachant son bandeau autour de son front, il resta à contempler la statue. Le délicat œuf d'argile était bien enveloppé dans son mouchoir de *tapa*. L'air sombre, Noro se jura que celui-là, il ne le briserait pas. Il en avait cassé un trop grand nombre déjà. Il plongea dans l'eau. Il se battit avec acharnement contre les courants et finalement, il fut rejeté sur la plage par une énorme vague. Le souffle court, il parvint à rattraper son flotteur d'une main, sans cesser de protéger son œuf de l'autre.

« Continue ! le gronda Haoa. T'as l'intention de te reposer pendant la course ? »

Encore tout essoufflé, Noro se mit à courir sur place tout en attachant son bandeau plus serré sur son front.

« Et te bats pas contre la houle, elle est plus forte que toi. Nage seulement quand elle a cessé de te tirer. »

Haoa s'approcha de Noro pour lui retirer son bandeau et avec des gestes adroits, resserra le tissu autour de l'œuf. « Voilà. Comme ça. »

Discrètement, il avait tâté l'argile sous ses doigts. L'œuf était intact. Il réprima un sourire et, avec un bref hochement de tête, dit seulement :

« Bien. »

L'entraînement commençait enfin à porter ses fruits.

CHAPITRE VIII

LE TRANSPORT DU MONSTRE

Depuis les décennies que l'on empruntait cette travée, jamais un *moaï* de la taille du *Monstre* ne l'avait utilisée. Très vite, il s'avéra qu'elle était trop étroite pour accueillir son imposante circonférence. Femmes de tous âges et enfants Oreilles Courtes, constitués en une équipe officielle de cantonniers, furent chargés de l'élargir. Ils partirent donc devant, afin de dégager la voie de tout ce qui l'encombrait et d'entasser les pierres sur un seul côté de la route.

De nombreux *moaïs* gisaient alentour, brisés lors de leur transport vers les différents *ahus* ; mais comme les *moaïs* qui avaient fait l'objet de la désaffection générale n'avaient plus de *mana*, personne ne songeait à leur jeter un regard.

Après femmes et enfants, venait une équipe d'hommes, chargés, eux, de disposer en lignes parallèles des troncs déjà détériorés par l'usage.

Posé sur sa plate-forme, le *Grand Moaï* roulait sur ces troncs dans une grande lenteur, écrasant les rondins qui se brisaient et se déchiquetaient, se broyant sous son poids jusqu'à n'être plus que des tronçons inutilisables. Même les rondins neufs placés à l'avant de la plate-forme, elle-même toute tailladée, en ressortaient à l'arrière sous forme d'épis de maïs écrabouillés. A mesure que progressait le traîneau, creusant le sol d'une profonde ornière, on se hâtait de retirer les troncs placés en lignes parallèles ainsi que les rondins de roulement. Ceux, bien rares, qui n'étaient pas complètement détruits étaient remis à l'avant dans l'espoir d'en tirer encore quelque usage ; les autres, rejetés sur le bord de la route, serviraient à l'éclairage pour le travail de nuit. De nouveaux troncs arrivaient constamment.

Affamé de palmiers, le *Monstre* hurlait son avidité insatiable. Chaque jour, il lui fallait plus d'arbres. Qu'en serait-il lorsque les derniers auraient été abattus ? Rien ne pousserait plus de ces souches noircies. Et malgré cela, les coupe-coupe de pierre allaient toujours bon train, ne cessant ni de jour ni de nuit. Car le *Grand Moaï* devait atteindre l'*ahu* de l'Homme-Oiseau et être érigé à la place qui lui avait été désignée dans un état de parfait achèvement : la face et le dos pareillement sculptés et polis, les yeux ornés de prunelles, la tête surmontée d'un chapeau rouge. Et ce, pour le jour de la course. C'était l'unique chance qu'avaient les Oreilles Courtes de se voir libérés de leur triste misère ; peut-être même la seule à leur être jamais accordée. En conséquence, les arbres vacillaient et s'écroulaient inexorablement pour être aussitôt acheminés jusqu'à la travée, et la palmeraie au bord de la falaise, ultime bosquet de Rapa Nui, était à présent complètement dépouillée de toutes ses jeunes pousses.

A la réfection de la travée, à la pénurie de matériau, s'ajoutait la difficulté d'avoir à manœuvrer un poids si colossal sur un terrain en pente. Il était vital de freiner la progression du *Monstre* si l'on ne voulait pas courir le risque de le voir prendre une accélération trop grande, échapper aux mains qui le retenaient et rouler comme un tonneau le long de la pente, écrasant tout sur son passage, pour finir par se briser tout en bas, à l'évidence, en mille morceaux. Les Oreilles Courtes voyaient donc se poser devant eux un problème majeur, très difficile à résoudre : celui du matériau d'arrimage.

Les cordages devaient être très épais et solides. Il en fallait surtout des centaines de mètres. Jadis, les peuples de Rapa Nui tressaient leurs cordes à partir de l'écorce d'un arbuste, nommé *hau*, dont ils utilisaient les fibres ligneuses de l'intérieur. Mais ce buisson, employé durant des années sans jamais être replanté, avait complètement disparu. A présent, seules les palmes les plus hautes des palmiers, celles qui en formaient la couronne donnaient un matériau convenable. Mais les palmiers aussi étaient en voie de disparition.

Il faisait nuit, mais le travail ne cessait pas. Courbé sur les rondins, penché sur les cordages, on travaillait toujours. Et tandis que le *Grand Moaï* avançait, roulant à la lumière des feux, des sculpteurs, grimpés sur son dos et se retenant en serrant les genoux, finissaient de lui tailler l'arrière de la tête, le cou, les épaules, le gravaient et le polissaient, marquaient la ligne de son épine dorsale et lui creusaient des spirales pour représenter ses tatouages. Et d'autres ouvriers continuaient de charrier les rondins.

Il faisait nuit, donc, et Make s'élança vers les falaises et la mer, laissant derrière lui les *moaïs* qui jonchaient le sol : il entamait une nouvelle nuit de brutal entraînement.

Il faisait nuit, et de la crête d'une falaise, Noro vit Make quitter la travée du *Moaï* ; il vit aussi les autres Oreilles Courtes continuer leur travail, loin en dessous de lui. Pour lui, c'était la fin d'une journée de durs exercices, il allait prendre un peu de repos. Mais à l'idée que Make était là quelque part dans la nuit, à courir et développer ses forces, Make jadis son meilleur ami, devenu à présent son pire ennemi, il sentait l'inquiétude l'envahir.

Make avait passé des heures à monter et descendre la falaise. Ensuite, incapable de plus remuer les jambes tant ses muscles étaient noués, il s'exerça à développer ses bras. Il commença par faire des « pompes ».

Il passa ensuite aux tractions. Sa détermination était farouche et malgré la douleur qui irradiait son corps, il saisit un rebord de rocher. Au bout de vingt-cinq tractions, il n'eut plus la force de soulever son poids. Retenant un bâillement, il se laissa tomber à terre et fixa la paroi de la falaise qu'il aurait à dominer lors de la course. En faire l'escalade cette nuit était hors de question.

La nuit, cependant, n'était pas terminée, et Make se refusa à abandonner son entraînement. S'il n'avait pas la force d'escalader la falaise ou de faire encore des tractions, il pouvait s'exercer à la nage. L'eau glacée le réveillerait. Ayant enroulé une pierre de la taille d'un œuf dans un bout de tissu, il se l'attacha en bandeau sur le front. Puis, saisissant son flotteur, il plongea dans la mer.

Maniro, un Longue Oreille, vivait en bordure du village, non loin de la travée qu'empruntaient les *moaïs*. Il possédait là un joli jardinet clos de murs, attenant à la hutte confortable qu'il avait bâtie de ses mains. Bien que l'endroit fût bruyant quand les Oreilles Courtes déplaçaient un *moaï*, Maniro aimait vivre à proximité de la voie. Il s'intéressait à l'activité et l'animation qui se déployaient sous ses yeux et n'hésitait pas à fourrer son nez partout. S'il aimait regarder passer les statues, il prenait surtout grand plaisir à voir s'éreinter les Oreilles Courtes : cela lui faisait apprécier davantage la longueur de ses lobes d'oreilles.

Ce matin-là, il rampa hors de sa hutte et s'étira longuement, comme il le faisait chaque jour. Puis, il se redressa en bâillant et gratta ses piqûres de puces. Ensuite, il regarda en direction de la carrière. Et à ce qu'il vit, il cligna plusieurs fois des paupières pour s'assurer qu'il n'avait pas la berlue. Mais non ! Il n'y avait aucun doute, le *Grand Moaï* s'était rapproché. Très nettement rapproché même ! Il n'en revenait pas. La chose avait-elle pu se produire pendant qu'il dormait ? Ces imbéciles d'Oreilles Courtes devaient avoir décidé de faire des équipes de nuit ! Ils avaient vraiment l'esprit dérangé !

Make profitait d'une pause pour manger une patate douce, son unique vrai repas de la journée. Un peu en retrait de l'équipe chargée de préparer la voie, il regardait avancer le *moaï*. L'air dur, hagard, il n'avait plus rien du jeune homme d'autrefois ; il n'avait plus que la peau et les muscles sur les os. Une tension amère que soulignait le froncement de ses sourcils avait remplacé sa gentillesse d'autrefois et une sombre détermination se lisait dans ses yeux. Il était donc en train de manger son dernier bout de *kumara* quand Riro s'approcha de lui, suivi d'une poignée d'ouvriers.

« Nous allons manquer de troncs, annonça-t-il, l'air préoccupé. Ils se cassent tous sous le poids et, avec le frottement, ils se transforment en poussière. »

Il lui tendit un morceau de bois en preuve de ses dires.

Depuis qu'il était leur champion, Make était devenu l'idole des Oreilles Courtes, leur chef à tous dans tous les domaines, jusqu'à Riro, le maître sculpteur, qui débattait de tout avec lui et recherchait son avis en toute chose.

« Y a qu'à les graisser ! jeta Make d'un ton coupant, agacé qu'une idée si évidente n'ait traversé la tête de personne.

— Et avec quoi ? demanda Riro. Il ne nous reste plus rien. »

Réalisant qu'il tenait à la main une *kumara*, Make se pencha pour la mettre sur les rondins. Elle fut aussitôt écrasée par le *Monstre*... Le bois était devenu glissant. Oui, la *kumara* supprimait le frottement, le fardeau s'en trouvait allégé. Il arracha celle qu'Ahate avait mis dans sa bouche pendant qu'il maniait son levier et la brandit en s'écriant :

« Avec ça ! Qu'on diminue les rations ! »

A ces mots, tous le fixèrent, incrédules, sans parvenir à croire que Make, un Oreille Courte comme eux, pût ordonner que l'on réduise des rations à peine suffisantes pour se maintenir en vie. Ne voyait-il pas que leurs enfants criaient famine ? Qu'eux-mêmes supportaient déjà une situation atroce ?

Make n'ignorait rien de tout cela. Lui aussi avait faim. Mais il n'y avait pas d'autre solution. D'un grand geste, il désigna le *Moaï* :

« Il n'y a que lui qui compte ! »

Il partit à l'écart, laissant Atta réunir un peu du déjeuner de chacun.

Personne n'osa refuser de remettre sa part au géant. Pono accompagna son don d'une remarque sarcastique, murmurée à l'intention de ses camarades :

« Si ça continue, on n'aura plus qu'à se manger les uns les autres ! »

Mira et Ahate réagirent d'abord par une moue de dégoût. Puis, une même curiosité traversa leur esprit : la viande n'est jamais que de la viande... surtout quand elle est cuite, n'est-ce pas ? Quel goût ont donc les humains ? Peut-être que cela ressemble un peu à du poulet... Ils s'entre-regardèrent.

Et pendant ce temps-là... Les arbres se faisaient de plus en plus rares dans la palmeraie. On pouvait à présent les compter sur les doigts des deux mains et des pieds. Le temps pressait. Cinq lunes avaient passé, la sixième était presque entièrement écoulée et le *Grand Moaï* n'était pas encore érigé à sa place, face et dos polis, sur l'*ahu* de l'*Ariki-mau*. Or, tel était l'accord passé avec les Longues Oreilles. Des rondins de roulement, il leur fallait encore des rondins de roulement !

Et pendant ce temps-là... Haoa continuait de surveiller l'entraînement de Noro, il le poussait chaque jour un peu plus. Ce pauvre garçon ignorait tout de la vie ! Comme si la course consistait simplement à descendre une falaise, aller à Moto Nui sur un radeau de *totora*, y ramasser un œuf et le rapporter intact. Qu'il était naïf ! Croyait-il qu'il faisait une course en solitaire ? A imaginer qu'il découvre l'œuf le premier, il serait loin d'être tiré d'affaire. Ses adversaires feraient tout pour le lui arracher, et sûrement pas en le lui demandant gentiment. Ils n'hésiteraient pas à employer la force. Noro devrait se battre pour conserver son œuf, sans cesser de le protéger en même temps. Car il ne devait surtout pas se casser.

Voici très certainement comment les choses se passeraient sur Moto Nui : prétendant être Ngaara, Haumoana et Make à la fois, Haoa se mit à faire des cercles autour de Noro, en lui portant des coups de tous les côtés, des quatre membres en même temps. Noro fit un roulé-boulé et l'œuf d'argile sur son front se brisa. Haoa se redressa, le souffle court. Il décocha un regard furibond à Noro qui se tenait, honteux, devant lui. Le temps était ce qui comptait le plus. Or, le garçon n'était pas prêt, loin de là. Il fallait qu'il s'exerce, qu'il s'entraîne beaucoup plus. Les sessions s'allongèrent ; Haoa augmenta de plusieurs heures l'épuisante routine de l'entraînement quotidien auquel il ajouta des exercices d'autodéfense.

Et pendant ce temps-là... Tous les soirs, tandis que le *Grand Moaï* continuait de rouler sur la travée, Make partait s'entraîner. Il courait jusqu'au sommet des falaises d'Orongo, escaladait les rochers jusqu'en bas sur la plage et là, se remettait à courir sur les pierres, avant de se ruer dans les vagues, allongé sur son petit radeau, pour lutter contre la houle et prendre d'assaut Moto Nui. Il s'acharnait farouchement à repousser toujours plus loin les bornes de son endurance. Le fait d'être un Oreille Courte lui offrait un avantage : celui d'être dur à la peine, à l'inverse des Longues Oreilles dont les corps soignés et la peau douce témoignaient de leur indolence et aussi de leur propension à manger et dormir. C'était même le cas de ceux qui participaient à la course.

Quant à la faim qui le tenaillait jour et nuit, Make s'en servait pour aiguiser son appétit de vaincre. Et il songeait : « *Quand je serai Homme-Oiseau, mon peuple n'aura plus jamais faim. Nous ferons pousser suffisamment de nourriture pour que nos ventres soient ronds et bien tendus. Jamais plus, les Oreilles Courtes n'iront le ventre creux, jamais plus ils ne seront vieux et voûtés avant l'âge. Quand je serai Homme-Oiseau, les enfants ne mourront plus de faim ou d'avoir trop travaillé.* »

Et pendant ce temps-là... Sous la direction de Riro, Make et Atta, le travail continuait sur la travée des *moaïs*. Inlassablement, les Oreilles Courtes tiraient sur leurs cordes, et appuyaient sur leurs leviers. En secret, Ahate, Mira et quelques autres encore raclaient les *kumaras* écrasées sous la plate-forme. Elles avaient une saveur de roche volcanique, elles sentaient moins bon encore, mais elles nourrissaient un peu.

Le *Monstre* continuait d'avancer, écrasant tout sur son passage. Chaque jour, il se rapprochait un peu plus de l'*ahu*, et chaque nuit aussi. Auréolé d'étincelles, il glissait sur fond de pleine lune, il remplissait tout le ciel et dissimulait l'astre, comme un nuage obscur et gigantesque. Et quiconque eût douté de sa *mana* aurait vraiment passé pour un fieffé imbécile !

Et pendant ce temps-là... Dans la Grotte aux Vierges Ramana était recroquevillée dans le noir, affamée, solitaire, malheureuse. Terrorisée. Elle avait un petit peu plus de place pour remuer ses membres et elle en déduisait, à juste titre, que c'était parce que son corps se faisait de plus en plus rabougri.

Maniro, le Longue Oreille, sortit un matin de sa hutte. Il bâilla, s'étira, se gratta ; bref, il fit tout selon son habitude. Soudain, une ombre gigantesque l'enveloppa tout entier, celle du *Grand Moaï* qui venait de surgir tout près du village et dont la silhouette se découpait si haut sur le ciel qu'elle en cachait le soleil. Femmes et enfants cantonniers Oreilles Courtes passèrent devant lui sans lui dire un seul mot et avant qu'il n'ait seulement eu le temps de dire ouf ! ils avaient mis à bas entièrement sa maison.

Le *Grand Moaï* exigeait plus d'espace pour sa tête et son torse que n'en demandaient les *moaïs* de taille courante ; la travée devait être élargie et sa hutte se dressait par malchance sur le tracé prévu. Voilà pourquoi, tel un nuage de sauterelles, les Oreilles Courtes s'étaient abattus sur sa hutte et, en l'espace de quelques secondes, l'avaient entièrement démembrée, ne lui laissant en guise de vestiges, qu'un bout de mur au fond.

A peine la dernière pierre avait-elle été repoussée sur le côté de la route que des rondins avaient été aussitôt installés en lignes parallèles. Ils serviraient à guider la plate-forme. Car on ne pouvait stopper la progression du *Grand Moaï*, il devait toujours avancer, inexorablement... Et Maniro restait là, en état de choc, bouche bée. Ses yeux allaient et venaient sans cesse du Géant impassible aux ravages qu'il avait laissés derrière lui. Il contemplait les ruines de ce qui avait été sa confortable hutte, en se demandant où il passerait la nuit.

Les Oreilles Courtes n'étaient plus qu'à une centaine de mètres de l'*ahu* des Longues Oreilles. Dans quelque temps, ils l'auraient atteint et construiraient une rampe de pierre pour ériger le *Grand Moaï* à la place qui lui était destinée. Les sculpteurs finiraient de lui polir le dos, ils mettraient la touche finale à ses orbites encore vides : des prunelles de corail. Puis, ils lui poseraient sur la tête un *pukao*, l'un de ces ridicules chapeaux de scorie rouge, comme l'avait exigé l'Homme-Oiseau. Alors, et seulement alors, ils auraient rempli la tâche à laquelle ils s'étaient engagés. Alors et seulement alors, Make serait autorisé à participer à la course, à concourir pour le titre de l'Homme-Oiseau.

De la maison de l'*Ariki-mau*, Tupa, près de la porte, suivait attentivement l'approche du *Grand Moaï*. Bientôt le colosse aurait atteint l'*ahu*. L'inquiétude commença à saisir le grand prêtre.

« Ils pourraient bien réussir, *Ariki-mau*. Je ne les ai jamais vus aussi acharnés. »

Debout près d'une fenêtre étroite, l'Homme-Oiseau contemplait son *moaï* chéri entre tous et l'océan qui s'étendait derrière lui, vide jusqu'à l'horizon. Ses yeux enfoncés brillaient d'un éclat si sauvage que les prêtres et leurs épouses assis dans l'obscurité de la salle craignirent qu'il ne fût malade.

« Bien, fit l'*Ariki-mau* comme si la déclaration de Tupa n'avait suscité en lui aucune émotion.

Certainement, acquiesça le grand prêtre, mais cela signifie qu'un Oreille Courte pourrait bien participer à la course. »

A nouveau, l'*Ariki-paka* resta sans réagir. On aurait dit qu'il n'avait pas entendu le grand prêtre, ou qu'il lui importait peu que les Oreilles Courtes se permettent de lancer un défi aux Longues Oreilles. Il regardait le *Grand Moaï* se rapprocher de la place, il ne le quittait pas des yeux. Oui, il était parfait, celui-là. Assurément, il saurait tenter Hotu Matu'a, il saurait le forcer à descendre du Royaume des Esprits. L'Homme-Oiseau était prêt à en prendre le pari. Du reste, si ce gigantesque *Moaï* ne savait infléchir la décision des dieux, alors nul autre ne saurait y parvenir. Et que faudrait-il faire alors, l'Homme-Oiseau ne le savait pas. Il ne savait plus rien. Il avait mis en œuvre toutes ses connaissances ; il avait fait mettre des chapeaux aux *moaïs* ; et maintenant, il avait fait construire le *moaï* le plus élevé de tout Rapa Nui. Il était à bout de force. En vérité, il se sentait malade. Son dos ne cessait de le faire souffrir, tout en bas, juste au-dessus des reins.

Tupa passa encore un œil par la porte. Il vit Ngaara et Makita qui rentraient après s'être entraînés à la nage et s'arrêtaient près de Make. « Assurément pour l'abreuver de ricanements moqueurs et lui prédire la mort, à peine aurait-il mis le pied dans l'eau », songea le grand prêtre. Il n'avait pas besoin de les entendre pour savoir quelles injures fusaient. « Vise un peu ce rat d'Oreille Courte ! Ce sale lézard ! » devait dire l'un. « Tu parles d'une pâture à requins ! » s'esclaffait certainement l'autre. Tupa observa Make plus attentivement. Celui-ci n'avait pas relâché son attention et même s'il avait rétorqué vertement à ses deux adversaires, il avait continué à tirer sur ses cordes pour que le *Grand Moaï* ne cesse pas sa course.

« Ce Make n'a plus qu'une idée en tête, s'exclama le grand prêtre d'une voix moqueuse, il paraît qu'il ne dort jamais.

— C'est Noro qui va remporter la victoire, répondit

machinalement l'Homme-Oiseau, d'une voix très faible et lointaine.

— Bien sûr, bien sûr, *Ariki-mau*, se hâta de dire Tupa, mais si jamais quelque chose se produisait et... qu'il venait à ne pas gagner... ? Que se passera-t-il si aucun Longue Oreille ne sort vainqueur de la course ? Si un Oreille Courte devient le prochain Homme-Oiseau ? J'en ai des frissons à la seule pensée des changements que nous devrons subir... »

L'*Ariki* fixait le grand prêtre sans paraître comprendre ce que suggéraient ses paroles. Il fallut un moment pour qu'elles pénètrent son cerveau.

« Que Noro ne gagne pas ? Mais c'est une hérésie ! C'est... ce serait... comme dire que nos *moaïs* ne sont que de vulgaires quartiers de roc ! »

Des cris perçants vinrent définitivement troubler la sérénité de l'Homme-Oiseau. Il reporta son regard au-dehors. La place du village était le théâtre d'une altercation. Au plus grand amusement de quelques enfants nus, trois Longues Oreilles, deux femmes et un homme, se bagarraient violemment, en se prenant par les cheveux.

« Mais qu'est-ce qu'ils ont encore à se battre, ceux-là ! s'exclama l'*Ariki*, sur un ton dénué de toute curiosité.

— C'est pour de la nourriture, j'imagine », répondit Tupa, que le spectacle intéressait tout aussi peu.

Se battre pour de la nourriture, non mais vraiment ! songea l'*Ariki-paka*. Exaspéré, il s'écarta de la fenêtre pour ne plus voir cela.

« Qu'on ne me parle plus dc ces choses ! »

Tupa vint le rejoindre. Murmurant à voix très basse de manière que nul parmi les personnes présentes ne pût entendre ses paroles, il insista :

« Nous devons parler de ton petit-fils, *Ariki-mau*. Je crains que tu ne places trop de confiance dans ses capacités.

— En Noro ? »

Par ces mots, Tupa avait enfin capté l'attention du vieux chef. Le moment tant attendu était enfin venu. Il allait donner l'envol à ses intrigues, il allait instiller goutte à goutte le poison dans le cœur du vieillard.

« Oui. Noro. Qu'il gagne ou perde à la course, il sera de toute façon le prochain chef du clan Miru. Et, pardonne-moi, seigneur, ton petit-fils n'est pas taillé dans la même pierre que toi. Il est imprévisible, on ne peut le contrôler. Il prend plaisir à décevoir... Je crains qu'il ne ressemble à son père, le blasphémateur... »

Le rappel de la trahison de son fils porta à l'*Ariki* un coup qui lui fit retrouver toute sa tête. A ces vieux souvenirs, il eut un long soupir plein de mélancolie.

« Mon fils... le blasphémateur... J'avais pour lui tant de projets élevés... Mais il ne croyait pas. Comment est-ce possible, Tupa, dis-moi ?

— C'était une mauvaise graine, voilà tout, répliqua le grand prêtre avec un haussement d'épaules. Et la mauvaise graine a besoin d'être guidée d'une main ferme. Par quelqu'un de confiance, comme moi-même, capable de diriger son chemin par les temps difficiles que nous traversons aujourd'hui... De le remplacer au besoin, s'il devait... disons... périr d'une mort tragiquement prématurée. »

Tupa venait de dévoiler ses desseins en toute clarté. Si Noro gagnait la course, il périrait d'une mort prématurée et Tupa s'arrangerait pour qu'elle fût décrétée par son propre grand-père. Alors, invoquant les lois qui prohibent le meurtre entre les membres d'un clan, Tupa serait nommé Homme-Oiseau... Mais le grand prêtre avait également prévu le cas où le champion d'un clan adverse emporterait la victoire. Il avait passé secrètement un accord séparé avec chaque chef de clan. Tous s'étaient engagés à faire de lui leur premier conseiller. Ainsi, quel que fût le vainqueur du tournoi, ce serait lui qui remporterait la victoire ultime, lui qui gravirait les échelons du pouvoir. Tôt ou tard, en fait d'ici très peu de temps, si tout se déroulait selon ses prévisions, le nouvel Homme-Oiseau trouverait la mort, et Tupa serait son successeur. Quoi qu'il arrive, il finirait par régner en tant qu'Homme-Oiseau.

« Noro ? Périr ? » répéta l'*Ariki-mau* et le mot résonna comme un glas dans son vieux cœur.

Son regard se reporta malgré lui vers la place, de l'autre côté de la fenêtre. Il voyait flou et ses yeux, tout d'abord ses yeux ne perçurent que les *moaïs* songeurs sur les visages desquels il s'évertuait continuellement à découvrir des signes. Puis, il discerna une cérémonie funèbre : des ossements fraîchement lavés étaient transportés dans la salle mortuaire sous l'*ahu*. Cette vision l'horrifia. Il tourna vers le grand prêtre des yeux agrandis par la peur :

« Dis-moi que je ne serai pas un crâne de plus sous l'*ahu*, Tupa, bredouilla-t-il, terrorisé. Dis-moi que tu ne feras pas d'hameçon avec les os de mes jambes. Redis-moi que la Pirogue Blanche est le destin qui m'attend ?

— Eh bien, les signes disent certainement que... », commença le grand prêtre.

Mais l'*Ariki* le saisit brutalement par la nuque et enfonça douloureusement ses ongles acérés dans les épaules du grand prêtre :

« Partout, les signes l'affirment. C'est toi-même qui l'as dit. Le halo autour de la dernière lune ! Ce... ce goût étrange dans ma bouche ! Et maintenant, je... je ne l'ai encore dit à personne, mais il y a du sang chaque fois que j'urine. Qu'est-ce que cela peut bien signifier ? »

A l'annonce de cette nouvelle, le cœur perfide du grand prêtre bondit d'allégresse dans sa poitrine. Il examina le visage épuisé et en sueur du vieillard. Oui. Ses yeux jaunes, ses cernes noirs, son haleine plus fétide que de coutume, qui dégageait d'ailleurs une odeur de vieille urine, son mal au dos constant depuis quelque temps et maintenant, le sang dans les urines : tous les symptômes étaient réunis, ses entrailles devaient regorger de tumeurs. C'était merveilleux, le grand prêtre en jubilait intérieurement :

« *Ce que ça veut dire ? Que tes jours sont comptés, vieillard, que ta vie ne tient plus qu'à un fil et qu'il va m'être encore plus facile de prendre le pouvoir que je ne le pensais.* »

Mais pour l'instant l'*Ariki* était toujours en vie, et Tupa était forcé de lui faire des courbettes, aussi ingrat que cela fût. Il força ses lèvres en un sourire avenant :

« Des choses merveilleuses ne vont plus tarder à se produire, *Ariki-mau*. J'en suis convaincu. »

La palmeraie de la falaise n'était plus qu'un cimetière de souches mortes où un unique palmier s'élevait encore. En découvrant la colline dénudée, Noro ne put en croire ses yeux. Cela faisait plusieurs jours qu'il n'était pas passé par là en s'entraînant à la course et il n'avait pas la moindre idée de l'étendue du désastre. Tous les arbres avaient été abattus. La palmeraie n'était plus qu'un souvenir. Ne demeurait qu'un palmier, un seul, mais, les dieux en soient loués, c'était leur arbre, à Ramana et lui ! Celui qui se dressait jadis au centre de la futaie. Noro avait le visage tordu par le chagrin, une peine cuisante incendiait sa poitrine. Il se précipita sur l'arbre.

Le palmier portait la trace des coups mortels assenés à ses voisins ; on voyait les traînées qu'ils avaient laissées sur lui en tombant ; on voyait des coups de hache. Mais on distinguait encore les signes qu'enfants, Make et lui avaient gravés sur le tronc et ceux, plus récents et tellement plus précieux à son cœur, que Ramana et lui y avaient inscrits en célébration de leur amour.

Noro se laissa glisser le long du tronc. Il était sous le choc. Tout courage l'avait abandonné, il n'avait plus la force de remuer un seul membre ; même penser lui était douloureux. Cette belle palmeraie qu'il avait toujours considérée comme le cœur et l'âme de Rapa Nui, elle avait disparu ; cette palmeraie qui était le symbole de ce qu'était l'île aux temps où les pirogues du Grand Ancêtre Hotu Matu'a avaient accosté sur le rivage d'Anakena, il y avait tant de siècles de cela. Les légendes parlaient des palmeraies qui couvraient l'île entière alors, et fournissaient au peuple tout ce dont il avait besoin, nourriture, abri, instruments et cordages.

Et voilà qu'à présent en l'espace d'une nuit, la palmeraie était morte, emportant avec elle l'âme et le cœur de Rapa Nui ! Et Noroina, petit-fils de l'Homme-Oiseau, était le seul être humain à pleurer sa disparition !

Un bruit de voix lui fit soudain ouvrir les yeux. Il aperçut un petit groupe d'Oreilles Courtes qui gravissaient la colline. Parmi eux se trouvaient Riro, Pono, Ahate, Mira et d'autres encore que Noro reconnut. Venait aussi Make, en tête de tous les autres, et Noro se demanda s'il était leur chef maintenant, en même temps qu'il était leur champion. Tous avaient à la main des machettes affûtées et paraissaient d'humeur hargneuse, à en juger par la façon qu'ils avaient de serrer leurs doigts sur les manches.

En découvrant Noro, Make eut un vilain sourire et ses yeux brillèrent d'un éclat mauvais. Sa voix déchira l'air comme un grognement :

« T'inquiète pas, petit bijou, c'est pas pour toi qu'on est là ! »

Les Oreilles Courtes firent le geste d'avancer. Noro bondit sur ses pieds. Il se jeta devant l'arbre pour lui faire un rempart de son corps. C'était son arbre à lui, que les Oreilles Courtes aillent se faire foutre !

« Vous êtes fous, hurla-t-il. C'est le dernier qui reste. Après lui, il n'y en aura plus d'autres. Vous ne pouvez pas abattre le dernier arbre de l'île ! »

Il jetait des coups d'œil de tous côtés dans l'espoir de découvrir un Longue Oreille, mais personne n'était en vue.

« Faut bien que quelqu'un s'en charge, fit Riro. Alors, pourquoi pas nous ? Allez, maintenant tire-toi ! »

Les voyant se mettre à balancer le palmier, Noro fut pris de frénésie. Il ne pouvait pas laisser abattre le dernier arbre de l'île, il devait le protéger ! C'était son arbre à lui, à lui et Ramana ! Dans un geste désespéré, il tenta d'attraper les machettes et de les repousser. Puis, il serra l'arbre dans ses bras et s'agrippa au tronc sans cesser de hurler :

« Laissez-le. Celui-là, rien que celui-là ! »

Une minute ou deux, se débattant de toutes ses forces, Noro réussit à tenir tête aux Oreilles Courtes. Mais il ne pouvait résister longtemps à quatre hommes forts et déterminés. Riro et les autres finirent par le décoller du palmier et, le prenant à bras le corps, ils le jetèrent sur le sol, tandis que Make portait les premiers coups au tronc.

« Non ! » criait toujours Noro par terre, les yeux fixés sur ses inscriptions à lui et Ramana qui, dans quelques instants, auraient disparu sous les coups.

La hache se levait. Dans un large mouvement, elle vint s'abattre, juste à l'endroit du tatouage de Ramana. Elle se leva et s'abattit encore. Cette fois, sur le tatouage de Noro. Le palmier offrait son cœur aux yeux de tous, blanc et merveilleux. Il était dur aussi, presque aussi dur que le cœur de Make qui, ne pouvant abattre le tronc, le déchiquetait à violents coups de machette comme on tranche un animal avec un hachoir. On voyait que Make prenait du plaisir à abattre cet arbre. Lui arrachant la vie, il effaçait l'évidence tangible d'une relation d'amour qu'il haïssait et enviait et qu'il était décidé à détruire.

« Non ! ! ! » hurlait Noro presque en larmes.

Des Oreilles Courtes le maintenaient à terre, il était impuissant à stopper cette destruction. Chaque coup de hache lui déchirait les entrailles.

Le dernier arbre du monde s'écroula sur le sol.

Sans un regard vers lui, les Oreilles Courtes le traînèrent pour l'emporter tout en bas de la colline. Ils abandonnaient Noro tremblant de rage, dévasté par le sentiment d'une perte irrémédiable. Le massacre de l'arbre avait tué quelque chose en lui. Ce quelque chose était le cœur et l'âme de Rapa Nui.

L'équipe avait presque disparu derrière un pli de terrain, avec le dernier arbre de l'île. Noro leva les yeux vers son ancien ami et de ses lèvres tremblantes s'échappa un seul mot :

« Pourquoi ? »

Make s'immobilisa. Il revint sur ses pas. Il plongea ses yeux durs dans ceux, débordants de douleur, de Noro et un sourire méprisant lui durcit le visage. Il désigna au loin le *Monstre* qui continuait d'avancer en direction de l'*ahu*, et il jeta sèchement :

« Rien d'autre ne compte que lui. »

Il partit rejoindre ses compagnons, laissant Noro le

Longue Oreille, solitaire et noyé au milieu d'une mer de souches desséchées.

Assis sur un rocher dans la grotte d'Haoa, Noro regardait fixement les flammes d'un maigre feu. Il ne pouvait chasser de son esprit l'image du grand palmier, si fort et si beau autrefois, maintenant abattu, débité en rondins pour satisfaire le *moaï*, pour qu'il puisse continuer d'avancer. Cet arbre avait eu tant de valeur à ses yeux. Il était le symbole de l'amour que Ramana et lui éprouvaient l'un pour l'autre. Mais il était plus que cela. Il était aussi le symbole de la survie de l'île. Que restait-il au peuple de Rapa Nui maintenant qu'il était privé de cet arbre ? Une forêt de souches noires. C'était tout.

Haoa était assis sur une moitié de barque. Il méditait. Il prit la parole d'une voix très douce :

« Jadis, nous étions de grands navigateurs. Nous allions pêcher loin des côtes dans de grandes pirogues. » Il s'interrompit et c'est d'une voix empreinte d'une profonde tristesse qu'il reprit : « Cela est perdu à jamais maintenant. » Et, après une profonde inspiration, il poursuivit : « L'Homme-Oiseau ne peut pas faire repousser les arbres, mais il peut essayer de sauver ce qui reste. »

Sauver, bien sûr, songeait Noro amèrement. Mais de quelle manière ? Subitement, il demanda :

« Haoa, pourquoi mon père est-il parti ? »

Le constructeur de pirogue se contenta de le regarder sans rien dire. Noro insista :

« Est-ce qu'il était fou, comme tout le monde le prétend ?

— Tu as vu toi-même où est la folie », répondit l'autre doucement.

Noro leva vers lui un visage perplexe.

« Mais où est-il parti ? demanda-t-il en agitant la main vers le Pacifique. Il n'y a nulle part où aller. Toutes les terres ont été englouties.

— Il fallait qu'il s'en assure par lui-même, répondit Haoa gravement.

— Même s'il devait en mourir ?

— Ton père ne connaissait pas le répit, poursuivit le constructeur de pirogue, et quand ta mère mourut en te donnant le jour, plus rien n'eut d'importance à ses yeux. »

D'un air pensif, Haoa se dirigea vers un creux dans le roc et revint avec un grand objet de forme étrange.

« Plus tard, un jour, j'ai trouvé ça. C'est la marée qui l'a apporté. »

Il tendit cette chose inconnue à Noro qui la prit dans ses mains et se mit à l'examiner très attentivement. Cela ne ressemblait à rien qu'il eût déjà vu. Il ne pouvait dire ce qu'il tenait à la main, car Noro ignorait tout de l'existence des autres pays et de leurs navigateurs. Il n'imaginait même pas qu'ailleurs pussent vivre des hommes à la peau blanche, qu'ils eussent des cheveux sur le visage et de bizarres yeux bleus, et qu'ils fussent vêtus de costumes surprenants qui ressemblaient à des ballons. Et dans ce vieux morceau de bois, couvert de bernacles, il ne put reconnaître la relique d'un bateau inconnu, espagnol, hollandais, portugais, anglais, peut-être.

Il retournait dans ses mains cet objet étrange, avec émerveillement. Il passait le doigt sur des entailles laissées par des coups de scie, des morceaux de cordes, des choses pointues et rugueuses dont il ne comprenait pas l'usage, car jamais auparavant il n'avait vu ni touché de métal ou de rouille. Un anneau qui jadis avait servi à attacher la toile à l'aussière lui tomba dans le creux de la main. Il en resta bouche bée de frayeur et d'admiration :

« C'est les dieux qui ont fait ça ?

— Ou quelqu'un qui ressemble à un homme, répondit Haoa.

— Alors, ça doit provenir des terres englouties, hein ? Hein ? »

Car il n'y avait rien d'autre, n'est-ce pas ? Les autres peuples qui avaient existé jadis avaient bien tous été noyés, ils reposaient bien sous les flots du Pacifique, n'est-ce pas ? C'était bien vrai que le peuple de Rapa Nui était les derniers hommes de la planète, non ? Il levait vers son mentor des yeux brûlants d'interrogation. Haoa ne lui rendit qu'un regard impénétrable.

Noro en avait le souffle coupé. Si cet objet ne venait pas des terres englouties, alors... c'est qu'il y avait quelque chose là-bas. Quelque chose ou quelqu'un, par-delà les eaux qui entouraient Rapa Nui ! Pour la première fois, le garçon envisageait que son île ne fût pas l'unique terre. Cette éventualité le remplissait de stupeur. Ainsi, d'autres mondes devaient exister, et d'autres hommes par conséquent ! Voilà pour quelle raison son père était parti. Tétanisé, Noro fixait l'océan.

« Il avait prévenu grand-père ? demanda-t-il.

— Il a essayé », répondit Haoa avec douceur.

Noro hocha la tête. Il ne lui était pas difficile de comprendre ce que le constructeur de pirogue avait voulu dire. Combien de fois lui-même n'avait-il pas tenté de parler avec l'*Ariki* de ce qui lui tourmentait le cœur ? Chaque fois il s'était heurté à une absence de compréhension ; il ne s'était entendu répondre que de vieilles phrases rabâchées.

« Il me fait tellement honte, Haoa », murmura le malheureux garçon.

En son for intérieur, il se blâmait de n'avoir jamais mis en doute les vieux mythes, de les avoir toujours acceptés comme la vérité. Son père, lui, n'avait pas fait confiance aux balivernes du vieil homme. Comme il avait eu raison ! Il avait eu le courage d'aller découvrir par lui-même ce qu'il en était en vérité...

Haoa avait posé sur Noro un regard dur, attendant que celui-ci se décide à le regarder aussi. Lorsque le garçon eut levé les yeux vers lui, il lui fit une prédiction solennelle.

« Sache que ton père t'aimait et que sa *mana* te guidera un jour, quelque part. »

Sans cesser de tourner dans ses doigts l'étrange anneau de cette matière qui lui était inconnue et qui était du métal, Noro se retourna vers les flammes. Il sentait soudain que cette chose étrange était une sorte de présage, et que peut-être c'était son père qui le lui adressait.

« Quand j'aurai gagné, les choses changeront », dit-il avec détermination.

Haoa sourit :

« Tel père, tel fils. »

Noro réussit à lui rendre son sourire et dit :

« Telle fille, tel père. »

A la mention de Ramana, le visage d'Haoa se radoucit. Il tendit à Noro un morceau d'anguille, dernier reste du frugal dîner qu'ils avaient partagé.

« Va la voir, apporte-lui ça. »

Les sceaux de *tapa* qui fermaient l'entrée de la Grotte aux Vierges avaient passé de couleur sous le soleil et la pluie. Excepté les gémissements du vent solitaire qui se faufilait entre eux, tout n'était que silence. Noro descendit le pan de falaise. Son pied était plus assuré.

« Ramana, c'est moi... Ramana ?... Ramana ! »

Au début, il n'y eut pas de réponse et Noro sentit son cœur cesser de battre. Enfin, une voix épuisée monta de l'obscurité :

« Noro... ? Laisse-moi dormir, mon amour. Ne me force pas à voir cette horreur...

— Il faut que tu manges. Tiens ! »

Il lança le morceau de poisson à l'intérieur.

« C'est ton père qui te l'envoie avec tout son amour.

— Mon père ? fit-elle et, de surprise, sa voix devint plus forte : Il t'aide ?

— Sans lui je serais incapable de gagner », répondit-il avec simplicité.

Ramana laissa échapper un profond soupir. Sa voix désincarnée monta de la grotte, faible et éraillée :

« J'étais justement en train de rêver que tu gagnais quand tu m'as réveillée.

— C'est vrai ? » réagit Noro avec force.

Dans cette grotte sacrée, se pouvait-il que le rêve de Ramana fût prophétique ?

« Et je rêvais de nous deux, poursuivit-elle faiblement. On marchait dans le soleil. On marchait ! Et on était allongés ensemble... sous notre arbre. »

Noro sentit une boule lui monter dans la gorge au rappel du palmier. Il n'avait pas besoin de voir le visage de Ramana derrière les sceaux de *tapa.* Il se représentait parfaitement la scène romantique qu'elle lui décrivait, tous deux baignés dans une effusion de lumière. Tout son corps se tendait vers elle, il sentait presque l'odeur du soleil sur la belle peau de Ramana ; il pouvait en voir les rayons jouer dans le satin noir de sa longue chevelure, si longue qu'elle lui arrivait à la taille.

Noro appuya la tête contre le roc, il sentit la fraîcheur de la lave sur sa joue et il murmura dans un soupir :

« Comme c'est beau... »

CHAPITRE IX

LES FALAISES D'ORONGO

Make courait le long de la falaise d'Orongo en pleine obscurité. Il courait sans s'arrêter, l'estomac vide, la tête vide également. Vide de son désir pour Ramana, vide de son rêve de donner à son peuple un avenir heureux. Ces deux motifs qui l'avaient déterminé à prendre part à la course, il ne les avait plus présents à l'esprit. C'est en automate qu'il courait maintenant. Il était devenu une machine à courir. C'était la seule chose qu'il savait encore faire. Escalader aussi. Et nager. Et courir à nouveau...

A quelque distance de la côte, dans des eaux froides et noires comme de l'encre, Make luttait contre les brisants pour rejoindre une langue de rochers qui s'avançait dans la mer. Arrivé à une haute falaise, il tira son flotteur hors de l'eau et chercha un rebord de lave auquel se suspendre pour faire ses tractions. Cinq... six... sept... Il accomplissait ses exercices sans effort à présent, il était en pleine forme physique. Pourtant, quelque chose d'étrange qu'il venait d'apercevoir au-dessus de sa tête le força à ralentir son rythme. On aurait dit une sorte d'entrée dans le rocher, comme un trou dans la falaise. Tout en haut, au sommet, il aperçut des piquets ornés de plumes. Il les reconnut comme ceux qui délimitaient les frontières de la péninsule de Poike, partie la plus ancienne de l'île sur laquelle il était interdit de pénétrer.

Il hésita, prit son temps pour réfléchir car il n'ignorait

pas que Poike était un lieu hautement tabou. Quiconque en violait les limites encourait la mort la plus douloureuse. Mais Make n'avait pas endurci que son corps à faire des exercices ; il avait aguerri pareillement son esprit qui était à présent aussi aiguisé qu'une lame d'obsidienne. Ainsi, il avait remarqué que les tabous, d'une manière ou d'une autre, favorisaient toujours les Longues Oreilles et qu'en règle générale, c'était surtout aux Oreilles Courtes qu'il revenait de les respecter. C'était du reste ce qu'il avait voulu dire quand il avait crié à Noro qu'il n'y avait pas de dieux. Que les contes et les superstitions de son grand-père n'étaient que des radotages de vieux ! Cette interdiction d'entrer sur le Poike n'était-elle pas simplement une autre de ses superstitions séniles ? Il décida de se rendre compte par lui-même. Il quitta son rebord de lave et entreprit d'escalader la falaise pour inspecter ce trou.

C'était une caverne, cela ne faisait aucun doute. Très précautionneusement, Make grimpa par-dessus la lèvre qui en formait l'embouchure et découvrit des rochers entassés dans une sorte de niche. A l'évidence, on avait voulu dissimuler l'entrée de cette grotte. Il écarta les rochers qui l'obstruaient et resta un moment accroupi à tenter de percer l'obscurité du chenal qui s'ouvrait devant lui. Que c'était noir à l'intérieur, tout noir, d'un noir à presque donner le frisson ! C'était vide aussi, et pourtant une force irrésistible incitait Make à pénétrer à l'intérieur. Il avança en rampant, cherchant son chemin à tâtons. Plus loin, la caverne s'élargissait progressivement et il put s'y tenir debout. Il suivit le chenal qui descendait en serpentant sous la colline en direction de l'océan.

Il s'agissait en fait d'un chenal de lave, témoin du tracé de son écoulement lorsque, encore blanche sous la fusion, elle s'était déversée dans la mer, aux origines des temps.

De l'eau, probablement entrée par une fissure au plafond, en recouvrait le sol. Make continua d'avancer en pataugeant jusqu'à ce que le canal se termine brutalement. C'était tout. Pourtant, il semblait peu vraisemblable qu'il n'y ait rien de plus. Sinon, pourquoi se serait-on donné le mal d'entourer de frontières taboues un lieu sous lequel se trouvait une caverne, par elle-même impossible à découvrir, et d'en bloquer l'entrée ?...

Dans l'obscurité la plus totale, il entreprit de tirer et pousser la paroi de rocher, promenant ses mains partout, à l'aveuglette.

Un roc finit par céder pour révéler un autre passage, également secret. Un ruban de lumière filtrait tout au bout. Make marcha prudemment dans cette direction.

Si le lieu n'avait été tabou et si quelqu'un s'était trouvé sur la colline en cet instant, il aurait pu remarquer que l'herbe s'animait subitement d'une vie étrange. Il aurait vu un rocher se soulever, être repoussé de côté, et une tête apparaître. Mais personne ne vit rien de tout cela.

La tête était celle de Make qui émergeait enfin du tunnel, dans l'ignorance la plus absolue de l'endroit où il venait d'aboutir. Il regarda tout autour de lui et comprit qu'il était sur le plateau de Poike. Il se trouvait au sommet d'une butte conique dont la roche du sol était constituée de cendres solidifiées. Plus loin, un autre cône de cendres se dressait, juste au bord de la falaise escarpée, et dominait la mer. Entre ces deux buttes, sur une distance de trois kilomètres environ mais qui semblait ne jamais devoir se terminer, s'étirait une tranchée, longue et sinistre.

Make décida de l'explorer. Elle était vide. Cependant, le fond en était recouvert de morceaux de bois et de pieux aiguisés, tous dirigés dans le même sens, sur le centre de l'île. A une centaine de mètres de l'autre côté de la tranchée, les plumes des piquets flottaient au vent, délimitant la zone interdite. Derrière, le plateau s'arrêtait brutalement, surplombant l'océan d'un à-pic d'une centaine de mètres. La tranchée formait un petit sentier qui semblait l'unique voie permettant de quitter les lieux.

Accès unique, mais très étroit également. On aurait dit un abri défensif. Mais qui l'avait construit, et quand ? Et surtout pour quelle raison ? Contre quel ennemi ? Make ne savait quelles réponses apporter à toutes ces questions. Il plissa les paupières et regarda à nouveau les plumes de démarcation au bord de la falaise. Il se retourna et en aperçut d'autres, en bas de la pente. C'est dans cette direction qu'étaient pointés les pieux menaçants.

Apparemment, les gens qui avaient construit cet abri ne tenaient pas à ce qu'il fût découvert, bien qu'il fût situé au sommet d'une colline et de ce fait facilement repérable. Voilà pourquoi ils avaient déclaré le lieu tabou et en avaient assuré la protection en l'entourant d'une frontière. C'était un mystère. Mystère Longue Oreille, nécessairement, car aucune légende Oreille Courte ne faisait mention d'un endroit comme celui-là. Make restait immobile, intrigué et anxieux, cherchant à percer cette énigme.

Il tenta de localiser l'endroit d'après la place des étoiles dans le ciel, afin de le garder en mémoire. Ce lieu l'effrayait, mais en même temps quelque chose lui disait que le connaître lui servirait un jour.

Bien que Make se tînt au sommet de la falaise, que la lumière des étoiles et de la lune se reflétât dans l'eau, l'obscurité était trop grande alentour pour que son regard pût porter jusqu'à Moto Nui. S'il l'avait fait, il aurait vu qu'une forme planait au-dessus de la petite île balayée par les vents, suivie d'une autre, et d'une autre encore.

Un cri grandissant lançait un défi au grondement des vagues, en venait à le supplanter, c'était le cri perçant des oiseaux de mer. Ils faisaient leur cour, construisaient leurs nids et pondaient leurs œufs. Le printemps était revenu. Les *manotaras*, les oiseaux du soleil, avaient retrouvé les rivages de Moto Nui. Hotu Matu'a avait envoyé ses oiseaux sacrés. L'heure de la course pour le titre de l'Homme-Oiseau avait enfin sonné.

Le lendemain, quand le jour parut, un prêtre-oiseau se tenait déjà au sommet des falaises d'Orongo. Il scrutait l'île de Moto Nui. Cela faisait plusieurs jours qu'il s'était installé dans ce village réservé aux cérémonies rituelles, pour guetter l'arrivée des oiseaux de mer, des sternes noirs, les *manotaras*. C'était un lieu religieux et sacré, bâti voilà des lustres entre l'immense cratère de Rano Kau et la falaise abrupte qui dominait la mer d'une hauteur de trois cents mètres.

Composé de huttes de pierre, ce village rituel était construit à la façon des villages Longues Oreilles, autour d'une place centrale sur laquelle se dressaient trois *moaïs* sur un petit *ahu*. De taille moyenne, ces *moaïs* ne mesuraient pas plus de trois mètres, mais ils étaient très anciens et, de ce fait, doués d'une *mana* remarquable. Aux alentours d'Orongo, des images de l'Homme-Oiseau étaient peintes et sculptées sur les rochers, probables représentations d'Hommes-Oiseaux des temps anciens. Le sommet de la falaise était également couvert de pétroglyphes sacrés.

La nuit passée, des milliers de *manotaras* étaient arrivés dans un grand remous d'ailes ; à présent, ils étaient des milliers à lancer de longs cris perçants, à planer au-dessus des rochers et piquer dans les vagues. Le prêtre resta à les contempler durant plusieurs minutes, puis il fit demi-tour. Il marcha jusqu'au rebord qui surplombait le cratère massif de Rano Kau et pressa ses lèvres contre l'embouchure d'une trompe de pierre. Le son se répercuta clairement sur les parois du cratère et l'île de Rapa Nui tout entière l'entendit.

On entendit la trompe de pierre de l'autre côté des collines dénudées et des plaines hérissées de tronçons : c'était là que se trouvait Noro. Assis sur la souche de son précieux palmier, il laissait ses pensées voguer au loin, emportées par les voltiges d'un *manotara* au-dessus de sa tête. « D'où viens-tu... et où vas-tu ? Et qu'as-tu vu là-bas ? » Mais l'oiseau ne répondait que par des cris d'oiseau. Noro n'avait pas eu besoin d'entendre la trompe, il savait déjà que l'heure était venue. Il se leva pour retourner dans la caverne d'Haoa. Il portait au cou l'anneau mystérieux et rouillé. C'était peut-être un cadeau de son père, il le porterait pendant la course.

On entendit la trompe de pierre jusque sur la plage

sablonneuse d'Anakena où des concurrents Longues Oreilles folâtraient avec les jeunes filles de leur cœur. Ils cessèrent leurs ébats dès qu'ils l'entendirent, comprenant que l'heure était venue.

On entendit la trompe de pierre dans le village Longue Oreille et de derrière le chapeau de scorie qui couronnait la tête du *Grand Moaï*, surgit le visage de Make. Il était prêt à répondre à l'appel. Lui aussi savait que l'heure était venue. Ses regards se portèrent au loin vers Orongo, puis ils s'abaissèrent vers le village. Les Longues Oreilles sortaient de leurs huttes pour se rendre en masse au lieu d'où provenait le son.

Avec une intense satisfaction, Make balaya une ultime trace de poussière sur le chapeau du *Monstre*, puis il saisit une corde de *tapa* et se laissa glisser le long des dix-huit mètres que faisait la statue, magnifique et parfaitement achevée. Au pied, devant l'*ahu* du clan Miru, l'attendaient les vaillants et fiers Oreilles Courtes.

A l'instant où Make atterrissait, la litière de l'*Ariki-mau* était soulevée sur les épaules des porteurs. Suivie de Tupa et de son entourage, elle emportait l'Homme-Oiseau auprès du *Grand Moaï*. Arrivé là, l'*Ariki* descendit à bas de sa litière et s'avança d'un pas très lent vers Make. Son teint tirait sur le jaune, ses yeux étaient enfoncés et cernés, il semblait gravement malade. Quand il prit la parole, ce fut d'une voix faible et croassante :

« Fini ? »

Make hocha la tête. Longue Oreille ou Oreille Courte, chacun retint son souffle.

L'Homme-Oiseau recula pour mieux juger de l'effet. La statue se dressait très haut au-dessus de sa tête, un peu vague, auréolée de la lumière du soleil levant. L'*Ariki* fit lentement remonter son regard à la recherche d'un défaut, sans en noter un seul. Indubitablement, le *Grand Moaï* était achevé, le dos entièrement sculpté, et la rampe de rochers qui avait facilité son érection avait été démantelée pierre à pierre. Il dressait ses dix-huit mètres, sans compter le chapeau qui devait bien ajouter un mètre cinquante à sa hauteur totale. L'*Ariki* se tenait dans l'ombre de la statue, et celle-ci s'étirait au sol sur une longueur de deux cents mètres : tout était exactement conforme aux ordres qu'il avait donnés. Rien d'aussi extraordinaire n'avait jamais été vu, voire simplement imaginé, sur l'île de Rapa Nui.

Derrière l'Homme-Oiseau, et jusqu'à la carrière, s'étendait un carnage de terre retournée et de morceaux de bois. Le *Monstre* avait levé son tribut sur Rapa Nui. Face à l'Homme-Oiseau, le gigantesque *moaï* donnait à tout ce qui l'entourait des allures de nains.

« *Et voilà, Hotu Matu'a*, songeait l'Homme-Oiseau, *voilà le plus grand* moaï *jamais sorti de la main de l'homme. Et avec un chapeau. Cette chose déborde de* mana. *T'en faut-il davantage ? Il est temps maintenant que ta Pirogue Blanche vienne me chercher et m'emporte en triomphe au Royaume des Esprits, dans la vie éternelle.* »

L'*Ariki-mau* fouillait ardemment l'horizon de ses yeux. Mais l'océan était vide, aucune voile n'était en vue, seules s'agitaient les vagues. Hotu Matu'a n'appréciait-il donc pas le *Grand Moaï*... Des larmes jaillirent des yeux enfoncés de l'*Ariki-mau* et il secoua lentement la tête. Il leva les épaules et dit dans un profond soupir :

« Ce ne doit pas être suffisant... je pense. »

Un frisson de terreur parcourut les rangs des Oreilles Courtes. Le sang se figea dans leurs veines. Ainsi, ils avaient passé six mois à se crever pour rien ; six mois de famine pour voir leur œuvre rejetée ! Et Make, alors ? Est-ce que ça voulait dire qu'il allait être sacrifié ?

Mais déjà le vieillard s'était tourné vers lui et prononçait d'une voix apathique :

« Tu es autorisé à participer à la compétition. »

Pour l'Homme-Oiseau, rien n'avait plus d'importance, à présent. Que Make fasse la course ou pas, lui était bien égal.

En revanche, la décision de l'*Ariki* révoltait le grand prêtre, et ses paupières se plissèrent dangereusement.

Dans une explosion de joie, les Oreilles Courtes soulevèrent Make sur leurs épaules et prirent la route d'Orongo pour répondre à l'appel de la trompe.

Ils partirent, laissant dans leur sillage l'Homme-Oiseau demeuré sur place, ravagé et perdu. Il ne comprenait plus.

« *Que désires-tu de moi, Hotu Matu'a ? J'ai fait tout mon possible. J'ai surpassé tous les Hommes-Oiseaux qui ont régné avant moi. J'ai mis des chapeaux rouges à tous les* moaïs *du clan Miru, car je pensais que tu les appréciais. J'ai dessiné et construit le plus grand* moaï *jamais vu. Et tu continues à me rejeter. Hotu Matu'a. Tu n'as toujours pas envoyé ta Pirogue Blanche. Pourquoi ? Que dois-je faire pour te plaire, Grand Ancêtre ? Et qu'adviendra-t-il, maintenant, de mon immortalité ?* »

Assis sur un rocher dans le chenal de lave dont Haoa avait fait sa caverne, Noro fit la grimace. Le constructeur de pirogue était en train de lui faire un tatouage à la cheville, en lui donnant ses dernières instructions.

« De quoi as-tu le plus peur ? »

Noro hésita, bien qu'il sût très bien quoi répondre.

« Des trente derniers mètres de descente. »

C'était à partir de cette hauteur que la falaise d'Orongo devenait une paroi verticale, surplombant des rochers aiguisés prêts à accueillir la chute tout en bas. Haoa releva la tête :

« Alors, tu sais ce que tu as à faire. »

Noro hocha la tête. Lui tendant un petit paquet, Haoa fit une ultime mise en garde :

« Avant qu'on ne te couvre de peinture, enduis-toi de cela. C'est du foie de poisson. Ça te protégera du froid... Et n'oublie pas, les autres feront n'importe quoi pour remporter la victoire.

— Tu seras là ? » demanda Noro, d'une voix pleine d'espoir. Haoa secoua la tête :

« Non, j'ai fait tout ce que je pouvais pour toi. De plus, j'ai un travail à finir. » Il tendit à Noro un bel hameçon de corail. « Mets-le. Il te portera chance. Il a appartenu à ton père. »

Noro saisit avidement le morceau de corail et le retourna dans ses doigts avec une grande déférence. Puis, empli d'une émotion sincère, il le glissa à côté de l'anneau rouillé qu'il portait au cou. Ainsi, son père ferait, en quelque sorte, la course avec lui. Il demanda doucement :

« Haoa... Vous étiez amis, mon père et toi ? »

Le visage sévère d'Haoa s'emplit de tendresse :

« Des frères, plutôt », répondit-il d'une voix très douce, se rappelant quels inséparables compagnons ils avaient faits tous les deux, des compagnons qui ne regardaient pas à la longueur des oreilles.

« Alors, pourquoi n'es-tu pas allé avec lui ? »

Durant toutes ces années, le souvenir de son ami parti au loin n'avait cessé de hanter le constructeur de pirogue. Il regarda au-dehors, il regarda la mer et il sourit d'un sourire plein de tristesse.

« J'ai eu peur », répondit-il avec simplicité.

Noro comprit. Il se leva et serra l'épaule d'Haoa. En un clin d'œil, il avait disparu. Haoa resta seul.

Une fois l'an, à l'occasion de la course de l'Homme-Oiseau, le village de cérémonie au sommet d'Orongo renaissait à la vie. Les Longues Oreilles s'y rendaient pour célébrer l'arrivée du printemps et le retour des oiseaux. Ce soir, dans la lumière du crépuscule, des centaines de torches se mouvaient le long des falaises. Au-delà du volcan Rano Kau, les trois petites îles de Motu Nui, Moto Iti et Moto Kau Kau dressaient leurs contours en un sombre signe de bienvenue et le défi qu'elles lançaient aux concurrents était plus sombre encore.

Précédés de statuettes en *tapa* représentant des oiseaux, les Longues Oreilles arrivaient en une procession nombreuse à la tête de laquelle paradaient fièrement les champions de chaque clan. La foule dépassa les trois anciens *moaïs* et s'attroupa sur la place dans les rires et les cris. L'atmosphère était à la fête. Chacun avait revêtu ses atours les plus beaux et les plus provocants et arborait des plumes de toutes les couleurs, piquées dans les cheveux ou dans les bandeaux de rafia qui ceignaient les fronts. Tous portaient autant de bijoux que le leur permettait la longueur de leur cou et de leurs bras.

Car cette nuit glorifiait la fertilité du printemps à venir. Cette nuit était consacrée à boire, à manger, à danser et à faire l'amour. Demain, afin d'assurer la succession de l'Homme-Oiseau qui protégeait le peuple, sept jeunes champions tenteraient, au péril de leur vie, de rapporter un œuf fragile à la coquille mouchetée de brun. Mais cette nuit ignorait encore les craintes, elle se voulait dédiée au seul plaisir.

Porté sur sa litière, l'*Ariki-mau* fermait le cortège des Longues Oreilles. A la lumière des torches, il avait l'air lointain, distant. On aurait dit qu'il n'avait plus qu'un pied dans le présent, l'autre étant... les dieux seuls savaient où. Tupa se félicitait de sa rapide déchéance. Et, transporté de joie secrète, il ne quittait pas le vieux chef des yeux. Plus tôt il partirait, plus tôt lui-même pourrait le remplacer.

Après la cour de l'Homme-Oiseau, venaient les Oreilles Courtes. Ils marchaient sans torches car ils n'en avaient pas. Ils ne portaient pas non plus d'habits de fête ni de vêtements de *tapa* peints. Ils n'avaient pas de bracelets de raphia aux chevilles, ni de colliers de coquillages au cou. La fierté et l'espoir étaient leurs seuls joyaux. Ils avançaient, silencieux et gênés, bien qu'ils eussent gagné le droit d'être présents cette nuit. Ils sentaient la haine des Longues Oreilles, leur rancœur à leur égard ; et les regards moqueurs qu'ils voyaient dans leurs yeux les écorchaient à vif. Entre les deux peuples, la tension était palpable. Porté sur les épaules des Oreilles Courtes, Make fit son entrée sur la place du village sacré, tanière des Longues Oreilles.

Dès que l'obscurité tomba, les torches furent jetées dans le brasier central. Des flammes montèrent haut et alors commencèrent les festins et les danses. La lumière du feu lançait des ombres étranges sur les corps sensuels des femmes qui tapaient des pieds en dansant au roulement des tambours et agitaient leurs seins nus au rythme de leur chant, dans un total abandon. Leurs yeux lançaient des éclairs, leurs têtes aux longues chevelures s'ornaient de parures de raphia grandes comme des chapeaux. Sous leurs jupes très courtes, leurs cuisses aguichantes semblaient une invite. Et toutes ces femmes à demi nues, la belle Pua en tête, jetaient des regards appuyés de gestes attirants aux hommes assis en cercle autour du feu, qui leur souriaient en les dévorant des yeux.

Chaque clan avait sa place autour du brasier. Tout le monde sortait la nourriture de ses paniers en faisant étalage de sa maigre pitance, car chaque clan prétendait montrer aux autres qu'une poignée de *kumaras* racornies était tout ce qu'il possédait pour célébrer la fête. Néanmoins, les Longues Oreilles, pour la plupart, avaient au cours des mois mis de côté et conservé bananes et *kumaras* en grand nombre. Et, pour l'occasion, tous avaient au moins sacrifié un poulet.

Les Oreilles Courtes qui n'avaient rien et nul besoin de prétendre, restaient à regarder, en écoutant leurs estomacs gargouiller.

Devant les concurrents assis sur le sol aux pieds du chef Longue Oreille pour lequel ils combattaient, les prêtres de chaque clan psalmodiaient les invocations inscrites sur les soixante-sept tablettes de RongoRongo que, d'après la légende, Hotu Matu'a avait apportées avec lui sur Rapa Nui. Considérées comme magiques, ces invocations étaient destinées à porter chance aux concurrents.

Les femmes âgées qui ne dansaient pas étaient occupées à peindre sur le corps des coureurs les couleurs de leur clan. Elles utilisaient, pour ce faire, des pigments obtenus à partir de baies très rares, de roches contenant métaux ou minerais, qu'elles avaient broyées en poudre et dont elles avaient fait une pâte. Makita, du clan des Kotuu, était peint de rayures sombres et claires, Haumoana, des Pounatea, était enduit de brun, tandis que Nune, des Marama, ne portait que du blanc. Hinaioio, champion des Hamea, était mi-blanc mi-ocre, couleur de son clan. Le corps de Noro, de même que celui de Ngaara, était passé à l'ocre, celui de Noro luisait d'un jaune passé, car la terre qui avait servi à fabriquer sa couleur contenait du fer, alors que celui de Ngaara éclatait d'un rouge violent.

Make était le seul à ne pas être coloré, car les femmes Oreilles Courtes ne possédaient pas de ces précieux pigments. Des cendres de leurs feux, elles tirèrent des bouts de bois carbonisés et le passèrent au charbon, de sorte qu'il fut bientôt noir comme la nuit.

Peindre les adversaires avait une signification rituelle, mais servait aussi d'autres desseins. Les couleurs permettaient aux spectateurs de distinguer les clans. De plus, le pigment étalé en couche épaisse protégeait du froid de l'eau, du moins tant qu'il ne s'était pas effacé.

Comme Haoa lui avait dit de le faire, Noro s'était enduit le corps d'huile de poisson avant de se faire peindre en jaune. Mais ce n'était pas un avantage, car tous avaient fait de même, à l'exception de Make.

La danse se faisait plus lascive. Comme à l'accoutumée, Pua surpassait toutes les autres danseuses et se mouvait avec une sensualité troublante devant les jeunes champions. Imprimant à ses hanches des torsions suggestives, elle venait placer le bas de son ventre à hauteur de leurs yeux et lançait à chacun des clins d'œil qui le portaient à croire qu'il était seul l'élu. Makita, jeune homme puissamment bâti qui concourait au nom des Kotuu, se leva pour danser avec elle. Il avait toujours éprouvé un penchant pour ses charmes et, tout en dansant, il ne quittait pas des yeux les hanches souples de Pua.

Çà et là, des couples en sueur se levaient pour s'éclipser dans l'obscurité. Près du feu, un homme et une femme, les corps soudés l'un à l'autre, les yeux dans les yeux, les mains dans les mains, échangeaient un simulacre d'œuf d'une bouche à l'autre dans un échange lascif. Toute une année, les gens avaient attendu le rite printanier de la fertilité et ils entendaient le célébrer totalement. S'abandonner de manière débridée à l'amour signifiait bien honorer les dieux et les hommes et les femmes de Rapa Nui étaient trop religieux pour s'insurger contre cette règle.

L'*Ariki* posait sur la scène un regard embrumé sans parvenir à en voir les images de façon précise. Le bruit des accouplements, l'odeur musquée du sexe et des couples en rut parvenaient à lui, ravivant ses souvenirs.

« Bien, bien... ayons plus de bébés... ayons plus de tout. C'est cela qu'il nous faut... » Il leva les yeux vers le ciel où probablement Hotu Matu'a l'entendait. « N'est-ce pas ce que tu veux ? »

De l'autre côté de la baie, la petite île découpée de Moto Nui attendait le lever du jour.

L'Homme-Oiseau se tenait sur le bord déchiqueté du cratère d'Orongo, face aux clans réunis, tous rassemblés derrière leurs champions. S'abritant des durs rayons du soleil sous les larges feuilles de leurs parasols, les chefs Longues Oreilles arboraient des lobes ornés des pierres les plus étincelantes et paradaient, vêtus des couleurs de leurs clans, identiques à celles dont étaient peints les corps des jeunes gens qui les représentaient. Contrastant avec leur exubérante sexualité de la veille, les Longues Oreilles étaient sombres et pleins de révérence. Mais cette humeur changerait dès que le signal de la course aurait été donné. Alors, hurlements, saluts et paris iraient bon train et la réunion prendrait des allures plus débridées.

Vêtu de son manteau le plus impressionnant, les plumes de son chignon agitées par la brise matinale, le grand prêtre se tenait devant la foule et récitait les règles ancestrales de la compétition pour le titre d'Homme-Oiseau.

« Chaque concurrent a juré devant les dieux qu'il prenait pour son clan l'engagement solennel de descendre ces hauteurs, de nager jusqu'à Moto Nui en passant devant le grand rocher de Moto Kau Kau et l'îlot de Moto Iti, et de découvrir le premier œuf pondu par un *manotara*. Puis, de rapporter cet œuf jusqu'ici en escaladant la falaise et de le remettre entre les mains de son Homme-Oiseau, afin que soit assurée une succession pacifique à l'incarnation sur terre de MakeMake. »

Le grand prêtre ponctua ses paroles d'un coup de pagaie sur le sol et les coquillages qui l'ornaient se mirent à cliqueter. C'était un signal. Il donnait aux adversaires un ultime instant pour graisser leurs corps, vérifier leurs flotteurs de *totora*, et resserrer les bandeaux autour de leurs têtes.

Un peu à l'écart des autres, un groupe de Longues Oreilles avait déjà commencé à placer des paris, utilisant des coquillages en guise de monnaie. Le favori était Ngaara, réputé aussi bien pour son caractère impitoyable que pour ses qualités de nageur. La force et la taille de Makita lui valaient également une bonne part des mises. Des parieurs, moins nombreux ceux-là, gageaient sur Hinaioio, Nune ou Haumoana. Personne ne voulait parier sur Noro une seule coque de palourde, fût-elle brisée. Quant à Make, son nom n'était même pas prononcé.

Paa, le chef du clan Kotuu, vint se placer derrière Makita et, non sans quelque nervosité, entreprit de lui masser les épaules, lesquelles s'ornaient des rayures distinctives de son clan.

« On dirait qu'il y a moins d'oiseaux cette année et qu'il fait plus froid aussi, tu ne trouves pas ? »

Épuisé par sa nuit avec Pua, Makita acquiesça avec un long bâillement. Cependant, il jura qu'il était dans la meilleure des formes pour remporter la course. Les autres concurrents faisaient des confidences similaires, mais la peinture de leurs visages leur permettait de dissimuler la peur qui, peut-être, les étreignait.

Ces mois entiers d'entraînement épuisant et ardu avaient atteint leur terme inexorable, ces dernières minutes qui précédaient la course et la compétition elle-même, terriblement dangereuse qui allait commencer et qu'un seul pouvait remporter. Désirs, rêves, angoisse, espoir, amour du pouvoir, volonté de vaincre, fierté d'être proclamé le meilleur, mille émotions s'affrontaient dans le cœur de chacun de ces sept jeunes gens.

Tupa leva la main pour obtenir le silence et agita de nouveau sa pagaie.

« Voilà donc ce que vous avez à faire pour remporter la victoire et être le représentant des dieux sur le Nombril du Monde. Voilà ce que vous devez faire pour régner sur tous les autres clans. »

Il fit une pause. Un étrange craquement venait de se faire entendre. On aurait dit qu'il montait du vide, de l'autre côté de la falaise. Après un regard dans cette direction, le grand prêtre reprit :

« Et pour deux d'entre vous, il y a aussi ceci... »

Tous les yeux se tournèrent vers l'endroit d'où provenait le bruit. A l'aplomb de la Grotte aux Vierges, des prêtres se tenaient auprès d'un palan. Make et Noro se mirent à fixer la scène sans pouvoir en détacher le regard. Des cordes apparurent tout d'abord, lentement, puis vint le tour d'une cage. Elle atteignit le rebord de la falaise et fut tirée en arrière par mesure de sécurité. Une pauvre silhouette se tenait dans la cage, immobile et recroquevillée, la tête et le visage dissimulés sous un linge sale et souillé. Noro et Make retenaient leur souffle. Les prêtres maintenant faisaient tourner la cage et en ouvraient la porte. La silhouette eut un mouvement. Un bras tout maigre et blanc releva le tissu qui lui couvrait la tête. L'assistance tout entière suffoqua de stupeur. C'était Ramana ou plutôt, ce n'était plus que l'ombre d'elle-même.

Ces six mois passés recroquevillée, toute seule dans le noir, avaient porté un coup terrible à son jeune corps plein de vie. Elle était affreusement amaigrie, sa peau n'était plus qu'une mince membrane où saillaient les piques de ses os. Ses lèvres étaient fendues, son teint effroyablement translucide. Ses cheveux tout emmêlés étaient sales, ses ongles des mains et des pieds étaient aussi longs et crasseux que des serres d'animal.

A l'instar des lézards et des scarabées qui naissent et meurent au fond des cavernes et ne voient jamais la lumière du jour, qui n'ont pas d'yeux, n'en ayant pas besoin, la belle Ramana, la fille d'Haoa, avait perdu les siens. Ses grands yeux d'autrefois, si beaux et si sombres, étaient maintenant profondément enfoncés dans l'orbite. L'obscurité l'avait rendue aveugle.

Derrière ses paupières baissées, les rayons du soleil l'éblouissaient atrocement, et elle fermait les yeux de toutes ses forces pour éviter la douleur. Avec un léger gémissement, elle tourna son visage sans regard vers la foule. A ce spectacle, les Longues Oreilles éprouvèrent un choc et réagirent par un silence pétrifié. Les Oreilles Courtes, en revanche, se mirent à s'agiter et manifestèrent leur colère à voix basse.

Ironiquement, l'incarcération avait corroboré la théorie des Longues Oreilles. Ramana était peut-être faible et enlaidie, elle avait peut-être perdu la vue, mais sa peau était devenue aussi blanche que les nuages.

Pour Noro, c'était un spectacle d'horreur. La fille qu'il aimait, jadis si belle, si ferme, éclatante de santé, n'était plus maintenant qu'une créature aveugle et brisée. Horrifié, le garçon ne put se retenir. Il cria son nom d'une voix sourde et voulut s'élancer vers elle. Mais les hommes de son clan le retinrent de leurs mains puissantes.

Les prêtres aidèrent Ramana à sortir de la cage. Elle pouvait à peine marcher. Ses épaules étaient terriblement voûtées et quand elle esquissa un sourire, des dents affreuses apparurent dans sa bouche, toutes vertes et pourries.

« J'ai gagné », murmura-t-elle, tremblante d'une fierté mêlée de soulagement et de peur.

Sa sentence de six mois était achevée. Elle avait rempli sa part d'engagement. A Noro de remplir la sienne, à présent.

L'*Ariki-mau*, qui jusque-là n'avait cessé de scruter l'horizon d'un regard frénétique, finit par remarquer le silence subit de la foule. Revenant à la réalité, il jeta un coup d'œil distrait sur Ramana.

« Quoi ? Ah oui, très joli... Qu'on la lave et qu'on lui allonge les oreilles. » Il agita les doigts. « Allez, commençons maintenant. »

Hors de lui, Make serrait les dents, déchiré entre sa

pitié pour Ramana et sa fureur contre les Longues Oreilles. Qu'ils aient eu la cruauté de prendre une fille magnifique comme Ramana pour la réduire à cet état le faisait trembler de rage. Il sentait ses doigts se crisper et devenir des armes, elles iraient serrer la gorge de ce salaud de Tupa et de ce crétin de vieux chef aussi, qui avait laissé commettre une atrocité pareille ! Mais c'est surtout Noro qu'il voulait étrangler. S'il n'avait pas séduit Ramana avec ses manières de Longue Oreille prétentieux, rien de tout cela ne serait arrivé.

A cette pensée, la digue qui contenait ses sentiments se rompit et toutes les injustices endurées par son peuple lui revinrent en mémoire, l'étouffant sous leur flot. Les Longues Oreilles étaient à l'origine de tout. Ici et maintenant, il jura de prendre sa revanche.

Noro était encore la proie du vertige que lui avait causé la vue de Ramana, l'état pitoyable dans lequel elle était, sa cécité et sa fragilité. L'indifférence de son grand-père le mettait dans un état de rage tel qu'il n'en avait connu jusque-là. Non seulement ce vieil imbécile avait ordonné une monstruosité pareille, mais encore il semblait s'en soucier comme de sa première plume ! Une colère noire le prit. S'arrachant aux mains des hommes de son clan, il alla vomir sa fureur au visage du vieil homme. Et les dents serrées il articula :

« Matua Tane, si je remporte la course, c'est moi qui serai le prochain Homme-Oiseau. Il est temps que tu te retires. »

Le grand prêtre jubilait.

Son ultimatum délivré, Noro revint prendre sa place parmi les concurrents, laissant son grand-père frappé de stupeur.

*Noro osait le défier ? C'était inconcevable ! Comme son père l'avait fait avant lui. Le fruit ne tombe jamais loin de l'arbre ! Comment, lui, l'*Ariki-mau, *il ne serait plus* Ariki *? ! Mais alors, Hotu Matu'a ne lui enverrait plus sa Pirogue Blanche, il ne viendrait pas le chercher. Jamais !*

La foule commençait à s'agiter, impatiente de voir la course commencer. On attendait le signal du départ que devait donner l'*Ariki-mau*. Mais le vieux chef gardait le silence sous l'emprise d'images terribles qui le paralysaient. Après un long moment, Tupa s'inclina vers lui pour lui souffler sa réplique :

« Dites : Partez ! »

L'*Ariki-mau* cligna des yeux, forçant son esprit à réintégrer le présent. Il agita ses doigts aux ongles si longs.

« Partez ! »

La course avait commencé.

Ainsi, la course avait commencé. Un hurlement sauvage s'éleva de la foule quand les concurrents s'élancèrent par-dessus le bord du cratère. Leurs radeaux de *totora* accrochés sur le dos, ils filaient tous les sept à la queue leu leu, à une vitesse follement dangereuse, cherchant l'endroit le meilleur pour entamer les trois cents mètres d'escalade avant d'arriver à la mer.

Makita était parti en tête. Ses jambes aux rayures claires et sombres dévoraient le sol, l'emportant hors de vue. Ngaara du clan des Ngatimo arrivait derrière lui. Il le touchait presque et, dans un dernier effort, il se jeta sur lui et le poussa de toutes ses forces. Makita se mit à chanceler sur un pied. Il tenta vainement de conserver l'équilibre, avant de basculer, battant l'air de ses membres. Avec un hurlement de terreur, il disparut, happé par un vide de trois cents mètres de haut.

Sous le choc, les autres adversaires marquèrent un temps d'hésitation et s'immobilisèrent une fraction de seconde, incapables de croire ce que leurs yeux avaient vu. Ngaara qui avait passé toute son enfance avec Makita, qui avait fait avec lui tant de glissades sur la Pente aux Bananes, qui lui avait piqué des filles, lui en avait cédé aussi, Ngaara n'avait pas reculé à lever la main sur Makita, son meilleur ami, son ami de toujours. Et maintenant, Makita était mort, alors que l'instant d'avant, il courait avec eux !

Ngaara le Rouge prit la tête de la course. Et son ricanement terrible signifiait qu'il en va toujours ainsi à la guerre ; alors, pas de quoi pleurnicher !

Au bord du cratère, les spectateurs étaient anéantis, eux, par le spectacle auquel ils venaient d'assister. Mais ils avaient vu, de leurs yeux vu, le corps tournoyer en l'air pour aller s'écraser sur les rochers en bas. Ils avaient entendu les cris et le silence qui avait suivi et ils savaient que c'était Makita, car tous avaient reconnu sa stature et les rayures de son corps. Les cris de joie devinrent une huée générale.

« Il l'a poussé ! hurlait frénétiquement Ira, le chef du clan Kotuu au chef des Ngatimo. Ton Ngaara a poussé mon coureur !

— Et alors, répliquait Epe avec un mauvais sourire, c'est ça, un gagnant ! »

Il échangea avec Tupa un clin d'œil où se lisait la fierté. Un de moins. Plus que cinq à présent.

Ceux qui avaient parié sur Makita durent abandonner leurs mises. D'autres paris furent pris. La cote de Ngaara avait grimpé en flèche, au détriment de tous les autres.

Les cinq adversaires suivaient la silhouette rouge qui les avait distancés. Ngaara descendait déjà le long de la paroi, concentré sur ses prises. Cette vision leur rendit leurs esprits et ils se ruèrent à sa suite. Ils avaient une grande distance à combler.

Les pieds calleux s'agrippaient à la pierre, les mains volaient d'un rocher à l'autre. Aucun coureur ne ralentissait l'allure, personne ne se préoccupait des autres. La vitesse était follement dangereuse, et le chemin long jusqu'en bas. L'escalade était difficile, surtout avec un flotteur accroché sur le dos. Mais c'était à cela qu'ils s'étaient entraînés, à descendre la falaise et à dominer les vagues, allongé ou debout sur leurs petits radeaux. Tout ce qu'ils avaient appris durant ces mois d'exercices douloureux allait leur servir maintenant.

Des jambes de toutes les couleurs descendaient la falaise. Hinaioio, mi-blanc, mi-ocre, sautait comme un singe, les genoux pliés, les bras en balancier. Haumoana, couleur de terre, se laissant glisser comme une chèvre pour se recevoir d'un pied sûr et agile. Make et Noro filaient à vive allure, presque au coude à coude. Laissant Nune en arrière, tous regagnaient du terrain sur Ngaara.

La dénivellation était moins à pic maintenant. Sur le côté, un sentier montait et descendait en serpentant. Il évitait de prendre la paroi verticale, mais il était plus long. Il faisait tout d'abord une sorte de longue ligne droite qui se coudait brusquement et descendait en diagonale pour rejoindre, après un autre coude, une autre ligne droite, parallèle à celle du haut.

Ngaara bondit sur le sentier et se mit à dévaler latéralement la pente. Il avait déjà passé le premier coude et entamait la diagonale quand Make déboucha tout en haut de la partie horizontale. S'il était en avance sur Noro, il était loin derrière Ngaara. Il n'avait qu'un moyen de rattraper la distance, en coupant la diagonale, c'est-à-dire en se laissant glisser de la partie horizontale d'en haut à celle d'en bas. La manœuvre était périlleuse. Mais Make ne craignait pas le danger. Il se laissa tomber et se reçut lourdement en bas sur le sentier. Encore agrippé des mains aux pierres au-dessus de sa tête, doigts et muscles tendus, il négocia un autre raccourci et réussit à passer un tournant. Ngaara l'y attendait. Se retournant comme une furie, il balança violemment son flotteur à la tête de Make qui l'évita de peu. Et tous deux reprirent leur course.

Ils avaient disparu quand Noro atterrit à son tour sur la partie inférieure du sentier. Il avait pris le même raccourci que Make, alors qu'Haumoana qui avait choisi de suivre le sentier en était encore à dévaler les tournants, précédant de peu Nune et Hinaioio. Cent mètres plus bas, l'océan bouillonnait. Entre le vertige et les trente mètres qui restaient encore à descendre le long d'une paroi verticale, tout pouvait arriver.

La course comptait encore six adversaires, tous peints de couleurs différentes. Mains noires... pieds jaunes...

muscles blancs... sans compter les jambes rouges de Ngaara qui bondissaient sans relâche... Tous étaient résolus à prendre la route la plus courte pour arriver en bas. Au sommet de la falaise au bord du cratère, les clans criaient pour soutenir leur champion.

Make et Noro, toujours au coude à coude derrière Ngaara, se lançaient des regards haineux en se dépassant l'un l'autre. Erreur qui fit perdre à Make sa concentration. Il trébucha. Des pierres s'éboulèrent sous ses pieds, et il roula cul par-dessus tête pour se retrouver sur le dos à dévaler la paroi rocheuse.

Son radeau lui tenant lieu de luge, il filait à la vitesse du vent, allongé sur le dos, en une glissade plus plane et régulière qu'aucune de celles qu'il avait faites en feuilles de bananier sur la Pente aux Bananes. Le danger en revanche était cent fois plus grand. Car si son flotteur se mettait à tourner sous son dos, les saillies du rocher l'écorcheraient tout vif.

Il avait bien arrimé son fardeau, trop bien même, car il risquait maintenant d'aller s'écraser sur le rivage. Son flotteur vint buter contre un rocher, prévenant la chute mortelle. Éjecté brutalement sur le côté, il ne souffrait que de quelques bosses et d'égratignures. Il se força à se relever et regarda autour de lui. Sa formidable glissade, raccourci involontaire, l'avait pour ainsi dire mené au bord de l'eau. Mais son flotteur complètement déchiqueté était à présent inutilisable.

Or, sans radeau, il était impossible de continuer la course. Les violents courants le tireraient sous l'eau et le feraient se noyer. Il ne savait que faire. D'autant que Ngaara le dépassait en courant, son flotteur intact sur le dos, et lui jetait un rire méchant où les dents blanches luisaient dans sa face rouge de démon.

Au sommet de la falaise, les Ngatimo bondissaient avec des hurlements de joie. Il ne restait plus aux spectateurs qu'à placer de nouveaux paris, ce qu'ils firent bruyamment. Excepté celle de Ngaara, toutes les cotes des coureurs chutèrent sensiblement.

La rage au cœur, Noro regardait Ngaara déjà entré

dans l'eau. Il enrageait de mettre autant de temps à descendre la falaise. Un grand bruit au-dessus de sa tête lui fit lever les yeux. Un énorme rocher, rebondissant sur les pierres, se précipitait droit sur sa tête. Il se rejeta instinctivement sur le côté. Le rocher le rata de peu, mais le mouvement brusque qu'il avait fait l'avait déséquilibré. Son pied dérapa.

Avec l'énergie du désespoir, il réussit à saisir d'une main une saillie au-dessus de sa tête. Ses pieds pendaient dans le vide, cherchant à tâtons à trouver un appui. Suspendu par un bras, aveuglé par la poussière de l'éboulement, il essayait de prendre pied sur une petite corniche. Filant comme un dard devant lui, Haumoana du clan Pounaetea lui jeta au passage une dernière pierre.

Nune, en blanc, et Hinaioio, en ocre et blanc, descendaient la falaise par d'autres sentiers. Noro avait été distancé par tout le monde. Le nez sur la paroi, paralysé de frayeur, il était incapable de faire un mouvement.

Tout en dessous de lui, Hinaioio était dans l'eau. Haumoana et Nune se ruaient à leur tour dans les vagues, projetant devant eux leur flotteur.

Il ne restait plus que lui sur la falaise d'Orongo.

CHAPITRE X

LA COURSE À L'ŒUF

Noro était toujours pendu à la saillie de la falaise. Ce n'était pas ainsi qu'il allait gagner la course. Il devait se sortir de là coûte que coûte. Il balança son corps de quelques centimètres et réussit à assurer la prise de ses mains. Il recommença à se balancer, mais le mouvement s'additionnant au poids, la tension fut trop forte et le rocher s'éboula. Il partit en glissade, s'arrachant la peau aux aspérités de la roche. Terrifié, il tentait de se raccrocher à la surface verticale, mais ses ongles griffaient la pierre en vain. Il était en train de vivre le cauchemar abominable et tant redouté qu'il avait avoué à Haoa : il allait s'écraser sur les rochers de la plage, après une chute de trente mètres.

Tout en dessous de lui, les autres concurrents, arrivés chacun par un endroit différent, s'étaient tous jetés à l'eau, à l'exception de Make qui serrait les restes de son flotteur entre ses doigts crispés.

Noro continuait de filer vers une chute inexorable. Plus bas, se trouvait une étroite corniche en avancée au-dessus de la mer : c'était son unique chance de stopper sa glissade. Dès qu'il la sentit sous ses pieds, il prit appui sur ses jambes et réussit à se maintenir. Mais l'arrêt avait été si brusque qu'il perdit l'équilibre et bascula en arrière. Il se reçut sur le dos, et se retrouva la tête pendant dans le vide.

Au sommet de la falaise, les spectateurs s'était mis

en ligne le long du bord pour mieux voir et commentaient la course : quatre coureurs dans l'eau, Make toujours neutralisé sur le rivage, et Noro avec encore une bonne trentaine de mètres à descendre. Si les paris s'enflammaient, personne ne se risquait à miser sur Noro, sa cote avait dégringolé à un contre cent.

Perdue dans la foule, Ramana déambulait à tâtons sans rien voir, essayant de deviner aux réactions et aux cris des parieurs où en étaient les concurrents. Apparemment, Ngaara était en tête, Noro le dernier et Make bloqué quelque part.

Non loin l'*Ariki-mau* rageait intérieurement : « *Je n'aurais jamais dû écouter Tupa*, se disait-il. *Ce vaurien de Noro ne sera jamais fichu de me rapporter le titre !* » Tout haut, il s'exclamait : « Par tous les dieux ! » Et ce juron résumait à lui seul tous ses sentiments.

Levant les yeux vers la falaise, Make aperçut Noro en périlleuse posture, qui avait tout l'air d'un non-partant. S'il arrivait à le battre, Ramana serait à lui... Et à cette pensée, son cœur bondissait dans sa poitrine. Oui, mais il y avait aussi les autres coureurs... Ils avaient déjà passé les rouleaux, eux, et, luttant contre la houle, ils fonçaient vers Moto Nui. Ah, si seulement il ne s'était pas retrouvé avec cette saloperie de flotteur inutile, il serait maintenant parmi eux ! A leur tête, qui sait... Il regarda autour de lui avec désespoir et c'est alors qu'il remarqua au bord de l'eau le corps de Makita soulevé par les vagues. Son flotteur était tout à côté de lui. Make se précipita. Il s'empara du radeau de *totora* avec un geste de triomphe ; puis, courant de toutes ses forces, il se jeta dans l'eau et se mit à pagayer furieusement des bras.

Toujours sur sa corniche, Noro se remit péniblement debout. Il regarda autour de lui pour évaluer la situation. La petite avancée précaire sur laquelle il se trouvait surplombait les vagues d'une trentaine de mètres. Dans l'eau, les nageurs se démenaient sur leurs flotteurs et filaient droit sur Moto Nui. Il ne pouvait rester là, il fallait qu'il prenne une décision au plus vite. Le choix n'était pas grand. Il pouvait tenter de remonter et prendre par un autre chemin, mais il allait perdre de précieuses minutes, alors qu'il avait déjà pris beaucoup trop de retard.

Il y avait bien une solution, mais elle était d'un danger inouï. Elle risquait même de s'avérer fatale. D'un autre côté, si jamais elle marchait... Noro enleva son flotteur de ses épaules et, visant soigneusement, il le lança aussi loin qu'il le put. Le léger radeau se mit à valser dans les airs. Il sembla voltiger en planant lentement pendant une éternité, avant de se poser sur les flots houleux au milieu des nageurs.

En haut de la falaise, les spectateurs se regroupèrent sur le bord, comme s'ils pressentaient qu'un événement important était sur le point de se produire.

Errant parmi eux, Ramana entendait l'agitation et l'émoi sans parvenir à comprendre de quoi il s'agissait.

« Que se passe-t-il ? demandait-elle à tout le monde, d'une voix inquiète et suppliante. C'est Noro ? Il va bien ? Est-ce que quelqu'un pourrait me répondre ? »

Mais personne ne voulait perdre de temps avec elle. Tous gardaient leurs regards fixés sur la corniche où Noro s'étirait sur la pointe des pieds. Grands dieux, il se préparait à plonger ! Mais ses poumons risquaient d'exploser sous le choc en entrant dans l'eau ! Ou alors, il allait s'écraser sur les rochers de la plage !...

Tel un oiseau, Noro avait pris son essor dans le vent. Il écarta les bras dans un large mouvement semblable à celui de l'albatros, puis il les ramena ensemble, imitant à présent le plongeon du cygne. Il fendait l'air, tête la première, et les vents violents lui décapaient le corps.

Il pénétra dans l'eau, droit comme la lame d'un couteau. Il explosa sous la surface, et disparut totalement. En haut, sur la falaise, la foule retenait son souffle. Soudain, un corps réapparut, arqué en arrière, juste de l'autre côté des gigantesques rouleaux. C'était lui ! Secouant la tête pour retirer l'eau de ses yeux, Noro regardait autour de lui à la recherche de son flotteur. Il l'aperçut tout près, à quelques mètres de distance. Il l'attrapa vivement, s'allongea dessus et se mit à pagayer des bras à toute vitesse. Il était au milieu des nageurs.

Subitement, la course avait changé du tout au tout. Elle comptait de nouveau six adversaires qui, tous, fonçaient sur Moto Nui. L'*Ariki-mau* caquetait sans cesse, comme s'il avait été pris de folie. Tupa écumait de rage. Les paris changèrent encore et quelques personnes se hasardèrent à miser sur Noro.

Sans ralentir le mouvement de leurs bras, Haumoana et Hinaioio jetèrent un coup d'œil par-dessus leur épaule et découvrirent Noro qui arrivait à leur hauteur, fendant l'eau de moulinets puissants. Ngaara, lui, était toujours en tête, loin devant. Mais bien qu'il eût la réputation d'être un nageur exceptionnel, Make parvint à le doubler et à le distancer suffisamment pour être hors d'atteinte de sa colère. Dès lors, Make mena la course pendant un certain temps. Jusqu'à ce que Nune, à force de moulinets, réussisse à le dépasser et prenne la tête à son tour.

Le nez au ras de l'eau, les nageurs voyaient la petite île de Moto Iti se rapprocher d'eux à toute vitesse. Derrière, se profilait Moto Nui. Entre les deux, émergeant à peine de l'eau, se dressait le récif de Moto Kau Kau.

Situé à mi-distance entre Rapa Nui et Moto Nui, Moto Kau Kau était le premier repère qui permettait de démarquer les concurrents. Et la foule put voir qu'en arrivant à hauteur du récif, les nageurs se divisaient en deux groupes. Le premier, c'est-à-dire Ngaara, Make et Nune doublaient le rocher tous les trois sur le même côté, alors que Noro, Hinaioio et Haumoana contournaient Moto Kau Kau par la voie opposée.

A mesure que la distance augmentait, il devenait plus difficile d'identifier les nageurs à partir d'Orongo, mais un éclat de couleur soudain permettait parfois aux spectateurs de le faire. Les Longues Oreilles se précipitaient alors pour modifier leurs mises, en discutant avec animation. A l'inverse, les Oreilles Courtes scrutaient la mer d'un œil impassible pour tenter de saisir au vol un éclair de noir, couleur de Make, leur champion.

S'abritant sous des manteaux de *tapa* pour éviter de brunir leurs teints pâles, les jeunes filles Longues Oreilles suivaient avec anxiété les différents nageurs, dans l'espoir de reconnaître le champion de leur clan parmi ces jeunes hommes, tous beaux et bien faits, et surtout célibataires.

« Tu es pour qui ? » demanda à Pua une jeune fille qui ne cessait de se ronger l'ongle du pouce tant sa nervosité était grande. A la bêtise de cette question, Pua l'enveloppa d'un regard méprisant :

« Pour le vainqueur, voyons. »

L'*Ariki-mau* plissait les yeux pour tenter lui aussi de discerner la position des nageurs.

« Ce Make, l'Oreille Courte, il est bon... Qu'est-ce qu'on lui a promis, déjà ?

— La fille de la Grotte », répondit Tupa en s'armant de toute sa patience.

Ramana, qui se tenait derrière eux, ne put retenir une exclamation de stupeur. Ni Make ni Noro ne lui en avaient rien dit. Voilà qu'elle découvrait subitement qu'elle était restée six mois dans la Grotte sans savoir qu'elle était promise à deux hommes ! L'aurait-elle fait si elle l'avait su ? Le désarroi qui se peignit sur son visage montrait combien il lui était difficile de répondre à cette question.

Sous l'effet des vents brutaux qui soufflaient, les courants, très forts d'ordinaire, étaient ce jour-là plus violents que jamais. Ils se montrèrent encore plus traîtres dès que les nageurs, passé Moto Kau Kau, se retrouvèrent dans la lagune qui s'étendait de Moto Iti à Moto Nui. Il leur devint alors extrêmement pénible de poursuivre la lutte. Tous commençaient à montrer des signes de faiblesse. Le souffle court, ils sentaient leurs membres s'alourdir et s'inquiétaient à la pensée de tout ce qu'il leur restait encore à accomplir : aborder l'île sain et sauf, trouver l'œuf, voire l'arracher à celui qui l'aurait trouvé avant eux, retourner dans l'eau sans le casser, et regagner Rapa Nui, où il faudrait encore escalader la falaise, en grimpant cette fois. Et tous se disaient : *Ne pense pas à tout ça, concentre-toi uniquement sur ce que tu es en train de faire*.

Nune en tête, les nageurs avaient maintenant doublé Moto Iti. Ils fonçaient sur Moto Nui, s'acharnant à lutter contre les courants impétueux qui encerclaient cette île. Il ne leur restait plus qu'une centaine de mètres à parcourir, mais c'étaient les plus durs, car les rouleaux étaient vraiment terribles. Mais pis encore était l'accostage et notamment cette partie extrêmement délicate qui consiste à le prévoir sans erreur. Comme Noro en avait fait maintes fois l'expérience, il s'agissait de bien choisir son moment et de prendre la vague qui allait vous emmener jusqu'au rivage, sans vous écraser sur les récifs en chemin. Une fois arrivé là, encore faudrait-il être le premier à trouver l'œuf. Or, Nune avait déjà abordé sur l'île et fouillait les rochers de la plage.

Relevant l'avant de son flotteur de façon à s'en faire un bouclier, Noro sut choisir sa vague. Tandis qu'autour de lui les autres étaient renversés et disparaissaient sous les flots, lui-même réussit à se maintenir sur son radeau et fut porté debout jusqu'aux galets.

Un à un, les nageurs épuisés avaient abordé le rivage. Ils passèrent leurs flotteurs en bandoulière et gravirent d'un pas lourd la vaste étendue ondulée de cette île de lave. Haumoana s'arrêta pour vomir de l'eau, et Nune resta près de lui à le considérer avec une compassion sincère.

Make et Noro les doublèrent en courant. Portés par l'énergie du désespoir, ils attaquèrent la pente, s'arrêtant un court instant pour reprendre leur souffle. La colline était couverte d'oiseaux qui piaillaient et lançaient de longs cris. Les deux garçons entreprirent fiévreusement de fouiller l'herbe épaisse, suivis d'Hinaioio, à quelques mètres derrière eux. Quant à Ngaara, ils l'aperçurent en train de sortir de l'eau.

Les *manotaras* avaient pour habitude de couver leurs œufs dans des nids de fortune, à même le sol. La saison n'était pas assez avancée pour que tous les oiseaux aient pondu, de sorte que la plupart des nids étaient encore vides. Il s'agissait donc pour les concurrents de découvrir les rares œufs qui s'y trouvaient déjà.

Make se précipita sur le premier oiseau qu'il vit assis dans son nid au milieu des rochers et le repoussa d'un geste brusque. Tandis que l'oiseau s'envolait d'un large battement d'ailes, il se mit à fouiller rageusement le nid. Il était vide et Make virevolta sur lui-même, en quête d'un autre nid.

Haumoana courait de droite et de gauche, cherchant de manière hystérique. Il fonça sur une femelle en train de couver et la chassa au loin pour fourrager dans son nid. Oui, il en avait trouvé un, un bel œuf de *manotara*, tout moucheté de brun.

Triomphant, il se releva d'un bond, brandissant son trésor, et se mit à hurler vers Orongo, de l'autre côté de l'eau :

« Tu peux raser ta tête, Ataranga ! C'est moi qui ai le premier œuf. »

Sa voix forte porta au-dessus de la lagune jusqu'aux falaises en face. Et Ataranga, chef des Pounaetea, jaillit de dessous son parasol pour hurler victoire lui aussi :

« C'est mon fils qui a gagné ! Haumoana ! »

Tenant le précieux œuf serré dans une main, Haumoana faisait demi-tour pour regagner la rive quand Ngaara, le démon rouge, lui barra le passage et, avec un rire féroce, l'attrapa par l'autre bras. Il le lui tordit de toutes ses forces. On entendit un vilain craquement. Le malheureux Haumoana poussa un hurlement perçant, mais son cri se perdit dans celui des oiseaux. Ngaara lâcha sa prise et s'empara de l'œuf. Le temps de l'attacher sur son front, et il repartait en courant vers les vagues.

Là-haut, sur la falaise, le chef Ataranga s'écroula dans son fauteuil et Epe, chef des Ngatimo, souriant d'un sourire aussi mauvais que celui de son fils, proclama à son tour :

« Non ! C'est Ngaara, mon fils à moi ! »

Entre-temps, sur l'île de Moto Nui, Nune avait fini par découvrir un œuf et fonçait en direction de la plage, laissant derrière lui Noro, Hinaioio et Make, toujours à leur recherche. Les oiseaux, terrifiés du viol de leurs nids, cinglaient l'air de leurs ailes, s'envolaient en débandade et rasaient les rochers. Le ciel n'était plus qu'un tourbillon de plumes. Make découvrit un œuf à son tour. Quelques secondes plus tard, Noro en faisait autant, tandis qu'Hinaioio, chassant à la fois deux femelles de leur nid, se relevait en brandissant le sien.

Les coureurs à présent devaient se débrouiller, chacun à leur manière, pour assurer à leur précieux fardeau un transport sans risque. Tout en s'épiant les uns les autres, Nune et Hinaioio placèrent leurs œufs dans de petits paniers qu'ils portaient au cou. Noro enveloppa le sien dans une couche d'herbe tendre et l'enroula bien serré dans un morceau de *tapa*, comme Haoa le lui avait appris. Quelques secondes plus tard, il l'avait attaché bien serré autour de son front. Make avait fait de même.

Leur œuf bien assuré, les quatre se ruèrent vers le rivage, abandonnant Haumoana effondré dans l'herbe, le bras cassé, souffrant terriblement et incapable de faire un geste. Au bas de la pente de lave, Ngaara s'acharnait à nouer son bandeau et paraissait fermement décidé à ne laisser personne atteindre le rivage avant d'avoir fini de l'attacher. Nune tenta de le contourner en faisant un grand moulinet du bras, mais son pied glissa et il tomba sur l'arête acérée d'un rocher. Il se releva d'un bond en arrière, grimaçant de douleur. Le sang gicla d'une profonde entaille qui lui striait la cuisse, coulant à flots, barbouillant de rouge la peinture blanche dont il avait le corps enduit. Make en profita pour contourner Ngaara et lui porter un coup bien placé.

Noro n'avait même pas tenté de passer devant Ngaara. Avant d'arriver à sa hauteur, il avait obliqué sur sa droite sans s'arrêter et bondi prestement sur une avancée qui surplombait la lagune. Il plongea aussitôt. Et c'est dans l'air, avant de toucher l'eau, qu'il fit glisser le flotteur de son épaule tout en protégeant de la main l'œuf qu'il portait sur le front.

Pendant ce temps, Ngaara s'octroyait un dernier plaisir. Il attrapait Hinaioio par le panier qu'il avait au cou et en écrasait le jonc sous ses doigts. Ce n'est qu'ensuite qu'il se jeta à l'eau, enchanté d'avoir forcé ne serait-ce qu'un seul de ses adversaires à recommencer ses recherches.

La course se présentait maintenant ainsi : Nune, Make et Ngaara, allongés sur leurs flotteurs, pagayaient à tour de bras en direction de Rapa Nui ; Noro était sur le point de pénétrer dans les vagues où son flotteur l'avait devancé. Sur l'île, Hinaioio cherchait désespérément un autre œuf, de manière à réintégrer la compétition. Quant au pauvre Haumoana, il gisait dans l'herbe, définitivement hors de course. Et qui sait s'il n'était pas mis hors jeu à jamais, mis hors la vie, tout simplement ?

Noro rejaillit à la surface presque en tête des nageurs, juste derrière Nune, et dut immédiatement replonger pour éviter une attaque de celui-ci. Rageusement, il regrimpa sur son flotteur et s'élança à sa suite, lui-même poursuivi par Ngaara et Make.

Sur Moto Nui, Hinaioio, la poitrine couverte du jaune d'œuf qui dégoulinait de son panier, jurait tout ce qu'il savait en fourrageant dans les nids. Arrivé au bord de la falaise la plus haute, il chassa de son nid une très grande femelle et lui vola un œuf. L'oiseau se mit à piailler furieusement. Abaissant le regard sur la mer, Hinaioio vit que ses adversaires étaient en train d'arriver à la lagune entre Moto Iti et Moto Kau Kau. Tout en dévalant les rochers, il installa l'œuf dans son panier. Il avait un sacré retard.

Les nageurs doublaient maintenant le petit récif de Moto Kau Kau dont la pointe indiquait le milieu du parcours. Il leur restait encore un kilomètre environ à franchir. Libérant toute sa puissance, Ngaara dévorait l'eau de ses bras pour rattraper les autres. Noro était en seconde place, suivi de Make. Nune menait toujours la course. Le froid de l'eau avait insensibilisé sa douleur, mais le sang continuait à couler de sa blessure, teintant de rouge les vagues derrière lui. Mais il nageait péniblement, trop fatigué pour remarquer la nageoire et le dos miroitant qui glissaient près de lui.

En haut de la falaise d'Orongo, la foule avait remarqué le fil noir qui fendait l'eau, plongeant et surgissant derrière le nageur. Il était clair qu'un requin mangeur d'homme avait pris Nune en chasse. Les spectateurs retenaient leur souffle, tandis que le chef de son clan, dressé sur la pointe des pieds, hurlait de toutes ses forces : « Un requin !... un requin !... » Cri d'effroi que le reste de la foule reprit en chœur aussitôt : « Un requin ! Un requin ! » criait-elle aux nageurs, mais ceux-ci ne l'entendaient pas, si fort était le bruit des vagues dans leurs oreilles.

Et l'eussent-ils entendu... l'avertissement venait trop tardivement. Nune ressentit une secousse subite. Il se retourna et vit que sa jambe gauche n'était plus qu'un moignon qui vomissait du sang comme un jet de lave brûlante. L'artère avait été sectionnée. Il ouvrait la bouche pour crier quand le requin repartit à l'attaque. Et ses poumons s'emplirent d'eau lorsque le requin l'emporta sous les eaux.

Le chef du clan pâlit. Pour lui, comme pour Nune, la course était finie. Epe, chef des Ngatimo, vint lui présenter ses condoléances hypocrites.

« Lui qui allait si bien ! » souffla-t-il en s'inclinant devant lui en tâchant de dissimuler ses sourires. Car il était fier de voir que Ngaara était encore dans la course et se battait de toutes ses forces.

Quatre adversaires restaient seulement des sept qui avaient pris le départ. Trois aurait-on pu dire, car Hinaioio était loin derrière. Voyant Nune emporté dans une mort sanglante, Make et Noro avaient involontairement ralenti leur allure. Frappés de terreur, ils regardaient l'écume sanglante s'amasser autour de son flotteur que les dents du requin avait fortement déchiqueté. Ils échangèrent un regard où se bousculaient mille questions. Auraient-ils dû faire quelque chose, et maintenant, y avait-il quelque chose à faire ?

Ngaara, quant à lui, ne perdait pas son temps en scrupules stériles. Il continuait ses moulinets des bras comme si Nune, son cousin le plus proche, n'avait été rien de plus qu'un inconnu pour lui. Make se ressaisit et s'élança de plus belle. Noro l'imita. Ils en avaient trop fait pour abandonner, trop de choses était en jeu. Tous deux se remirent à pagayer à tour de bras en direction du rivage, emportés tous deux dans un rythme parfaitement identique. Ils avançaient à la même vitesse, le cou à la même hauteur. Mais derrière eux Ngaara rattrapait leur avance. Se propulsant de toute sa puissance, il parvint à les rejoindre. Les trois maintenant nageaient au même niveau.

Ils avaient dépassé Moto Iti et Moto Kau Kau. Ils n'étaient plus qu'à un jet de pierre de Rapa Nui et lorsqu'ils relevaient la tête, ils pouvaient voir les falaises d'Orongo et les spectateurs tout en haut bondir d'excitation.

Ngaara, Make et Noro atteignirent ensemble les rouleaux. Des vagues énormes venaient gonfler le ressac qui battait les plages rocheuses de l'île. L'eau plane se soulevait à présent en lames et en creux gigantesques. Il ne s'agissait plus d'être allongé sur son flotteur, il fallait grimper dessus et avancer, debout sur la cime des vagues. Tous les trois possédaient parfaitement cette technique et ils choisirent la même vague.

Une poussée d'adrénaline parcourut Noro. Son corps se tendit. Ils venaient d'entrer dans le point culminant de la course. Chacun bouillait de rapporter l'œuf à son clan. Ils avaient été sept à prendre le départ, ils n'étaient plus que trois, mais cela ne faisait que renforcer la détermination de chacun à battre les deux autres.

Ils avaient survécu à une descente périlleuse, ils avaient survécu à deux dangereuses traversées. Maintenant ne restait plus que l'ascension finale des trois cents mètres d'Orongo. Cette dernière partie risquait de s'avérer la pire, non seulement parce qu'ils avaient épuisé une grande partie de leur énergie dans les eaux glacées de l'océan, mais parce que en tout état de cause l'ascension de ces falaises était bien plus pénible que ne l'était la descente.

Ocre-jaune, noir, rouge... Du sommet de la falaise, les spectateurs distinguaient nettement les couleurs qui dévalaient les vagues et s'apprêtaient à aborder le rivage pierreux. Ils virent leurs champions, à peine avaient-ils accosté, jeter au loin leur flotteur, et s'élancer au galop. Make et Noro avaient une très légère avance et, au sommet, les paris s'enflammèrent. Pour la première fois le nom de Make entrait en lice et ceux qui avaient perdu leurs mises sur Hinaioio et Haumoana réintégrèrent le jeu, pariant moitié sur lui et moitié sur Noro. Quant aux partisans de Ngaara, ils doublèrent leurs mises.

Sans prendre un instant de répit, les trois garçons cherchèrent des prises de main et des appuis solides où poser le pied pour se lancer à l'assaut de la falaise. La foule survoltée se pressait au bord du précipice.

« Plus que trois ! hurlaient les gens. Le noir, le jaune et le rouge ! »

« Voilà qui devient intéressant », laissa tomber Tupa, non sans une certaine angoisse face à l'alternative qui se présentait. En effet, à considérer que jamais l'*Ariki* ne laisserait son petit-fils lui rafler son titre d'Homme-Oiseau, que Noro serait mis à mort s'il venait à gagner, Tupa verrait ses desseins se réaliser. Cela avait de quoi le réjouir. En revanche, si Make remportait la victoire, le grand prêtre avait bien des motifs d'inquiétude, car il ignorait tout des projets des Oreilles Courtes, dans le cas où ils prendraient le pouvoir. Qu'adviendrait-il de lui, pour commencer, de lui en tant que grand prêtre ? Et qu'adviendrait-il de Rapa Nui ? Mais surtout, le laisserait-on gouverner ? Non. Mieux valait que Ngaara fût vainqueur. Epe ferait de lui son grand prêtre et son conseiller, comme ils en étaient convenus.

Quant à l'*Ariki-mau*, il jouait nerveusement avec la longue mèche de cheveux qui poussait à l'arrière de son crâne rasé. Sans cesser de la triturer, il se tourna vers un homme de petite taille qui tenait à la main une lame d'obsidienne.

« Barbier, ne t'éloigne pas », lui ordonna-t-il, tant il était certain que Noro allait l'emporter. Et il songeait qu'une fois de plus son crâne serait rasé et qu'il serait proclamé Homme-Oiseau.

Le barbier s'élançait pour obéir aux ordres de l'*Ariki-mau*, quand une main lui agrippa la jambe. Il se tourna d'un air méchant et découvrit la fille aveugle de la tribu des Oreilles Courtes.

« Qui est devant ? » lui demanda-t-elle d'une voix suppliante.

Le barbier se pencha pour regarder en bas.

« Personne encore. »

Et de fait, les trois silhouettes escaladaient la face d'Orongo à la même hauteur. Se hissant sur leurs pieds, se tirant de leurs bras, les trois garçons, le corps poisseux de peinture et de sueur, progressaient rapidement. La moindre avance de l'un était aussitôt rattrapée par les autres.

Soudain l'une des prises de Ngaara lâcha et il se fit légèrement distancer. Il était troisième maintenant. Make et Noro, toujours à égalité, se disputaient la première place.

Tout en bas, Hinaioio arrivait seulement sur la plage, épuisé et à bout de souffle. Il leva la tête et vit les trois autres très haut sur la falaise. « Par tous les dieux ! » jura-t-il rageusement, et il jeta violemment son œuf par terre. Il avait perdu. Il ne lui restait plus qu'à prendre un *mataa*, un couteau d'obsidienne à la lame effilée, et se taillader le corps, ainsi que le voulait l'usage.

A présent, les trois concurrents avaient atteint le sentier. Éviter ce parcours de creux et de bosses, comme Noro et Make l'avaient fait à l'aller, n'était pas possible, il fallait suivre le sentier sur toute sa longueur. Et les trois taches de couleur se mirent à grimper le plus vite possible. Les pierres qui roulaient sous leurs pas les faisaient trébucher, mais ils chancelaient aussi à cause des muscles de leurs mollets qui les faisaient souffrir. Make et Noro allaient en tête, Ngaara sur les talons. Ils atteignirent enfin le bout du sentier et s'écartèrent les uns des autres pour reprendre l'ascension verticale.

Ils escaladaient la paroi, les dents serrées, le cœur près d'éclater dans leur poitrine. Ils avaient atteint un état de douleur voisin du délire, mais ils prenaient appui sur leurs jambes et continuaient d'avancer. Car pour eux, ce n'était plus une course dont l'enjeu était le titre de l'Homme-Oiseau, c'était un concours à qui des trois durerait le plus longtemps. C'était une question d'honneur et de virilité.

Du sommet de la falaise, cris et encouragements fusaient, assourdissants. La cacophonie était générale, tant chez les parieurs que chez les spectateurs, et Ramana tentait en vain de glaner des informations. Elle entendait prononcer le nom de Noro et celui de Ngaara, mais personne ne disait rien de Make. Était-il encore dans la course ? Elle s'inquiétait, sans parvenir à trouver de réponse. Elle ne pouvait s'informer auprès des Oreilles Courtes, ne les voyant pas, et ne pouvait pas davantage les entendre car ils suivaient la course dans un silence anxieux. De même, ne voyait-elle pas les regards que leur lançait l'*Ariki*, occupé à chasser d'une chiquenaude nonchalante une petite saleté sur sa main. Mais si Ramana ne pouvait voir, en revanche elle entendait. Et l'*Ariki* justement demandait au grand prêtre :

« Et qu'arrivera-t-il à l'Oreille Courte s'il perd ?

— Il mourra », répondit Tupa avec brusquerie, impatienté de l'imbécillité sénile de l'*Ariki-mau*.

Derrière lui, Ramana laissa échapper un petit gémissement.

Les grimpeurs n'étaient plus qu'à une soixantaine de mètres du sommet. Ngaara avait récupéré son retard et escaladait la face entre Noro et Make. Il faiblit légèrement et se laissa distancer d'un pied. A présent, Noro et Make étaient côte à côte au-dessus de sa tête.

« Mais fais quelque chose, Ngaara ! » hurlait Epe, le chef de son clan.

L'idée de voir son champion perdre le jetait dans un état de fureur, proche de l'hystérie. L'odeur de l'encre utilisée pour les tatouages rituels au visage lui chatouillait déjà les narines. Il ne désirait rien tant que se raser le crâne et les sourcils, et laisser ses ongles pousser jusqu'à ce qu'ils fussent des serres. Bref, il voulait être proclamé Homme-Oiseau, et vivement ! Car cela faisait trop longtemps qu'il attendait le pouvoir.

Subitement, d'un coup vif et brutal, inattendu telle une botte secrète, Ngaara saisit les grimpeurs chacun par un mollet et leur planta férocement les ongles dans la peau et les muscles. D'un même mouvement, Make et Noro se mirent à secouer la jambe, à donner des coups de pied dans tous les sens possibles, tout en faisant attention à ne pas lâcher leurs mains et surtout, à ne pas casser l'œuf précieux qu'ils portaient sur le front. Ngaara les retenait prisonniers l'un et l'autre dans ses poignes de fer et s'évertuait à les faire tomber à bas de la falaise, accompagnant ses efforts de terribles grognements.

Prenant appui sur la jambe de Make, Ngaara était en train de se tirer plus haut quand Noro se pencha pour l'attraper par les cheveux et se mit à le tirer en l'air d'une main, tout en continuant de se tenir au rocher de l'autre. Forcé de lâcher la jambe de Make, Ngaara saisit des deux mains celle de Noro.

« Frappe-le ! se mit à hurler celui-ci à son ami d'enfance. Aide-moi ! »

Make s'arrêta l'espace d'un instant. Il vit que Ngaara tenait Noro fermement ; il vit aussi que lui-même était libre. Leur amitié était morte, ce Longue Oreille n'avait plus rien à voir avec lui... Il repartit à l'assaut de la falaise. La victoire était à lui.

En voyant leur tache noire si proche du sommet, une folie de joie s'empara des Oreilles Courtes et pour la première fois, ils explosèrent en applaudissements. « Make ! Make ! Make ! »

Un silence stupéfait s'était abattu sur les Longues Oreilles. Un Oreille Courte allait-il devenir l'Homme-Oiseau ? C'était proprement incroyable. Impossible ! Il y avait sûrement quelque chose à faire. De leur côté, les parieurs se hâtaient d'empocher leurs gains.

Ramana avait entendu les acclamations. Elle comprit aussitôt ce que cela signifiait. Elle laissa échapper un profond gémissement, accablée et inquiète de ce que lui réservait l'avenir.

Ngaara avait attrapé la main jaune qui lui tirait douloureusement les cheveux. Mais Noro du clan Miru n'était pas prêt à se rendre. La fureur lui donnait une force d'animal et il se mit à cogner de toutes ses forces la figure rouge contre les rochers jusqu'à ce que Ngaara devienne flasque sous ses doigts et relâche l'étreinte autour de sa cheville. Immédiatement, Noro se remit à grimper. Il leva la tête et aperçut Make, quinze mètres au-dessus de lui, presque arrivé au sommet.

Make entendait les acclamations. Il savait qu'elles venaient des Oreilles Courtes, qu'elles venaient de son peuple.

« Make ! Make ! Make ! »

« *J'ai réussi*, se dit-il, *j'ai gagné !* » Son heure avait enfin sonné.

Il se hissa sur la dernière corniche et stoppa, submergé d'émotion autant que de fatigue. Il regarda vers le bas. Il comprit qu'il ne craignait plus rien. Noro ne pourrait plus le rattraper. Et la douleur qu'il vit sur le visage de son ancien ami l'emplit d'un bonheur qui, par son intensité, lui rappela l'amour ou encore la nourriture bien chaude. Il retira l'œuf du bandeau qu'il portait sur le front et constata qu'il était intact. Il regarda le bas de la falaise, puis releva les yeux, loin devant lui, pour scruter l'île de Moto Nui, savourant l'instant et le faisant durer pour le conserver à jamais dans sa mémoire, se jurant de raconter, un jour, à ses enfants les peines qu'il avait endurées et les raisons qu'il avait eues de le faire.

Il tendit le bras en l'air, pour que tous pussent voir dans sa main l'œuf du *manotara*, et le grondement de joie qui suivit lui apprit que les Oreilles Courtes l'avaient vu.

Encore quelques mètres et Make serait libre. Tenant l'œuf dans sa main, il fit un pas. Mais il titubait et il trébucha. L'œuf vint s'écraser sur le sol, la coquille brisée en mille morceaux.

Le temps s'arrêta. Il y eut un instant de silence horrifié, tandis que Make fixait d'un air hagard le jaune de l'œuf qui coulait sur le sol. Il leva des yeux débordants de honte vers son peuple, les Oreilles Courtes dont, par sa maladresse, il avait piétiné les espoirs. Et il savait qu'aucun regret n'exprimerait jamais toute la profondeur de son repentir.

Avec un cri qui disait toute sa rage et toute sa déception, Riro arracha des mains du barbier sa *mataa* d'obsidienne pour s'en taillader les bras. Atta s'en empara à son tour pour faire de même sur son corps.

Les Longues Oreilles se mirent à pousser des hurlements de victoire, des acclamations tonitruantes. L'*Ariki* regardait la scène sans comprendre, Tupa souriait : les choses se passaient au mieux de ce qu'il avait pu espérer.

Enfin, Noro apparut au bord de la falaise. Il s'y tint un moment, debout, et tous purent constater que sa chair était striée d'éraflures causées par l'escalade et que des bleus se formaient aux endroits qu'avaient battus les vagues de la mer. Son corps entier protestait de douleur. Les muscles de ses mollets tressaillaient là où Ngaara avait enfoncé les doigts. Pendant un moment, donc, Noro resta debout, sans comprendre la scène qui venait de se produire. Puis, il aperçut Make écroulé et son œuf écrasé sur les pierres, et il put entendre les pleurs des Oreilles Courtes sous les acclamations des Longues Oreilles.

« Noro ! Noro ! Noro ! »

Submergé de bonheur, il réalisa qu'il venait de gagner la course. Il était le vainqueur. Il avait remporté le titre de l'Homme-Oiseau. Il défit soigneusement son bandeau et en sortit son œuf, intact. Sûr de son droit, il regarda Make et, sous les applaudissements des uns et les gémissements des autres, il avança fièrement. Il marchait d'un pas si résolu et intrépide que, de crainte, l'*Ariki-mau* se rétrécit dans son fauteuil. Épuisé, tailladé, son petit-fils marchait droit sur lui. Il se trompait. Car c'est devant Ramana que Noro alla s'incliner. Il plaça délicatement l'œuf dans la main de l'aveugle et referma ses petits doigts autour.

« Noro ? demanda Ramana dans un murmure.

— J'ai gagné. J'ai remporté la course. »

Lui aussi avait tenu sa part de promesse.

En bonne girouette qu'il était, Tupa savait reconnaître d'où venaient les vents. Il ne fut pas long à comprendre que, en ce moment, ils soufflaient dans le sens des jeunes gens. Tout à l'espoir de conserver ses prérogatives, le grand prêtre donna à ses sourires des airs enthousiastes et s'empressa de déclencher le signal de nouveaux applaudissements.

Noro se baissa pour prendre Ramana dans ses bras. Il la reposa aussitôt à terre. Ramana était enceinte, de huit mois pour le moins. Il était horrifié, stupéfait. La nouvelle lui faisait tourner la tête. Mais pourquoi ne lui en avait-elle rien dit ? S'il l'avait su, tout aurait pu changer. Quelle épouvante avait dû être la sienne, enfermée six mois durant dans le noir d'une grotte, toute seule, avec un bébé dans le ventre !

Mais voilà que subitement, l'*Ariki* venait de quitter son fauteuil. Hagard, marchant tout droit devant lui, il bouscula Ramana et l'œuf qu'elle tenait dans les mains tomba, éclaboussant les amants de son jaune. Noro leva vers lui des yeux pleins d'une surprise qui alla s'amplifiant quand il découvrit l'expression de son grand-père : l'*Ariki-mau* semblait au bord de l'attaque. Dans son visage blanc comme de la craie, ses yeux écarquillés avaient un regard fixe. D'un bras tremblant, il désignait la mer, son doigt à l'ongle en forme de serre pointé droit devant lui, tandis que de sa gorge sortaient d'incompréhensibles balbutiements. Il bredouillait :

« Le B... le Bateau Blanc ! »

Tupa l'enveloppa d'un regard condescendant, mais néanmoins tourna la tête. Et il resta bouche bée, clignant des yeux assez drôlement comme pour se convaincre qu'il n'était pas en train de rêver. La foule se tourna à son tour dans la direction qu'indiquait l'*Ariki*. Une exclamation étouffée jaillit de toutes les poitrines. Un spectacle inouï s'ouvrait devant eux.

Au loin, sur la mer couleur d'ardoise, voguait une forme gigantesque. De taille bien supérieure à celle de Moro Nui, elle glissait, presque immobile, dans une majesté et une puissance quasi surnaturelles.

« LE BATEAU BLANC ! ! ! » se mit à hurler l'Homme-Oiseau, transfiguré.

La foule contemplait la chose, médusée, et chacun adressait à ses voisins des regards d'incompréhension stupéfaite, car personne n'était en mesure d'expliquer ce qui se produisait sous leurs yeux, et encore moins de dire d'une voix calme et rationnelle : « Ce que vous voyez est un iceberg », pour la simple raison qu'aucun d'eux n'en avait jamais vu.

Pourtant, c'était bien de cela qu'il s'agissait. C'était un iceberg, séparé de l'Antarctique depuis de nombreux mois, et qui avait dérivé vers le nord, porté par les courants puissants, abandonnant çà et là des morceaux de sa glace. Et s'il avait fortement diminué par rapport à sa taille originelle, il offrait encore une masse impressionnante, en arrivant à hauteur de Rapa Nui.

L'iceberg se présentait à eux comme une chose venue des cieux. Il s'accordait à toutes les croyances et les superstitions dont ils avaient hérité de la Polynésie. Si grand, du blanc le plus pur, il était assurément doué d'une *mana* inouïe. La foule, stupéfiée, tremblait, saisie de respect, sans pouvoir en détacher le regard. Menée par l'Homme-Oiseau, elle redescendit vers le village pour se préparer au plus vite à accueillir le Bateau Blanc.

Vu du niveau de la mer, l'iceberg était encore plus imposant et mystérieux. Et tout le monde se disait : « Si ce n'est pas le Bateau Blanc envoyé par Hotu Matu'a en personne, de quoi s'agit-il, alors ? » Une petite flotte de barques en fibre tressée se hasarda à sa rencontre.

En tête de la procession, la pirogue royale dansait sur les brisants. Ce bateau, en bois et couvert de toiles d'araignée, était la relique d'une splendeur disparue. Assis à la proue, l'*Ariki-mau* tendait vers le large son visage ridé qu'éclairait la béatitude, ses yeux brillaient dans l'extase de la foi. Il avait revêtu ses plus beaux atours pour se rendre au Royaume des Esprits. Derrière lui, avaient pris place Noro et Ramana, Tupa et une poignée de prêtres sidérés.

Le vaisseau royal était suivi d'un déploiement de pirogues et de barques dont les unes transportaient des dignitaires Longues Oreilles, pleins de nervosité, les autres des Oreilles Courtes en proie à la stupeur et la timidité.

Le peuple n'était pas allé dans sa totalité à la rencontre du Bateau Blanc. Des centaines de personnes, hommes et femmes, se massaient sur le rivage pour observer de loin, trop apeurés pour prendre part euxmêmes au spectacle.

L'ombre immense de l'iceberg engloutit les pirogues dans sa masse obscure. Le vaisseau royal vint cogner contre lui et, de sa vieille main, l'*Ariki-mau* en caressa la glace bleutée juste au-dessus des flots.

Il retira ses doigts frémissants pour les examiner. Puis son regard transperça les dix mètres de glace qui se dressaient comme un mur devant lui. S'il existait une seule preuve qu'il s'agissait du Bateau Blanc promis, c'était assurément cette sensation de froid. Rien ne pouvait être plus différent de la chaleur de Rapa Nui, dont la température courante avoisinait les vingt-cinq degrés. Cette masse étonnante ne pouvait être autre chose que le Bateau du Royaume des Esprits. L'Homme-Oiseau fit signe à sa suite d'aller préparer le chemin pour lui.

Des pieds nus partirent à l'assaut de l'iceberg. Puis des mains se tendirent et l'Homme-Oiseau fut hissé à son tour. L'extase l'envahissait. Toutes ses demandes et ses supplications, tous ces *moaïs* qu'il avait fait construire, tous ces arbres abattus, avaient enfin abouti au résultat dont tous étaient témoins : Hotu Matu'a s'était décidé à l'envoyer chercher et il allait prendre le départ pour l'immortalité.

L'entourage apeuré et grelottant des prêtres, des chefs et des épouses, l'attendait, sautillant d'un pied sur l'autre pour réchauffer leurs pieds nus. L'*Ariki-mau* passa devant eux sans les voir, saisi de ravissement, émerveillé de l'infinie blancheur.

« Et où sont les pagaies ? » s'enquit l'*Ariki-mau.*

Personne ne fut en mesure de répondre. Il haussa les épaules. Peut-être y avait-il des pagaies magiques ? De toutes les façons, cela ne présentait pas la moindre importance, Hotu Matu'a était là pour guider le voyage.

Marchant sur la pointe des pieds, un prêtre s'approcha de l'Homme-Oiseau et, se forçant à sourire, demanda :

« *Ariki-mau*, sommes-nous certains que...

— Oui, nous le sommes ! » l'interrompit celui-ci d'une voix coupante, outré de voir qu'un prêtre pût mettre en doute des évidences divines. « Où est Noro ? Tupa ? »

Sans éprouver le froid, il marcha jusqu'au bord et regarda les pirogues. Des barques de fibre tressée cognaient l'iceberg, vides de leurs occupants. La plupart des gens, cependant, étaient restés dans les embarcations. Noro, de même que Tupa, était toujours assis dans le vaisseau royal. L'*Ariki-mau* les considéra d'un regard sévère.

« Allez, venez ! » fit-il sur un ton de commandement.

Noro secoua la tête.

« Ramana est malade. Je... je ne peux pas la laisser. »

Le grand-père jeta un coup d'œil à la jeune fille toute pâle et eut un petit reniflement de mépris. Seul un imbécile pouvait abandonner l'éternité pour une Oreille Courte aussi laide et chétive. Tant pis pour lui, se dit-il, il sera le premier à regretter d'avoir laissé passer l'occasion de se rendre au Royaume des Esprits. Il se tourna vers Tupa.

« Prêtre ? »

Tupa croisa les bras sur sa poitrine, puis levant les yeux vers l'Homme-Oiseau, pour les rabaisser aussitôt dans un mouvement destiné à illustrer la peine incommensurable que cette résolution lui causait, il répondit :

« Ma vie entière, j'ai attendu ce jour, *Ariki*, mais quelqu'un doit guider les pas du nouvel *Ariki-mau*... »

Le regard lourd de mépris que lui jeta Noro le troubla et il marqua un temps d'hésitation, comprenant qu'il allait avoir du fil à retordre. Il finit par reprendre :

« ... Jusqu'à ce que tu viennes nous chercher. »

Déçu de voir que l'aspiration au salut éternel ne semblait pas torturer ses sujets les plus proches, l'*Ariki-mau* tendit le bras vers les autres bateaux.

« Quelqu'un veut venir ? Longues Oreilles ? Oreilles Courtes ? »

Un craquement formidable et un grondement retentirent en guise de réponse. Toutes les têtes se tournèrent. Un morceau de glace colossal venait de se détacher de l'arrière de l'iceberg, créant un remous formidable. Les pirogues se mirent à danser vertigineusement. Attristé du manque de foi que manifestait son peuple tout entier, l'*Ariki-mau* secoua la tête en signe de reproche.

« Et à quoi donc pensiez-vous que le salut ressemble », lança-t-il sur un ton de réprimande.

A ces mots, un petit groupe d'Oreilles Courtes réagit. De toute la force de leurs pagaies, certains aidant même en ramant de leurs mains, ils foncèrent vers l'iceberg, dans l'espoir d'accéder eux aussi à la gloire dans la vie éternelle. Ils sautèrent sur la glace. Et l'Homme-Oiseau se mit à agiter les bras en signe d'adieu, laissant les larmes inonder son visage, transporté de bonheur à l'idée de contempler enfin les dieux. Et tandis que le destin et les pagaies de fortune s'employaient à séparer les deux groupes, un chant immense et des lamentations s'élevèrent, venant des personnes qui se trouvaient sur l'iceberg comme de celles qui, dans les barques, s'en écartaient. Le chant monta aussi de la foule massée sur le rivage, accompagnant l'iceberg qui s'éloignait dans toute sa majesté.

L'*Ariki-mau* sourit à travers ses larmes :

« Ce doit être les chapeaux ! »

CHAPITRE XI

LA TRANCHÉE DE POIKE

Noro était assis sur le sol, devant la maison de l'Homme-Oiseau qui dominait le village Longue Oreille. Ses doigts gourds n'avaient plus la force de tenir le bâton orné de plumes, symbole de l'Homme-Oiseau, et il pendait entre ses mains. Il était épuisé. Au loin, éclairé des feux du couchant, le monolithe de glace n'était plus qu'une vague silhouette qui s'enfonçait à l'horizon, emportant vers l'inconnu, loin de Rapa Nui, son grand-père, Epe, chef des Ngatimo et bien d'autres encore.

Noro gardait les yeux fixés droit devant lui, mais il ne voyait rien. Des traces de peinture jaune marbraient son visage exténué et dénué d'expression. Il se sentait vidé de ses forces, assommé par les événements, et il ressentait cette sorte d'abattement qui succède souvent à un trop grand effort mental et physique.

Tant de changements avaient eu lieu, trop pour qu'il lui fût possible de les assimiler tous d'un coup. Il faudrait du temps pour en faire le tri. Noro savait à peine par quel bout commencer. D'abord, il y avait la course, si féroce et brutale, si âprement disputée ; la mort horrible et subite de ses deux compagnons, Makita et Nune ; la victoire de Make, transformée brusquement en défaite ; et la sienne, enfin, victoire de substitution.

Si Make n'avait eu ce sursaut de vanité, s'il avait attendu d'être au sommet de la falaise pour retirer son œuf et le montrer à tous, il serait à présent l'Homme-Oiseau. Mais c'était lui, Noro, le nouvel *Ariki-mau*, lui qui était investi de responsabilités très lourdes. Il fit la grimace.

Ensuite, il avait découvert que Ramana attendait un enfant ; puis, il y avait eu le Bateau Blanc, et le départ de l'île de près d'un quart de la population. Et tous ces chocs s'étaient catapultés à la suite l'un de l'autre, dans l'espace d'une seule journée.

Aux côtés de Noro, Ramana, encore très faible, se protégeait du soleil sous son vêtement à capuche. Elle tentait de cacher son émoi et se demandait avec inquiétude ce qui se passait. Sa cécité l'empêchait de lire le visage de Noro, mais elle percevait sa fatigue et sentait qu'il était déprimé.

« Il est parti, Noro ? »

Noro leva vers l'océan un regard apathique. Le Bateau Blanc n'était plus qu'une ombre à l'horizon.

« Oui, il a disparu.

— Bien, répondit-elle seulement. Peut-être pourrons-nous vivre tel que nous l'entendons, maintenant. »

Elle repoussa son voile et tourna vers lui un visage empreint d'espérance.

« Tu me trouves plus belle qu'avant ? »

Noro détailla le visage de sa femme. Ses lèvres jadis charnues étaient toutes fendues ; ses lobes récemment distendus étaient marqués de rouge ; sa chevelure, si douce autrefois, avait perdu son éclat ; ses paupières étaient encore gonflées et à peine entrouvertes. Et le corps glorieux qu'il avait tant aimé était déformé par la grossesse. Il ne pouvait cacher la douleur qu'il éprouvait à la voir aussi affreusement transformée ; son visage reflétait pitié et révulsion, mais Ramana ne le voyait pas.

« Tu as toujours été belle à mes yeux, répondit-il d'une voix étouffée.

— Alors, pourquoi ne m'as-tu pas encore embrassée ? » demanda-t-elle d'une voix plaintive.

Elle s'inquiétait, consciente que quelque chose

n'allait pas. Noro aurait-il cessé de l'aimer, après toutes les concessions qu'elle avait acceptées et subies pour blanchir son teint et plaire aux Longues Oreilles ?

Elle disait vrai. Noro ne l'avait pas encore embrassée. Pourtant, il lui devait bien cela. Il se pencha en avant et posa ses lèvres sur les siennes, se forçant à donner à son baiser une apparence de désir. Mais Ramana sentit son indifférence. Le baiser avait été sec, sans passion. Il manquait du feu et de la flamme qui avaient toujours brûlé entre eux. Elle se rejeta en arrière, triste et angoissée.

« Tu ne m'as pas dit que Make faisait aussi la course... et qu'il doit mourir, fit-elle doucement sur un ton de reproche.

— Tu ne m'as rien dit de l'enfant », répliqua-t-il sèchement.

Ramana tendit la main vers lui dans un geste d'appel.

« Y a-t-il autre chose que je dois savoir ?... Une autre fille ?... On dirait que tout est changé entre nous...

— Oui. »

C'était la vérité. Tout était changé, plus rien n'était reconnaissable. En l'espace d'un jour, Noro était passé de l'état de garçon à celui de mari, puis à celui de père, et enfin à celui de chef spirituel du seul peuple du monde. Quiconque en aurait eu la tête à l'envers.

Le barbier montait péniblement du village Longue Oreille en contrebas. Il se retourna une dernière fois pour regarder l'horizon engloutir le Bateau Blanc, et devant ce phénomène qui n'arrivait qu'une fois tous les mille ans, son visage exprima l'ahurissement le plus intense. Il parvint à la maison de l'Homme-Oiseau. Il tenait à la main sa *mataa* et de la peinture orangée, son regard semblait fou et perdu. Il s'inclina devant le nouvel *Ariki* et, saisissant d'une main tremblante le chignon noir de Noro, il leva sans mot dire sa lame pour trancher les cheveux. Noro retint son bras.

Le petit vieux parut confus.

« L'Homme-Oiseau doit être rasé et peint, fit-il. Il en a toujours été ainsi.

— Toujours est révolu », rétorqua Noro d'une voix plate.

Secoué par cette annonce, le barbier détourna son regard pour scruter l'horizon et le reporta sur les yeux vides de Noro. Trop de choses s'étaient passées aujourd'hui qu'il ne comprenait pas. Sur tout Rapa Nui, hommes et femmes se posaient la même question :

« Que se passe-t-il, *Ariki-mau* ? Est-ce la fin du monde ? »

Noro secoua la tête. Il n'en avait pas la moindre idée lui-même. Cependant, il comprenait que les questions du barbier n'étaient que le début. Viendraient ensuite celles de son clan Miru, puis celles des Longues Oreilles ; enfin, chacun sur Rapa Nui viendrait quémander des réponses qu'il n'était pas en mesure de fournir. Et à la simple idée de ce qui l'attendait, il sentit son sang se figer dans ses veines.

Tandis que Noro restait sur la colline à broyer ces sombres pensées, en bas, sur le rivage, derrière le village Longue Oreille, au pied de l'*ahu*, des centaines de personnes, debout ou à genoux dans un silence de mort, regardaient disparaître le Bateau Blanc. Et tous étaient agités par la même pensée. *Avons-nous eu tort ? Avons-nous laissé échapper notre seule chance de salut en ne partant pas avec l'*Ariki-mau *sur le Bateau Blanc ?* Même Tupa, maître en matière d'hypocrisie et de dissimulation, Tupa qui, pendant des années, avait tiré profit de croyances qu'il ne partageait pas, même lui en venait à douter. Il se tourna vers l'*ahu* et contempla le *Grand Moaï*, s'interrogeant : « *Se peut-il que ce vieillard sénile ait eu raison, après tout ? Ces têtes immondes et gigantesques possèdent-elles une* mana *puissante au point de faire venir le bateau magique du Royaume des Esprits ? Y a-t-il des dieux, et vivent-ils vraiment de l'autre côté de la ligne d'horizon ?* »

Il supputait les réponses, avec à la bouche l'avant-goût des bénéfices qu'il pourrait en tirer. Si les dieux existaient, quiconque était en rapport direct avec eux, le grand prêtre par exemple, devait nécessairement être investi d'un pouvoir supérieur à celui d'aucun chef de clan, voire de l'Homme-Oiseau. Il s'agissait seulement de bien manœuvrer.

A la carrière de Rano Raraku, jonchée de *moaïs* inachevés et de grandes statues, les Oreilles Courtes se massaient autour d'un feu. Leurs yeux écarquillés trahissaient leur angoisse, tandis qu'ils débattaient à voix basse des événements miraculeux de la journée.

« Il savait, affirmait un vieil homme du nom de Tahone. L'*Ariki-mau* connaissait la volonté des dieux.

— Quand je pense que toutes ces années, j'ai refusé d'y croire, avouait Pono.

— Et maintenant, qu'est-ce qui va se passer ? demanda un troisième, un certain Makro, jetant un regard apeuré par-dessus son épaule en direction des *moaïs*.

— On a raté l'occasion, c'est sûr », laissa tomber Pono avec tristesse.

Et si Pono disait vrai ? Un silence s'abattit sur les Oreilles Courtes, un silence lourd de crainte à l'idée d'avoir peut-être commis un crime contre l'immortalité de leurs âmes. MakeMake allait-il les dévorer dans une vie prochaine, pour avoir refusé de monter à bord du Bateau Blanc ?

Assis en retrait des autres, au milieu des statues, Make travaillait à aiguiser une pièce d'obsidienne et sous ses doigts agiles des étincelles fusaient. Il ressassait de sombres pensées. Car maintenant qu'il avait perdu la course, une sentence de mort était suspendue au-dessus de sa tête. Les conversations parvenaient jusqu'à lui.

« Si le Bateau Blanc est venu et reparti, que nous reste-t-il donc ? demandait Tahone. En quoi devons-nous croire ?

— En nous-mêmes ! déclara Riro avec fermeté.

— C'est ce qu'on a toujours fait ! » renchérit Hitirenga.

Koreto, quant à elle, avait des doutes et son ton sceptique débordait de mépris :

« Ça, c'est encore un tour des Longues Oreilles !

— Les dieux sont tous des Longues Oreilles », remarqua Pono tristement.

Et voici que s'éleva une voix, vieille et cassée, celle de la femme du pêcheur assassiné ; et elle prononçait les mots que tous retournaient dans leur tête sans oser les formuler tout haut :

« Est-ce que cela veut dire que MakeMake va descendre sur terre pour dévorer nos âmes parce que nous avons douté ? »

Cette pensée leur donna à tous le frisson. Ils se rapprochèrent du feu, se serrèrent les uns contre les autres pour se toucher des genoux et des épaules, terrifiés par les bruits de la nuit et les ombres tremblotantes que jetaient les *moaïs*. Seuls, Riro, Atta et Hitirenga n'avaient pas bougé de leurs places. Quant à Make, son agitation augmenta à ces mots et ses doigts se mirent à tailler encore plus fiévreusement l'obsidienne.

« Tout à l'heure, fit Makro d'une voix si basse qu'elle n'était qu'un murmure, je suis sûr que j'ai vu respirer le *moaï* de l'*ahu* des Hamea. »

Les Oreilles Courtes se retournèrent brusquement pour scruter d'un œil angoissé les pierres gigantesques alentour. Et tous se demandaient s'il ne leur était pas arrivé de manquer de respect aux *moaïs*. S'ils ne les avaient pas insultés à voix haute, s'ils ne s'étaient pas moqués de leur *mana*, ne l'avaient pas mise en doute. Si oui, les statues avaient-elles pu les entendre ? Se rappelaient-elles leurs paroles ? Savaient-elles qui des Oreilles Courtes les avait prononcées ?... Sous les lueurs du feu, les *moaïs* semblaient prendre vie et leurs formes familières leur parurent soudain étranges et pleines d'un savoir menaçant.

« Arrêtez ça ! » s'exclama Riro, d'une voix chargée de colère.

Cette conversation n'était que superstition imbécile et ne menait nulle part. Mais soudain Tahone se mit à hurler :

« Regardez ! »

Tous les yeux se tournèrent dans la direction qu'il indiquait du doigt. Il avait raison, il y avait bien des mouvements dans l'ombre...

Et de l'obscurité sortit Tupa. Le grand prêtre s'avança dans la lumière, exhibant sa formidable pagaie. Deux *matatoas* à la mine agressive l'escortaient. Il se dressa face aux Oreilles Courtes, près d'un ancien *moaï* à demi enseveli.

« Que... Qu'es-tu venu faire ici ? » demanda Riro.

Un sourire mauvais passa sur le visage du grand prêtre, il pointa son doigt crochu vers Make, toujours assis dans l'ombre.

« Je suis venu chercher sa tête puisqu'il a perdu... Et vous parler du nouveau *moaï* que nous commencerons dès demain.

— Un nouveau *moaï* ? répéta Makro d'une voix stridente. On en a marre, c'est fini ! »

Sans mot dire, Tupa tournoya sur lui-même et assena sur la tête du vieil homme un coup de pagaie qui le tua sur place.

« Eh bien nous, nous ne faisons que commencer, jeta-t-il avec un rictus. Vous avez vu ce qui est arrivé aujourd'hui. Les dieux ont tenu parole. La *mana* des Longues Oreilles a montré sa puissance. »

Il tendit le bras et caressa des doigts la pierre d'une statue, avant de poursuivre : « Nous allons donc faire des *moaïs* de plus en plus grands jusqu'à ce que les dieux nous dispensent à nouveau leurs faveurs. Avec, cependant, une petite différence... »

Il tourna la tête, présentant son profil, de manière que les Oreilles Courtes remarquent tous la barbichette qu'il avait au menton.

« A partir de maintenant, les *moaïs* porteront la barbe. »

Les Oreilles Courtes n'eurent pas le temps de réagir que l'air vibra d'un son étrange et que Tupa abaissa des yeux étonnés sur la tête de harpon acérée qui transperçait son ventre. L'obsidienne avait pénétré son corps par l'arrière, lui traversant les reins. Il chavira dans un long gargouillement, plus mort qu'un poisson piqué au bout d'une hampe. Et Make, encore strié du noir de la course, apparut derrière lui, tenant fermement le manche de son arme.

Tandis que les *matatoas* considéraient d'un regard affolé le cadavre du prêtre, Make s'empara de sa pagaie et les envoya rouler morts, avant qu'ils n'aient eu le temps de se décider à agir. Trois corps gisaient sur le sol sans qu'aucune saccade ne les agite plus et la terre pierreuse s'imbibait de leur sang, de leurs cervelles et de leurs entrailles de Longues Oreilles.

Make fit un pas en avant. Ses yeux lançaient des éclairs de défi. Il tourna lentement la tête, faisant peser son regard sur chacun des membres de son clan.

« Êtes-vous avec moi ? » demanda-t-il sur un ton d'exigence, guettant leurs réactions.

Les Oreilles Courtes ne présentaient que des visages hébétés. Devant la tournure aussi subite que mortelle que prenaient les événements, ils éprouvaient une surprise égale à celle du grand prêtre. Horrifiés, ils regardaient fixement devant eux, comme s'ils avaient été frappés de commotion.

« Mais... c'est un Miru !... laissa échapper Pono, le souffle coupé. Ce sont des Longues Oreilles. »

Alors, le géant Atta s'approcha de Tupa. D'un geste rapide, il retira le harpon de son corps et lui trancha les oreilles. Puis, les brandissant haut pour que tous puissent les voir, il dit avec un sourire menaçant :

« Il n'est plus Longue Oreille, maintenant. »

A la vue de la chair sanguinolente, un frisson parcourut l'assistance. Soudain, tout devenait possible. Les choses étaient aussi simples que cela.

Noro s'affala contre le mur de la maison de

l'Homme-Oiseau et s'endormit comme une masse. Allongée à côté de lui, Ramana dormait d'un sommeil tranquille. Soudain les rêves de Noro se troublèrent. Ils se remplirent de présages étranges et menaçants, de gens qui hurlaient... Mais non, ce n'était pas un cauchemar, c'était la réalité. Un dernier hurlement le réveilla tout à fait. Il se passait quelque chose en bas de la colline, au village Longue Oreille, quelque chose d'effroyable.

Et de fait, des torches filaient le long de la côte, fonçant à toute allure dans les ruelles du village. Des huttes étaient la proie des flammes, et le ciel éclairé par la lune rougeoyait de lueurs d'incendie. Aux cris d'agonie répondaient des appels sanguinaires qui déchiraient la nuit. Noro bondit sur ses pieds. Ramana, à son côté, s'éveilla à son tour.

« Qu'est-ce qu'il y a ? Qu'est-ce que c'est ? » s'écria-t-elle d'une voix angoissée. Elle ne pouvait qu'entendre le chaos lointain. « Noro, qu'est-ce que c'est ?

— Il se passe quelque chose au village.

— On se bat ? »

Noro saisit son bâton d'Homme-Oiseau. « J'y vais », fit-il seulement.

Tendant les bras, Ramana réussit à le retenir par la jambe.

« N'y va pas, supplia-t-elle, Noro, n'y va pas !

— Je le dois, répondit celui-ci d'une voix sévère. Je suis l'*Ariki-mau*.

— Alors emmène-moi avec toi », le pria-t-elle de toutes ses forces. Et sa voix tremblait d'une peur panique.

Il se baissa pour écarter les doigts de Ramana et libérer sa cheville.

« Tu ne vois pas, Ramana. Je reviens dès que je peux.

— C'est vrai ? » lui demanda-t-elle.

Que n'aurait-elle donné pour lire sur son visage ce à quoi il pensait ! Comprenant sa terreur, Noro se radoucit. Il lui caressa les épaules et dit avec plus de tendresse :

« Je te promets. Rentre dans la hutte, tu y seras en sécurité.

— Non, pas dedans ! s'écria-t-elle, se crispant aussitôt sous sa main. J'irai quand je voudrai. »

L'idée d'être enfermée à nouveau la paralysait de terreur. Il faudrait bien du temps pour dissiper l'angoisse qu'avait laissée en elle l'horreur de la Grotte aux Vierges Blanches. Noro lui posa un baiser sur la tête.

« Je vais revenir, dit-il tout doucement. Attends-moi ici. Ne bouge pas. »

Puis, il fit demi-tour et s'élança en bas de la colline, tenant fermement à la main son bâton d'Homme-Oiseau.

Le village Longue Oreille offrait un spectacle de ruine et de dévastation. Noro sentait la bile lui remonter dans la gorge, tandis qu'il courait d'une maison à l'autre, en quête d'un signe de vie. Mais il ne découvrait partout que des cadavres. Ce n'était qu'incendie et destruction. Les seuls êtres vivants étaient les Oreilles Courtes, badigeonnés de noir, qui hurlaient en se livrant au pillage, saccageant tout sur leur passage, qui s'enfuyaient les mains pleines de butin, et qui ne s'arrêtaient que pour donner un coup mortel aux Longues Oreilles blessés qui gémissaient à terre.

Car tel était le massacre. Ici, un prêtre gisait, les mains crispées sur le harpon qui l'avait transpercé, là un enfant de six mois était écrabouillé, le crâne fracassé. Noro tentait de détourner les yeux, mais l'horreur le forçait à regarder encore.

Son ami Maniro était quasi méconnaissable, le visage écrasé à coups de pieu. Une famille entière avait été décimée à côté de sa maison, celle de Atahuama, le chef Longue Oreille du clan des Maramas. Lui-même gisait, le corps démembré, le cou brisé ; et son visage exprimait un étonnement intense comme s'il ne comprenait pas ce qu'était la mort. Tous les *manavai*, les potagers, avaient été dévastés, mis sens dessus dessous et pillés. Tout ce qui n'avait pas été emporté avait été saccagé. Et le cri d'un poulet sous les décombres était le seul signe de vie.

Silencieusement, Noro se faufila à l'intérieur. Un Oreille Courte, accroupi sur le sol, lui tournant le dos, était en train de dévorer un poulet tout cru. Noro recula, saisi de répulsion. Une pierre roula sous ses pas. L'Oreille Courte se retourna aussitôt. Le corps entièrement passé au charbon, la figure et le cou maculés du sang rouge de poulet, il était terrifiant. Sous le noir du visage, Noro parvint à reconnaître un ouvrier de la carrière qui avait toujours eu un mot facétieux pour lui.

« Rokunga, c'est toi ? »

Celui-ci lâcha le poulet avec un cri de rage. Il leva sur Noro une *mataa* montée sur une hampe et voulut lui fendre le crâne. Noro bondit de côté. Il pivota sur lui-même et, de toutes ses forces, fit entrer son bâton d'Homme-Oiseau dans le creux de son ventre, le tuant sur le coup. Frappé d'horreur, Noro contemplait le corps de Rokunga immobile à ses pieds. Il venait de tuer un homme qu'il connaissait ! C'était ça le monde vers lequel on allait ? Des gens qui se connaissaient et s'entre-tuaient quand même ? Soudain, il entendit des voix :

« Bravo ! Noro en a tué encore un ! »

Il releva la tête. Réfugiés sur l'*ahu*, bon nombre de Longues Oreilles se cachaient dans l'ombre des *moaïs* et lui faisaient de grands signes.

Il regarda prudemment de tous côtés avant de traverser la place au pas de course et de grimper la rampe qui menait à l'*ahu*. Parmi les survivants regroupés autour des *moaïs*, il reconnut Teaue, chef du clan des Hamea. Près de lui se massaient Ataranga et Paa, seuls chefs Longues Oreilles avec lui à être encore en vie, ainsi que deux prêtres et Pua, avec un groupe de jeunes filles, terrorisées. Noro vit aussi des familles blessées, des enfants affolés qui s'accrochaient les uns aux autres et qu'encadraient les rares *matatoas* réchappés au massacre.

Du sang coulait de la blessure que Teaue avait au front, mais cela ne l'empêchait pas de brandir une pagaie rituelle et de parler fièrement :

« Ça en fait au moins vingt, que nous avons tués !

— Mais qu'est-ce qui s'est passé ? demanda Noro.

— Les Oreilles Courtes ! Et Make ! Ils...

— Make ? » les coupa Noro.

Make aurait fait ce carnage ? Il avait du mal à le croire.

« Ils sont arrivés si vite ! On n'a rien pu... »

Ataranga faillit éclater en sanglots, brisé par l'émotion :

« Ce sont des animaux !

— Où sont-ils allés ? demanda Noro.

— A ta recherche », répondit l'un des prêtres, du nom de Kuuhama.

A ces mots, Noro se retourna complètement et braqua son regard vers la maison de l'Homme-Oiseau. Sa Ramana, enceinte et aveugle, y était seule et sans soutien. En un instant, il comprit à quel point il l'aimait. Elle qui en outre portait son enfant.

« Mais ils vont revenir nous chercher ! se mit à hurler une fille en proie à l'hystérie. Je les ai entendus ! »

Ataranga leva les yeux vers Noro.

« Qu'est-ce qu'on fait, *Ariki-mau* ? »

Noro parcourut le groupe du regard. Tous les visages étaient tournés vers lui, quêtant sa réponse. Ils attendaient un chef et il était l'Homme-Oiseau. Que devait-il leur dire ? Chez qui devait-il lui-même chercher la réponse ? Le prêtre Kuuhama, bras droit de Tupa, se rapprochait de lui. Il avait les bras et les oreilles en sang, il les avait tailladés lui-même en signe d'affliction. Baissant le ton, il parla d'une voix qui était quasi un murmure pour que personne n'entendît ce qu'il disait :

« Je connais un endroit. Un lieu sûr, fit-il avec fièvre

et les mots se bousculaient dans sa bouche. Rien que pour nous, *Ariki-mau*.

— Où ? demanda Noro.

— A Poike. »

Noro fronça les sourcils.

« Poike ? Ce n'est pas un lieu tabou qui va les arrêter, maintenant.

— C'est plus qu'un tabou, fit le prêtre en hochant la tête. C'est un camp retranché. C'est Tupa qui l'a fait construire. »

Un camp retranché, un fort, secret et tabou... Évidemment... De la part d'un sale type comme Tupa, un manipulateur, un menteur, un poltron et un traître qui ne cherchait jamais qu'à servir ses intérêts, il n'y avait pas de quoi s'étonner !

Noro demanda d'une voix glaciale :

« Où est Tupa ?

— Mort. »

Entre la mort de Tupa, le départ de son grand-père pour le Royaume des Esprits et la révolte sanglante des Oreilles Courtes, le monde véritablement basculait. Mais Noro n'avait pas le temps d'y songer davantage.

« Emmène-les à Poike ! » ordonna-t-il.

Kuuhama embrassa d'un regard horrifié l'ensemble des survivants, le groupe était beaucoup trop nombreux. Il reporta les yeux sur Noro :

« Qui, eux ?

— Oui. Tous », rétorqua Noro et, se tournant vers les Longues Oreilles paralysés de terreur, il précisa :

« Kuuhama va vous emmener en lieu sûr.

— Et toi ? lui demanda le prêtre. Où iras-tu ?

— Chercher Ramana. »

A l'annonce de ce nom, un frisson parcourut l'assistance.

« Mais c'est une Oreille Courte », protesta Teaue.

Relevant fièrement la tête, Noro le toisa d'un air plein de mépris.

« C'est ma femme. Allez ! »

Sa voix avait résonné d'une autorité et d'une force

telles que tous comprirent qu'il n'était plus un enfant. Les Longues Oreilles s'inclinèrent, reconnaissant en lui leur *Ariki-mau*. L'un après l'autre, ils descendirent de l'*ahu* à la suite de Kuuhama. Et quand il vit qu'ils avaient quitté le village, Noro s'élança sur la côte qui menait à sa maison.

Ramana était assise à l'entrée de la maison de l'Homme-Oiseau, tendant l'oreille à tous les bruits de la nuit. Les hurlements s'étaient calmés, mais elle ne pouvait pas savoir si c'était un bon signe. Son angoisse était grande ; elle s'inquiétait aussi de l'absence de Noro. Elle se mit à fredonner doucement pour se donner du courage et elle passa la main sur les signes gravés dans le rocher. Un bruit soudain la fit se retourner. Ouvrant en vain les yeux tout grands, elle tenta de percer l'obscurité. Un craquement la rassura.

« Un rat. Ce n'était qu'un rat ! » fit-elle, soulagée, et elle partit d'un rire bruyant.

Elle se penchait pour ramasser une pierre et la jeter sur l'animal quand une main d'homme lui toucha délicatement les doigts pour arrêter son geste. Avec un cri étouffé, elle se rejeta en arrière :

« Noro ?

— Il t'a abandonnée ici, hein ? »

C'était la voix de Make. Elle recula peureusement. Make se dressait devant elle, un pieu à la main, le corps couvert de sang. Il en avait jusque sur le visage et dans les cheveux. Par chance, elle ne pouvait le voir. Il se mit à lui parler d'une voix très douce et lui tapota gentiment l'épaule pour calmer ses frayeurs aveugles.

« Moi, je ne t'aurais jamais laissée toute seule ici. »

A ces mots, elle releva son visage et ne s'écarta pas quand il voulut la toucher.

Armé d'un long pieu de bois ramassé près d'un *matatoa* éventré, Noro grimpait la colline en courant, laissant derrière lui le feu continuer à ravager le village Longue Oreille. Quand il était parti, Ramana était assise devant la maison, mais à présent elle n'était nulle part. S'était-elle décidée à entrer à l'intérieur ? Il s'accroupit pour pénétrer dans la hutte et regarda tout autour. La grande salle était vide, sans qu'aucun signe n'indiquât la présence de Ramana.

Était-elle morte ? Perdue ? La voix étranglée, Noro appela son nom à voix basse : « Ramana... Ramana ? » Il n'y eut pas de réponse. Les lieux étaient déserts.

Les premières lueurs de l'aube pointaient à l'horizon. Il ne pouvait rester ici davantage. Puisqu'ils étaient à ses trousses, les Oreilles Courtes viendraient forcément fouiller la maison de l'Homme-Oiseau. Du reste, ils n'allaient pas tarder. Mais où était passée Ramana ? Était-elle avec les Oreilles Courtes, avec l'ennemi ? Il se força à quitter les lieux.

Le ciel couvrait de sa grisaille la péninsule de Poike. C'était un vaste plateau, vestige du plus ancien volcan de l'île, le Putatikei, qui tombait dans la mer en une chute vertigineuse de plusieurs centaines de mètres. La zone taboue était délimitée par des piquets dont les plumes s'agitaient au vent. Au loin, longeant la côte, s'étirait une longue file de gens qui avançaient à vive allure, semblables à une colonne de fourmis, en prenant soin de ne pas marcher trop près du bord de la falaise. C'étaient les Longues Oreilles. Postés en arrière-garde, des guerriers surveillaient leur passage et observaient avec inquiétude le reste de l'île. Le corps plié en deux, Noro courait pour rattraper la colonne, prêt à s'accroupir au moindre danger. A mesure qu'il se rapprochait, Teaue put se convaincre que Ramana n'était pas avec lui. Quand Noro l'eut rejoint, Teaue lui demanda :

« Où est-elle ? »

Noro déglutit péniblement :

« J'espérais qu'elle était avec vous. »

Le chef Longue Oreille ne fit aucun commentaire.

Pourtant Noro n'eut aucun mal à lire ses pensées. « Je l'avais dit, exprimait son regard. C'est peut-être ta femme, mais c'est une Oreille Courte. Et les Oreilles Courtes sont nos ennemis. Qui sait s'il n'y a pas trahison ? on pourrait se le demander à voir ton air malheureux. »

Teaue et Noro rattrapèrent la file des marcheurs qui se hâtaient de rejoindre une dénivellation, visible au loin entre deux buttes coniques.

Arrivés là, quelle ne fut pas la surprise des Longues Oreilles de découvrir que cette dénivellation était en fait une tranchée et qu'elle semblait s'étirer sur des kilomètres de longueur.

Tandis que les guerriers s'activaient à retirer les broussailles de camouflage, Noro remarqua que la tranchée était tapissée de petit bois pour allumer le feu et contenait une sorte de palissade faite de pieux acérés, plantés pointes en l'air. Le système était simple. Cette tranchée étant l'unique point d'accès à l'abri, il suffisait aux défenseurs de mettre le feu au bois en cas d'attaque. Les ennemis, alors, étaient rôtis vivants.

Se pressant l'un derrière l'autre le long de l'étroit passage, les derniers Longues Oreilles ralliaient l'abri, tandis que Noro, déjà à l'intérieur, longeait la tranchée en compagnie du prêtre Kuuhama et des chefs de clan survivants. Ils inspectaient les lieux et notaient que le rebord intérieur sur lequel ils se trouvaient était légèrement surélevé par rapport à l'autre.

Noro était stupéfait. Le creusement de cette tranchée avait dû nécessiter un nombre ahurissant d'heures de travail. Cet abri était si bien protégé qu'il semblait l'œuvre d'un génie militaire. Oui, il avait été bien inspiré de ne pas mésestimer la ruse de Tupa, ni sa détermination égoïste à survivre coûte que coûte. Avoir entouré ce retranchement d'un tabou, l'avoir gardé comme un secret réservé aux seuls initiés de son cercle intime, témoignait de l'intelligence démoniaque du grand prêtre...

« Tu vois, il n'y a qu'un seul moyen de pénétrer ou

de sortir de ce camp. Par la tranchée, expliqua Kuuhama. Les trois autres côtés sont bordés de falaises.

— Très ingénieux, approuva Teaue.

— Cela fait des années que Tupa pensait à la possibilité d'un conflit de ce genre, continua le prêtre. Nous devons le remercier pour sa sagesse et sa clairvoyance.

— Est-ce que mon grand-père était au courant de l'existence de ce lieu ? » demanda Noro.

Le prêtre marqua un moment d'hésitation, cherchant la manière la plus courtoise de présenter sa réponse. Il finit par dire :

« Pour des raisons de sécurité, Tupa pensait qu'il valait mieux ne pas troubler l'*Ariki-mau* avec cela. »

« Mais bien sûr ! s'indigna Noro intérieurement. Rusé comme il l'était, le grand prêtre n'avait construit ce camp que pour se protéger lui-même au cas où la situation lui aurait échappé. Cela ne faisait aucun doute ! Et il n'avait certainement jamais eu l'intention d'en faire profiter quiconque, sauf quelques Longues Oreilles bien triés et ses prêtres, probablement. » Quant aux malheureux Oreilles Courtes qui s'étaient éreintés à creuser cette tranchée, Noro était prêt à parier n'importe quoi qu'ils avaient été mis à mort pour les empêcher de parler.

Il jeta sur Kuuhama un regard à le glacer sur place et contempla les trois kilomètres que faisait la tranchée. Tout ce bois mort qui l'encombrait, tous ces pieux, cela représentait une forêt immense, abattue sans merci et laissée là à pourrir. Cette idée le fit frémir.

« Aucun de ces arbres ne pousse plus, maintenant, laissa-t-il tomber comme un couperet. Plus un seul. »

Il regarda le paysage désertique alentour. Un vent fort soufflait, se faufilant entre tous ces branchages avec des sifflements inquiétants, on aurait dit un tremblement d'ossements morts.

« Et alors ? » fit Ataranga avec un haussement d'épaules, considérant que ce n'était pas le moment de faire des histoires pour quelques palmiers coupés et qu'il valait mieux s'occuper des vies qui étaient en danger. Il ajouta : « Au moins, nous, on est en sécurité. »

Le prêtre renchérit :

« Même avec cette foule... heu... inattendue, nous avons assez de nourriture pour camper ici pendant plusieurs semaines... Si les Oreilles Courtes ne nous trouvent pas... Ce qui ne devrait pas se produire.

— Et que ferons-nous quand il n'y aura plus rien à manger ? demanda Noro avec une ironie amère.

— Les Oreilles Courtes seront probablement morts de faim, d'ici là. Et nous pourrons recommencer comme avant. »

Face au dégoût qu'il lisait dans les yeux de Noro, le prêtre s'autorisa un ton de légère condescendance. Il poursuivit :

« Tupa était un grand homme, *Ariki-mau*, tourné vers la spiritualité, ce qui ne l'empêchait pas d'avoir l'esprit pratique. Il a protégé son peuple jusqu'au bout. »

Les chefs de clan approuvèrent ses paroles de chuchotements respectueux.

« C'était un sinistre crétin ! » laissa froidement tomber Noro.

Un cri subit empêcha la querelle de dégénérer.

« Regardez ! » venait de hurler une sentinelle *matatoa*, du haut d'une des buttes coniques qui tenait lieu de tour de guet.

Tous scrutèrent la lueur incertaine de l'aube. A des kilomètres de distance, des torches étaient en vue. Il y en avait des douzaines, des centaines, et elles se dirigeaient droit sur la péninsule de Poike.

CHAPITRE XII

L'ÎLE DE PÂQUES

« Ils nous ont trouvés, dit Noro.

— Mais comment ils ont fait ? » balbutia Kuuhama.

L'abri était tout ce qu'il y avait de plus sûr, Tupa le lui avait certifié. A l'exception de très rares Longues Oreilles, tout le monde ignorait jusqu'à sa simple existence. De plus, il était sacré, tabou. Comment les Oreilles Courtes avaient-ils pu le découvrir ? La femme de Noro, l'Oreille Courte, les aurait-elle trahis ? Un sentiment d'effroi s'empara des Longues Oreilles que Teaue, les yeux hors de la tête, résuma d'un long gémissement :

« Les dieux nous délaissent pour avoir douté. »

A ces mots, le visage de Noro s'empourpra de fureur :

« Si quelqu'un nous a délaissés, c'est nous-mêmes. Les dieux n'y sont pour rien. Quand la première pirogue a accosté sur l'île, il y a mille printemps, nous ne formions qu'une seule et même tribu, nous n'avions qu'un foyer, commun à tous et il était parfait. Regardez maintenant où nous en sommes ! »

Devant la virulence de sa colère et tout le mépris dont elle était chargée, les Longues Oreilles se tassèrent.

« Tout ce que vous révérez, poursuivait Noro, et une douloureuse amertume éclatait à chacun de ses mots, je le hais et je le méprise. Mais quant à eux, fit-il, indiquant de son épieu la ligne des torches au loin qui se rapprochait de façon menaçante, ce qu'ils ont l'intention de nous faire ne vaut pas mieux ! »

D'un regard scrutateur, il passa en revue leurs positions de défense. Chaque minute qui passait augmentait sa puissance, faisant de lui le chef incontesté. Levant haut son épieu comme s'il se fût agi d'un étendard, il ordonna d'une voix claire :

« Alors, battez-vous ! Anéantissez ce que nous avons fait de nous-mêmes, et espérez qu'au moins un homme de bon sens nous survivra à tous ! »

Ainsi, ce tout jeune homme venait de prendre leur commandement. Obéissant à son ordre, les Longues Oreilles se mirent à la tâche. D'abord, on commença par extirper les pieux dissimulés dans la tranchée et les dresser comme une palissade de défense. Puis, femmes et enfants se mirent à faire la chaîne pour passer les armes aux hommes. Il s'agissait de couteaux d'obsidienne, les uns d'usage manuel, les autres destinés à être attachés aux hampes des longs javelots. Quant à Noro, accompagné des chefs de clan et des commandants des *matatoas* dont il avait pris la tête, il alla s'accroupir derrière l'une des buttes de cendres solidifiées et traça vivement une carte sur le sol pour définir son plan de bataille.

« Tes hommes, ici et ici, allumeront le feu dans la tranchée pendant que nous attaquerons sur les côtés.

« Mais cela veut dire qu'on laisse entrer les Oreilles Courtes à l'intérieur du retranchement ! protesta Ataranga.

— Exactement ! acquiesça Noro, le visage sombre. La moitié. C'est le nombre qu'on pourra tuer pendant que le feu retiendra les autres. »

Les Longues Oreilles échangèrent des regards inquiets et Noro eut un mouvement impatienté.

« Ils sont plus nombreux que nous. C'est notre seule chance. Maintenant, allez ! »

Les Longues Oreilles partirent rejoindre leurs positions. Les uns descendirent de la butte et rallièrent en rampant le pied de l'autre butte où le rebord surélevé de la tranchée les dissimulerait aux yeux des ennemis ; d'autres montèrent au sommet de cette butte et de l'autre et, des torches allumées à la main, se tinrent cachés à chaque extrémité de la gigantesque tranchée, derrière la palissade de défense. Quant à Noro, il alla retrouver les *matatoas* sur la tranchée et forma avec eux une ligne de front dont il était le centre. Les guetteurs redescendirent des buttes.

Dans un martèlement de pieds terrifiant de puissance, une marée de lumière déferlait à l'assaut du plateau de Poike. En une colonne infinie, les Oreilles Courtes se rapprochaient et l'on pouvait voir qu'ils étaient des centaines. Le spectacle était effrayant. Et non seulement parce que leur progression était inexorable, mais parce qu'elle s'effectuait au rythme d'un chant sanguinaire, ponctué de cris de guerre monstrueux.

A présent, hommes, femmes ou enfants, tous les Longues Oreilles étaient armés et se passaient vivement le feu de torche en torche. L'abri où ils étaient retranchés était protégé sur trois de ses côtés par des falaises imprenables. Les Oreilles Courtes ne pouvaient pénétrer que par un seul côté, l'étroit défilé que formait la tranchée. Et quand ils le feraient, la ligne de front sous les ordres de Noro y mettrait le feu, c'était sa tâche première.

Une minute plus tard, deux peut-être, les torches des ennemis apparurent à une centaine de mètres. Noro avait fait un pas en avant pour donner le signal d'embraser le petit bois qui tapissait le fond de la tranchée, quand brusquement, la mer de torches des Oreilles Courtes se divisa en deux : une moitié s'évanouit au creux d'un pli de terrain assez bas sur la droite, tandis que l'autre disparut derrière des rochers sur la gauche. Et le silence se fit.

Que se passait-il ? Les Longues Oreilles échangeaient des regards intenses. Où s'était rabattu l'ennemi ? Il aurait dû franchir la tranchée, c'était le seul moyen de les attaquer ! Avec calme, Noro fit signe aux guetteurs postés près des buttes. Ils montèrent au sommet scruter le crépuscule de leurs yeux perçants. Mais quand ils revinrent, ils secouèrent la tête. Il n'y avait rien.

La nuit était presque tombée lorsqu'une silhouette émergea du repli derrière lequel on avait vu disparaître une partie des troupes adverses et, d'un pas vacillant, s'avança en terrain découvert, se dirigeant à l'aveuglette vers la tranchée.

C'était Ramana que la lumière du couchant faisait cligner des yeux. Elle appela :

« Noro ? »

Le jeune homme sentit ses cheveux se dresser sur sa tête. Les Longues Oreilles dardèrent sur lui des regards où se lisait les mêmes conclusions. Si Ramana était là, c'est qu'elle était venue avec les Oreilles Courtes, il était impossible qu'elle fût venue autrement. C'était par elle que les Oreilles Courtes avaient appris l'existence de cet abri et le lieu où il se trouvait. Noro avait dû lui en parler et cette putain à gros ventre — parce qu'elle était enceinte, cette salope — s'était empressée de rapporter à son peuple ce secret militaire. Sinon, comment expliquer sa présence ?

Certaines de ces idées vinrent à l'esprit de Noro et le poignardèrent au cœur comme des lames d'obsidienne. Ramana était arrivée avec les Oreilles Courtes, c'était l'évidence même, elle n'aurait jamais pu faire toute seule le chemin jusque-là. Cependant, cela n'expliquait pas comment les Oreilles Courtes avaient découvert la présence de l'abri sur le Poike, puisque lui-même n'en avait rien dit à Ramana. Qu'il ignorait tout de ce lieu jusqu'à ce que Kuuhama lui en parle. Or, après cela, il n'avait pas vu Ramana. Qui donc était le traître ?

« Noro, tu es là ? »

La voix brisée de Ramana trahissait combien profond était son abattement.

Noro scruta prudemment les alentours pour s'assurer qu'elle était seule et dit avec un grand calme :

« Je suis là. »

De quelle façon sa femme était parvenue jusqu'ici lui était bien égal. Ce qui lui importait, c'était de voir qu'elle était en vie.

Mais tandis que Ramana fixait de ses yeux aveugles l'endroit d'où venait de s'élever la voix de son mari, des Oreilles Courtes quittaient leur cache derrière le pli de terrain et disparaissaient à la hâte dans les profondeurs du chenal de lave éclairé de torches.

« Make m'a dit que tu te cachais avec les Longues Oreilles. C'est vrai ? demandait Ramana d'une voix plaintive. C'est vrai ? Pourquoi ne m'as-tu pas dit que vous aviez un endroit secret ? »

Et tandis que le prêtre Kuuhama lançait par-dessus son épaule aux Longues Oreilles derrière lui : « Cette salope nous a vendus ! » Noro voulut expliquer :

« Je l'ignorais, Ramana. »

Brusquement, un petit enfant Longue Oreille s'écria qu'il venait de sentir quelque chose remuer sous lui, sous la terre, et, glacé d'épouvante, il regardait fixement le sol, comme s'il cherchait à voir au travers.

Et de fait, sous terre, à l'intérieur du chenal que Make avait exploré le jour où il s'était entraîné à la nage près de la presqu'île de Poike, des hommes se mouvaient, marbrant les parois humides de leurs ombres fuyantes. Quelques instants plus tard, des Oreilles Courtes rampèrent hors de la grotte, armés de pied en cap de pieux et de lances découverts dans la cache Longue Oreille.

Ramana poursuivait, révélant sans honte sa douleur :

« Ma peau n'était pas assez blanche ? Tu ne pouvais pas m'accepter ? C'est pour ça que tu n'es pas revenu ? »

Chacun de ses mots frappait Noro comme un coup de poignard. Il se sentait déchiré.

« Mais je suis revenu, je te jure ! »

Ramana était trop angoissée pour l'entendre :

« Six mois, Noro. Six mois je suis restée dans le noir, à faire tous mes efforts pour devenir ce que je ne suis pas... Combien de temps je devais attendre, cette fois ? »

A présent, les Oreilles Courtes étaient tous ressortis de la grotte et grimpaient sur la butte par l'arrière. Dans quelques instants, ils allaient apparaître au sommet et tomber sur les Longues Oreilles qui leur tournaient le dos. Les choses se déroulaient comme l'avait dit Make, leur chef : les Longues Oreilles seraient pris par surprise.

Pendant ce temps, Ramana insistait d'une voix plaintive :

« Je suis une Oreille Courte ou une Longue Oreille. Je ne sais plus à quoi j'appartiens. Make dit qu'il m'aime... Noro disait qu'il m'aimerait toujours... quoi qu'il arrive... »

N'en pouvant supporter davantage, Noro bondit sur ses pieds. Il avança droit sur la tranchée et cria à sa femme :

« Et Make ? Il l'aimera notre enfant ? Va donc lui demander. Va donc lui demander ce qu'il en fera lorsqu'il sera né !

— Je le tuerai ! »

C'était la voix de Make ! Surgie de l'obscurité, juste derrière eux ! Les Oreilles Courtes, les Oreilles Courtes étaient là ! A l'intérieur même de leur retranchement ! Avec des hurlements sanguinaires, voilà qu'ils jaillissaient de la nuit, comme des démons tout noirs, et se jetaient sur eux. Et la seule chose que les assiégés discernaient dans la nuit était le blanc de leurs dents et de leurs yeux vengeurs, et leurs pieux aussi, à la lumière des torches.

Au bord de la tranchée, Noro et son armée Longue Oreille s'étaient retournés pour affronter l'attaque. Fini leur plan de bataille ! Maintenant, c'étaient les Oreilles Courtes qui avaient l'avantage. D'autant que de l'autre côté de la tranchée, une vague ennemie déferlait sur eux, jaillie de derrière le repli de terrain, et se précipitait mettre le feu à la tranchée ! Les Longues Oreilles étaient encerclés.

Aveugle au spectacle dont elle était le témoin, Ramana entendait les cris et les hurlements, elle entendait aussi le craquement des flammes. Elle comprit que l'attaque avait commencé. Ce qu'elle ne savait pas et ne pouvait savoir, c'est qu'elle avait servi d'appât. Qu'elle avait été envoyée en avant pour détourner l'attention de Noro et donner ainsi aux Oreilles Courtes le temps de s'armer et de prendre leurs positions. Maintenant qu'elle avait rempli cette fonction, elle était devenue inutile et des femmes Oreilles Courtes vinrent s'emparer d'elle avec des rires méchants et la tirèrent au loin, en la menaçant d'armes féroces.

Et pendant ce temps, des détachements d'Oreilles Courtes surgissaient de partout. Ils avaient surpris les guetteurs au sommet des deux buttes, les avaient massacrés et c'étaient eux à présent qui surveillaient le terrain.

Afin d'assurer la protection des femmes et des enfants Longues Oreilles, Noro les avait fait passer derrière une ligne formée par les *matatoas*. Et la foule se massait, coincée entre les rangs des guerriers et la tranchée en feu.

Les guerriers se battaient hardiment, maniant avec courage lances et *mataas*. Mais les Oreilles Courtes les surpassaient en nombre, il ne cessait d'en arriver en renfort. Ils déferlaient en hordes toujours plus grosses et se battaient avec une férocité qui compensait aisément leur maladresse au maniement des armes et leur manque d'expérience. Leurs épieux enflammés atteignaient leurs cibles. De tous côtés les Longues Oreilles tombaient et quant à eux, il leur semblait que plus ils tuaient d'ennemis, plus nombreux ceux-ci semblaient renaître.

Reculant pour prendre son élan, Noro creva d'un coup d'épieu le foie d'un Oreille Courte. Au même instant, Atta assenait sa hache sur la tête d'Ataranga, faisant jaillir la cervelle de son crâne.

La bataille faisait rage sur la ligne de front. Les enfants et les femmes Longues Oreilles, terrorisés, reculaient parmi les corps qui s'écroulaient autour d'eux, se rapprochant de plus en plus de ce four de terre immense qu'était devenue la tranchée, en feu sur toute sa longueur. La chaleur torride leur brûlait les pieds et les jambes, et leurs cris d'effroi et de douleur ajoutaient au tumulte du combat. Les Longues Oreilles se battaient au travers des flammes, protégeant de leur mieux leurs enfants et leurs femmes qui hurlaient d'épouvante ; mais quand ils jetaient un regard par-dessus leurs épaules, ce n'était que pour voir derrière eux de nouveaux détachements passer la tranchée embrasée. Et leur multitude semblait infinie.

Noro affrontait l'ennemi en première ligne, assenant sauvagement des coups avec son pieu. Ici, il broyait un genou, là fracassait un crâne, luttant au corps au corps, conscient que derrière lui son peuple refluait vers le feu. Horrifié, il vit quelqu'un basculer dans les flammes avec des hurlements terrifiants et se tordre sous les langues de feu. Atrocement brûlé, l'homme se redressa quand même, voulut escalader l'autre bord, mais d'un coup de gourdin, un Oreille Courte l'étendit sur-le-champ, mettant définitivement fin aux douleurs de sa vie.

A présent, les Longues Oreilles étaient de plus en plus nombreux à tomber dans la fournaise. Certains parvenaient à en sortir, cheveux et vêtements en flammes, titubant. Les uns s'effondraient aussitôt, immobiles à jamais, d'autres tournoyaient sur eux-mêmes en gesticulant pour finalement s'écrouler dans des douleurs atroces. Alors, Koreto, à la tête d'une bande de femmes, surgit de l'obscurité. Toutes se jetèrent sur les corps pour les rouer de coups jusqu'à ce que mort s'ensuive.

De plus en plus de femmes et d'enfants Longues Oreilles transpercés par les lances, battus avec des gourdins, étaient ensuite lancés dans le brasier. Les corps prenaient feu avec des flammes très hautes et puis se consumaient, dégageant dans les airs une odeur horrible de chair grillée. Le spectacle était effroyable, atroce. Les corps s'effondraient çà et là, découpés, brisés, sanglants et les membres tranchés allaient alimenter l'incendie. Femmes et enfants étaient massacrés, certains d'un seul coup de massue, et ceux-là avaient de la chance ; les autres, jetés vivants dans le brasier, mourraient dans des douleurs terribles.

Accroupie derrière un rocher, Ramana clignait des yeux, frappée d'horreur et d'effroi. Maintenant qu'il eût mieux valu pour elle rester aveugle, ne pas voir toutes ces morts tragiques, voilà que par une ironie du sort, la brillance des flammes lui faisait recouvrer la vue.

« Noro ! » hurlait-elle, mais personne ne pouvait entendre sa pauvre petite voix, une voix si frêle de femme, perdue dans le chaos. Un Oreille Courte passa devant elle en courant, brandissant d'un air allègre une chose monstrueuse dans sa main sanglante.

Ramana se fit toute petite et s'éloigna en rampant, ne songeant plus qu'à fuir.

Au bord de la tranchée, le prêtre Kuuhama se défendait fièrement quand subitement dans son dos ses vêtements s'enflammèrent. Il se mit à tourner sur lui-même en hurlant de frayeur et abaissa son pieu. Un coup l'étendit aussitôt.

A ses côtés, Teaue résistait pied à pied, seul contre quatre attaquants qui finirent par lui arracher son pieu et s'abattirent sur lui. Atta et Make étaient au nombre des quatre. Ils le prirent chacun par un membre et le soulevèrent dans les airs avec des rires puissants : « Un, deux... ! » Au cri de « trois », ils le balancèrent dans le feu ardent.

Ces rires, cependant, ne suffisaient pas à satisfaire Make. Ce qu'il voulait plus que tout, c'était trouver Noro. Il l'aperçut, au plus épais de la bataille, se défendant comme un démon. Une massue dans une main, une hache dans l'autre, frappant dans la masse, tuant ses ennemis, il se frayait un passage jusqu'à deux Oreilles Courtes qui tiraient une jeune fille vers la tranchée en flammes. Et la jeune Longue Oreille, pour freiner sa glissade, s'agrippait désespérément au corps d'une fille déjà assassinée.

Noro porta un coup en pleine figure à l'un des deux Oreilles Courtes dont les dents explosèrent hors de la bouche et trancha d'un seul geste le bras de l'autre qui voulait le frapper. Make vit tout cela. Il vit aussi que Noro lâchait une de ses armes pour arrêter un pieu projeté contre lui et, s'en servant comme d'un levier, catapultait au cœur même du brasier l'Oreille Courte qui l'avait lancé.

Noro leva les yeux à temps pour voir Hitirenga cogner de toutes ses forces sur la tête de la fille qu'il tentait de sauver. Hitirenga le vit aussi et, tout en poussant des pieds sa victime dans le feu, elle éclata d'un rire démoniaque avant de s'enfuir en courant.

Ce n'était plus une guerre, c'était la suppression d'un peuple par un autre. En effet, dans une guerre, il y a des prisonniers, il y a des cessez-le-feu ; des négociations sont menées, des traités sont conclus, un armistice est signé. Les Oreilles Courtes ne faisaient pas de prisonniers ; ils n'avaient aucun désir de cesser la tuerie. Dans une guerre aussi, femmes et enfants sont épargnés. Mais les Oreilles Courtes prenaient autant de plaisir à éliminer femmes et enfants qu'à massacrer les hommes.

Après que les *matatoas* eurent été décimés, il devint clair que la bataille était perdue. Tout autour de Noro, les Longues Oreilles étaient attrapés et jetés, morts ou vifs, dans la fournaise atroce de la tranchée en flammes. Ce n'était plus une guerre, c'était une extermination et Noro le comprit. Il craignit pour sa femme. Il voulut la voir par-delà le brasier. Il se mit à crier son nom :

« Ramana ! »

C'est alors que son crâne explosa et qu'il sombra dans l'inconscience, assommé par-derrière d'un seul coup de massue. Un Oreille Courte se précipitait pour l'achever au couteau quand Make retint son bras.

« Pas encore. Je le veux vivant ! »

Comprenant que son chef projetait d'offrir au clan le spectacle d'une torture, le guerrier se réjouit de l'aubaine et emporta volontiers le corps de Noro à l'écart.

Au bord de la tranchée, les rares Longues Oreilles encore en vie opposaient une dernière résistance. Blessé, à bout de force, le dernier *matatoa* se battait vaillamment pour protéger une femme et son enfant. Profitant du fait qu'il se défendait sur un côté, un Oreille Courte le contourna et arracha la femme pour la lancer avec grande allégresse dans les flammes. Le dernier combattant n'eut le temps de jeter qu'un seul regard derrière : six épieux le rabattirent au sol et le soulevèrent pour le porter jusqu'au bord de la fournaise où ils le firent basculer à son tour. Derrière les pieux des palissades nul Longue Oreille ne se cachait plus.

Et il ne resta plus debout tout seul devant le gouffre ardent, qu'un petit garçon de six ans, seul survivant de la tribu Longue Oreille. Un sourire éclatant illuminant sa face, Atta dressa sa haute taille au-dessus du petit et, levant son gourdin dégoulinant de sang, il l'aplatit d'un coup. La guerre était finie, il n'y avait plus personne à tuer.

Bondissant de joie, les Oreilles Courtes ramassèrent à grands cris les cadavres Longues Oreilles éparpillés des deux côtés de la tranchée et les précipitèrent dans les braises ou dans les flammes ardentes, indifféremment.

Ils tirèrent Noro à un bout de la tranchée et le firent brutalement tomber sur les genoux. Deux Oreilles Courtes lui maintinrent la tête relevée pour l'obliger à voir la crémation de son peuple ; et quand il voulait se détourner, ils s'esclaffaient bruyamment et l'attrapaient par le chignon pour le forcer à regarder encore.

Se rengorgeant, Riro s'avança jusqu'à lui d'une démarche fière. Il paradait, irradiant le mépris, faisant tourner dans ses mains avec ostentation sa courte massue de pierre. C'était sa *paoa*. Il vint l'agiter sous le nez de Noro pour bien lui montrer de quelle arme il allait le tuer. C'est alors que Make arriva. Riro s'écarta. Il lui remit sa *paoa*, car c'était au chef victorieux que revenait le privilège de mettre à mort le chef du camp vaincu.

Make abaissa les yeux sur Noro pour scruter le visage de celui qui avait été son ami d'enfance. Noro leva un regard plein d'audace sur son exécuteur et, le toisant avec un défi amer, il prononça d'une voix chargée de mépris :

« Te voilà devenu ce que tu as toujours voulu être. »

Il ne craignait pas de mourir, car il avait perdu toute raison de vivre.

Les deux hommes restèrent à se fixer pendant un long moment, les yeux du vainqueur dans les yeux du vaincu. Ce fut Make qui détourna le regard. Ce n'était pas en raison de la difficulté à accomplir ce geste. Non, c'était à cause du pouvoir que ce geste allait lui donner pour l'avenir. Et puis, il avait triomphé, il pouvait se permettre de se montrer magnanime. Il rendit l'arme à Riro.

« En souvenir de notre amitié passée, je te laisse la vie », dit-il à Noro. Et il ajouta fièrement : « Mais c'est nous qui gouvernons à présent. »

Les Longues Oreilles étant tous achevés, les Oreilles

Courtes n'avaient plus rien à faire. Ils se mirent en boule à même le sol, n'importe où, là où ils s'en sentaient l'envie, et ils sombrèrent dans un sommeil profond qui dura jusqu'au lever du jour. Ce n'est qu'au réveil, le lendemain, à la lumière du matin, qu'ils évaluèrent l'immensité du travail à accomplir encore. Tant que les *moaïs* se dresseraient sur les *ahus*, les Longues Oreilles abhorrés perpétueraient leur domination sur l'île. Ils réunirent donc toutes les cordes qu'ils purent ramasser, pour la plupart vieilles et abîmées, mais encore utilisables. Se répartissant le travail par équipes, ils s'attelèrent à abattre les gigantesques statues. Ils enroulèrent des cordes bien serrées tout autour et les firent tomber, de manière qu'elles se trouvent face à terre et que les pierres qu'ils avaient pris le soin de disposer sur le sol fassent éclater leurs têtes colossales.

Puis, avec des hurlements de joie, les Oreilles Courtes entreprirent de détruire tout ce qu'il leur avait pris tant d'années à bâtir. Les *moaïs*, quant à eux, qu'ils fussent encore debout ou écrasés à terre, restaient toujours impénétrables et leurs têtes fracassées continuaient de fixer les cieux d'un air énigmatique.

Ils gardèrent le *Monstre* pour la fin. Comme, pour le faire tomber, il leur fallait autant de cordes que pour toutes les statues, ils commencèrent par retirer celles demeurées autour des *moaïs* abattus et les apportèrent à l'*ahu* du clan Miru. En chancelant, plusieurs hommes escaladèrent le *Monstre* et lui passèrent des cordes autour des épaules avant d'en lancer les extrémités aux hommes restés au pied. Quand les cordes eurent été solidement nouées, les Oreilles Courtes entreprirent de tirer de toutes leurs forces, accompagnant leurs efforts de cris de victoire. Sur l'*ahu*, la statue se mit à tituber, vacillant, telle une dent prête à se déchausser. Avec des hurlements de triomphe, les Oreilles Courtes mirent à bas le *Grand Moaï* de l'*Ariki-mau*. Son cou claqua violemment, son chapeau rebondit et partit rouler au loin, jusqu'à ce qu'enfin, il s'arrête de lui-même. Incarnation des espoirs et des craintes du peuple des Longues Oreilles de Rapa Nui, le *Monstre* n'était plus.

Noro avait assisté à cette scène sans en croire ses yeux. Il avait vu un *moaï* basculer de l'*ahu*, un autre encore. Et il vit s'abattre enfin le *Grand Moaï*, celui qui était le préféré de son grand-père, cause des troubles qui devaient aboutir à la destruction totale de la civilisation de Rapa Nui. Mais cela, il ne le savait pas.

Pour le moment, il courait en chancelant, pour tenter d'échapper aux jets de pierres renforcés d'injures qui s'abattaient sur lui.

Make était retourné sur la péninsule de Poike à la recherche de Ramana. Il ne l'avait pas vue depuis la nuit dernière quand il l'y avait envoyée en appât, juste avant que la bataille ne s'engage. Depuis, personne non plus ne l'avait vue. Et il criait son nom en vain.

Dans la tranchée, le feu s'était éteint et le sol tout noirci semblait l'œuvre d'un démon. Dans les resserres à provisions creusées à la base d'une des buttes, deux hommes se battaient pour de la nourriture. Des femmes Oreilles Courtes recopiaient des modèles de parures Longues Oreilles, tandis que des enfants tout nus marchaient çà et là, cherchant quelque chose pour apaiser leur faim.

Il n'y avait nulle part le moindre signe de Ramana.

Il entendit un rire fou monter de la tranchée et aperçut la tête d'Atta, ce bon Atta qui s'était montré un ami fidèle et un guerrier sans peur tout au cours de la nuit. Il s'approcha de lui avec un large sourire.

« Atta, tu n'as pas vu Ramana, je la cherche part... »

Atta était accroupi au fond de la tranchée fumante en compagnie de six Oreilles Courtes et tous, les yeux rouges à cause de la fumée et le regard encore fou de la tuerie de la veille, étaient en train de s'emplir la bouche goulûment. Mais ce n'était pas de poulet qu'ils se goinfraient ainsi...

Réalisant brusquement de quoi il s'agissait, Make se mit à hurler d'une voix étranglée sans vouloir croire au spectacle que ses yeux voyaient :

« Mais qu'est-ce que vous faites ?
— On se remplit la panse », fit Atta avec un grondement joyeux et il jeta un morceau de viande carbonisée aux pieds de Make. « T'en veux ? »

Make dévisagea l'un après l'autre les Oreilles Courtes assis dans la tranchée. Tous étaient de vieux amis, certains, même, étaient de sa lignée, mais maintenant ce n'étaient plus que des étrangers pour lui. Ils étaient comme des animaux sauvages. Ils arrachaient et déchiraient les quartiers de viande comme s'il ne se fût pas agi de corps humains. Et eux, quand ils s'aperçurent de la réaction horrifiée de leur chef, ils partirent d'un éclat de rire pour masquer leur gêne, sans pour autant déposer le morceau qu'ils avaient à la main. Le gras ruisselait en filets de leurs bouches, dégoulinant le long du menton, et de grosses gouttes de sang tombaient sur leurs épaules, leur propre sang qui coulait de leurs oreilles dont ils avaient percé les lobes pour y suspendre les os finis de ronger. Mais cela ne les dérangeait pas.

« Vous... vous ne pouvez pas faire ça..., bredouilla Make. Ce n'est pas pour ça qu'on a fait la guerre. »

Le géant Atta se leva de toute sa taille et il dit, agitant sa hache avec un sourire :

« Quelqu'un veut nous en empêcher ? »

Ses yeux brillaient d'un regard mauvais, d'une frénésie sanguinaire qui ne s'était pas éteinte après la nuit.

Sur ce, Atta fut monté sur une litière que les autres avaient assemblée à partir d'os humains. Criant comme des démons, Atta et sa bande de cannibales s'évanouirent, happés par la fumée.

Make restait prostré, à contempler en clignant des yeux le carnage tout autour. Partout, le sol était jonché de morts que des Oreilles Courtes emportaient à rôtir sur les feux de la tranchée. La puanteur de la cuisson se répandait sur toute la colline, la couvrant d'un linceul de fumée. Make était frappé d'horreur et d'inquiétude. Puisqu'il n'y avait plus un seul morceau de bois à brûler sur tout Rapa Nui, quel combustible utiliserait son peuple, demain ? Et qu'allait-il devenir maintenant qu'il avait découvert la folie sanguinaire et apprécié le goût du sang ?

A quelques mètres de là, il aperçut Pono qui battait à mort un Oreille Courte, sans raison apparente, pour le simple plaisir de tuer. De s'offrir cette joie qui venait de lui être révélée et ne le quitterait plus. Il n'y avait plus de loi sur l'île maintenant, plus de justice, plus de pitié.

Et seul au milieu de l'anarchie et de la cendre qui recouvrait un monde sans espoir, Make comprit que Noro était bien plus heureux que lui. Il n'avait, certes, plus de peuple sur lequel régner, mais lui, Make, allait devoir régner sur l'enfer.

C'était fini. Tout était fini, la vie était finie. Du reste, Noro l'avait toujours pressenti. Tous ses amis étaient morts, toute sa famille était morte, et au loin, une colonne de fumée s'élevait et recouvrait toute l'île. Il ne savait plus que faire ni où aller ! Marchant en titubant, il parvint à un lieu désolé, hérissé des souches des arbres abattus. Il tourna la tête et vit derrière lui, par-dessus son épaule, la fumée au loin. Ses yeux le brûlaient, ses paupières le piquaient. Sa gorge le grattait à cause de toute la fumée qu'il avait respirée, la fumée des cadavres de son peuple. Son corps était noué ; il avait mal partout de toutes les blessures endurées pendant la bataille. Il trébucha et se retrouva à quatre pattes, tremblant, totalement vidé. Incapable de contenir sa peine plus longtemps, il éclata en sanglots.

Une fois qu'il eut commencé, il lui fut impossible de faire cesser ses pleurs. Il pleurait sur toutes les choses et toutes les personnes qu'il avait connues ; sur Rapa Nui, son pays, jadis si fertile et devenu maintenant un désert nu et sauvage ; sur ses amitiés d'enfance qui s'étaient terminées dans la mort ; sur Ngaara et Makita, et Nune, et les autres, et sur les jours heureux passés avec eux à faire des glissades sur la Pente aux Bananes. Il pleura même sur les Oreilles Courtes. Privés de direction spirituelle, qu'allaient-ils devenir ? Et il pleura aussi, oui, sur Make, qui autrefois avait été un frère pour lui. Il pleura sur son enfance qui lui avait été ravie trop tôt. Il pleura sur la façon terrible et monstrueuse dont tout s'était terminé, dans la rage et le sang versé. Il pleura sur l'arbre de la palmeraie sous lequel Ramana et lui s'étaient juré de s'aimer. Elle devait être avec Make à présent, et il la garderait, une fois qu'il aurait tué leur bébé. Et Noro pleura sur son enfant qui n'était pas encore né, ce bébé qu'il ne verrait jamais.

De longs sanglots le secouaient sans qu'il pût les faire cesser et il crut même qu'il allait fondre à force de sangloter. Soudain, une brillance attira son regard derrière ses paupières mi-closes et il baissa les yeux. C'était l'anneau offert par Haoa qui se balançait contre sa poitrine.

Il le serra fortement dans ses mains. Un faible espoir se faufila en lui. Tout n'était peut-être pas perdu. Il se remit debout et partit en chancelant. Sur une île, toutes les directions mènent toujours à la mer.

Parvenu au rivage, Noro se laissa tomber sur les rochers. A côté de lui, la houle venait battre les falaises dans un éternel recommencement parce qu'à la différence de la terre et de l'homme, la mer ne change jamais. Ses blessures le faisaient encore souffrir, ses yeux étaient encore rouges d'avoir tant pleuré et il était encore fortement ébranlé. Mais quelque part, enfoui au fond de son cœur, l'espoir refusait de mourir.

Devant l'entrée de sa grotte Noro appela Haoa.

Tout d'abord, il n'y eut pas de réponse, puis un petit vagissement s'éleva de l'obscurité et Haoa en personne sortit de la caverne. Il avait l'air menaçant et tenait une hache dans les mains, mais en reconnaissant Noro il abaissa son arme et un soupçon de sourire vint étirer le coin de sa bouche.

« C'est ta fille, dit-il calmement.

— Ma quoi ? »

Noro s'était écrié sur un ton d'émerveillement. Maintenant il dévorait son beau-père des yeux...

Haoa lui indiqua du menton la caverne. Noro se baissa pour entrer et dut cligner des yeux à cause de l'obscurité. Ramana était là, étendue sur un tissu de *tapa*, reprenant ses forces après la délivrance. Et d'un petit paquet emmailloté qu'elle serrait sur son cœur, montaient les faibles gémissements et les piaillements de son enfant.

Sa femme lui fit un sourire. Son visage avait presque recouvré sa beauté ancienne ; la vue lui revenait et elle parvenait à distinguer les traits familiers et chéris de Noro.

« J'espérais que ce serait toi », lui dit-elle d'une voix éperdue d'amour.

Submergé par l'émotion, Noro toucha délicatement ce visage, si précieux à son cœur.

« Je croyais que je t'avais perdue, murmura-t-il.

— Je croyais que c'était ce que tu désirais, lui répondit-elle, dans un murmure aussi. Nous nous trompions tous les deux. »

Noro s'agenouilla pour la serrer dans ses bras et ils se tinrent longtemps enlacés, suffoquant d'affection l'un pour l'autre, le bébé allongé entre eux.

Pendant longtemps ils oublièrent le reste du monde, ne pensant qu'à eux-mêmes. Mais des hurlements éloignés arrivèrent à leurs oreilles, apportés par le vent. Ils n'étaient pas en sécurité, ici, dans la caverne d'Haoa. D'ailleurs, ils n'étaient plus en sécurité nulle part sur Rapa Nui.

Sa hache à la main, Haoa vint se pencher au-dessus d'eux dans un geste de protection. Tous trois partageaient la même angoisse. Une vie nouvelle habitait cette caverne, une vie qu'il fallait préserver. Noro leva des yeux emplis d'une douleur amère.

« Maintenant je comprends pourquoi mon père est parti, Haoa.

— Alors, tu es prêt pour ceci. »

Haoa se dirigea vers les barques qui encombraient le devant de la caverne, retira des broussailles et dévoila une pirogue magnifique, faite de divers morceaux assemblés. La proue s'ornait d'une figure étrange, apportée par la marée, il y avait bien longtemps, et qui était un morceau de navire qui avait fait naufrage. Mais cela, ils l'ignoraient.

« C'est mon cadeau de mariage », fit simplement Haoa.

Noro se mit à caresser la coque des mains en poussant des exclamations de surprise et d'admiration. Haoa devait avoir passé des heures à construire cette pirogue, des heures à jeun aussi, à en juger par la masse de nourriture embarquée ! Il y avait du poisson séché, et des bananes, et des fruits d'arbres à pain. En se rationnant intelligemment, cette abondance pourrait durer des semaines. Quant au bébé, il aurait le lait de sa mère.

Noro regarda l'horizon, dans la direction que la proue indiquait de manière si évidente. La solution était claire. Il se tourna vers Haoa, débordant de gratitude, et lui tendit la main.

« Pars avec nous. »

Haoa secoua la tête.

« Si j'avais été plus brave, je serais parti avec ton père, autrefois. Maintenant, je suis trop vieux pour partir avec toi. »

Sa voix exprimait le regret, mais aussi la résolution.

Les deux hommes échangèrent un long regard qui disait tout ce qu'ils avaient dans le cœur. Ils se devaient mutuellement tant de choses. Le lien qui les unissait était fort, ils étaient devenus un père et un fils l'un pour l'autre.

Des hurlements hachèrent le silence, rapprochés maintenant.

« Vite ! » les pressa Haoa.

La voile rapiécée fut vivement hissée et Ramana monta dans la pirogue, tenant sa petite fille dans ses bras. Haoa baisa la tête du bébé. Puis, il embrassa tendrement sa fille pour la dernière fois avant de rejoindre Noro à la poupe.

« De quel côté est-il parti ? » demanda celui-ci.

Haoa montra du doigt la courbe infinie de la terre, en direction du soleil couchant, et dit tranquillement :

« Ne regarde pas en arrière. »

Noro acquiesça sobrement. Puis Haoa et lui joignirent leurs épaules sous le flanc du bateau et le poussèrent dans la houle.

Noro sauta à bord et saisit sa pagaie. Il mit le cap sur l'horizon. Et Noro, sa femme et leur enfant nouveau-né prirent le départ vers l'inconnu, sans se retourner, vers le soleil couchant, prêts à accueillir tout ce qu'ils trouveraient là-bas.

TRENTE ANS PLUS TARD

Lorsque le 5 avril 1722, Jacob Roggeveen, commandant hollandais, fit accoster ses trois navires sur le rivage de Rapa Nui, c'était le dimanche de Pâques. Voilà pourquoi il dénomma le lieu ainsi. Ce que les marins découvrirent alors défiait toute description. L'île était peuplée d'une poignée de sauvages qui allaient nus, portant des signes peints sur le corps, et qui idolâtraient d'immenses et mystérieuses statues. Il y en avait environ un millier sur l'île, les unes debout, avec des regards fixes, les autres abattues au sol, brisées. Pour la première fois, le monde civilisé découvrait pareil spectacle.

Que représentaient ces monstres ? Qui les avait construits, et pourquoi ? Ce ne pouvait être ces païens ignorants qui ne possédaient ni fer ni cordes et qui ne montraient à l'évidence aucune aptitude artistique ou simplement artisanale. L'île était dépourvue d'arbres et de toute autre ressource naturelle. Les gens subsistaient au niveau alimentaire le plus bas, se nourrissant principalement du poisson de la mer qu'ils attrapaient avec des appâts faits à partir d'os humains et qui représentaient des poissons. Ils mangeaient aussi, à l'occasion, de la viande humaine, ce qui était pour eux un festin.

« Assurément, se dit le commandant hollandais, ces sauvages n'ont rien en commun avec les intelligences supérieures qui ont taillé ces énigmatiques statues. Des gens d'une race entièrement différente ont dû vivre sur cette île bénie, il y a très longtemps. Ce sont eux qui ont fait ces chefs-d'œuvre et puis, leur race s'est éteinte. »

Mais aucun des indigènes ne put rien lui dire de l'histoire de Rapa Nui. En trois décennies, ils avaient tout oublié.

Des preuves archéologiques tendent à démontrer que l'île de Pitcairn a été peuplée par des gens venant de l'île de Pâques, à quelque deux mille cinq cents kilomètres de là.

Achevé d'imprimer en juin 1994
sur les presses de l'Imprimerie Bussière
à Saint-Amand (Cher)

POCKET - 12, avenue d'Italie - 75627 Paris Cedex 13
Tél. : 44-16-05-00

— N° d'imp. 1653. —
Dépôt légal : juin 1994.

Imprimé en France